Interaktive Nachhaltigkeitsberichterstattung von Unternehmen

T0316851

Europäische Hochschulschriften

Publications Universitaires Européennes
European University Studies

Reihe V
Volks- und Betriebswirtschaft

Série V   Series V
Sciences économiques, gestion d'entreprise
Economics and Management

Bd./Vol. 3150

PETER LANG

Frankfurt am Main · Berlin · Bern · Bruxelles · New York · Oxford · Wien

Ki-Cheol Kim

Interaktive Nachhaltigkeitsberichterstattung von Unternehmen

Konzeption und Analyse der Internetnutzung von GF-500-Unternehmen hinsichtlich der Nachhaltigkeitsberichterstattung

PETER LANG
Europäischer Verlag der Wissenschaften

Bibliografische Information Der Deutschen Bibliothek
Die Deutsche Bibliothek verzeichnet diese Publikation in der
Deutschen Nationalbibliografie; detaillierte bibliografische
Daten sind im Internet über <http://dnb.ddb.de> abrufbar.

Zugl.: Lüneburg, Univ., Diss., 2005

Gedruckt mit Unterstützung des
Deutschen Akademischen Austauschdienstes
sowie der Universitätsgesellschaft Lüneburg e.V.

Gedruckt auf alterungsbeständigem,
säurefreiem Papier.

ISSN 0531-7339
ISBN 3-631-54089-2

© Peter Lang GmbH
Europäischer Verlag der Wissenschaften
Frankfurt am Main 2005
Alle Rechte vorbehalten.

Printed in Germany 1 2   4 5 6 7

www.peterlang.de

Meiner lieben Frau Myoung-Hee Lee

und meinen beiden Kindern

Vorwort

Die Nachhaltigkeitsberichterstattung von Unternehmen ist ein aktuelles, stark beachtetes und Aufmerksamkeit erregendes Thema. Erstaunlicherweise wurde das Thema lange Zeit von der Wissenschaft kaum beachtet oder bestenfalls beschrieben und kaum analysiert.

Die vorliegende Dissertationsschrift von Kicheol Kim positioniert sich in dieser Lücke und befasst sich spezifisch mit der internetgestützten, interaktiven Nachhaltigkeitsberichterstattung von Unternehmen.

Die Arbeit liefert einen sehr breiten Überblick zur Nachhaltigkeitsberichterstattung bevor sie sich auf die Internetunterstützung sowie deren Vorteile und Möglichkeiten zuspitzt. In diesem ausführlichen Überblicksteil wird die Interdisziplinarität der für ein effektives Nachhaltigkeitsmanagement erfolgsrelevanten Thematik offensichtlich. Auch zeigt die Diskussion wesentlicher Anknüpfungspunkte zu verwandten Konzepten und Themenbereichen sehr deutlich auf, dass Berichterstattung weit über das Erstellen eines Print- oder Internetberichts hinaus geht. Neben einer Einbettung in die generelle Nachhaltigkeitskommunikation eines Unternehmens und einer Verortung der Nachhaltigkeitsberichterstattung in Kommunikationstheorien erfolgt eine Darlegung von Verknüpfungen und der Bedeutung für Stakeholder-Management, Qualitätsmanagement, Unternehmensreputation, Umwelt- und Nachhaltigkeitsmanagement.

Die Untersuchung deckt zentrale Fragen ab, die sich in der unternehmerischen Praxis der Nachhaltigkeitsberichterstattung stellen wie Ziele, Nutzen, Zielgruppen und Formen der Nachhaltigkeitsberichterstattung. Auch werden wichtige Kriterien für die Beziehungs-, Verhaltens- und Erfolgskontrollphase der interaktiven Unternehmenskommunikation im Internet entwickelt, ein Phasenmodell begründet und Handlungsempfehlungen abgeleitet.

Das sehr eigenständig entwickelte Werk kann als ein wertvoller Beitrag zum bisher sich erst in den Ansätzen entwickelnden Bereich der Internetberichterstattung und der interaktiven Nachhaltigkeitsberichterstattung gewertet werden. Vertieft behandelt werden insbesondere die Möglichkeiten und Chancen einer Internetunterstützung der Nachhaltigkeitsberichterstattung, um sie interaktiver auszugestalten. Dabei kommen auch die fundierten technischen Kenntnisse des Autoren zum Ausdruck. Die empirische Untersuchung, inwiefern GF 500 Unternehmen Internetmöglichkeiten für ihre Nachhaltigkeitsberichterstattung nutzen, mündet in Folgerungen für die Unternehmenspraxis.

Der gut leserliche und geradlinige Stil ist besonders bemerkenswert, da sowohl Deutsch als auch Englisch für Herrn Kim Fremdsprachen darstellen. Die Internationalität des Autors kommt auch in der breiten thematischen Abhandlung zum Ausdruck.

Die Arbeit zeichnet sich durch eine gründliche Literaturverarbeitung aus und diskutiert neben den Kernfragestellungen und -ansätzen die zentralen Leitfäden, Initiativen und Entwicklungen, womit sie auch als Nachschlagewerk gute Dienste leisten kann.

Prof. Dr. Stefan Schaltegger

Centre for Sustainability Management (CSM)

Universität Lüneburg

Danksagung

Diese Arbeit wäre in der vorliegenden Form nicht zustandegekommen, hätten nicht zahlreiche Personen mich dabei unterstützt. Besonders danken möchte ich meinem akademischen Lehrer Prof. Dr. Stefan Schaltegger, der mich durch seinen hilfreichen Rat und seine Kritik zum Fortsetzen der Arbeit ermutigte, sowie Herrn Prof. Dr. Gerd Michelsen für die Übernahme des Koreferats. An dieser Stelle möchte ich mich auch bei all meinen Kollegen und Kolleginnen am Centre for Sustainability Management (CSM), insbesondere Dr. Frank Figge, Dr. Nicole Hroch und Dipl.-Vw. Heinrich Tschochohei, für ihre konzeptionellen sowie inhaltlichen Ratschlägen und die schöne gemeinsame Zeit am CSM bedanken. Dr. Jan Müller, Dipl. Kfm. Christian Herzig und Dr. Oliver Kleiber haben mir in zahlreichen Diskussionen Anregungen zu neuen Sichtweisen gegeben.

Dr. Ralf Isenmann danke ich herzlich für die kritische Durchsicht des Manuskripts und seine hilfreichen Anmerkungen. Bedanken möchte ich auch bei Herrn Prof. Dr. Mu-Choon Lee und Dr. Joachim Knoch für ihre väterliche Fürsorge gegenüber mir und meiner Familie seit meinem Studium in Korea. Ohne ihre unvergängliche Unterstützung und Vertrauen hätte ich die Promotion in Deutschland nicht vollgezogen.

Mein persönlicher Dank gilt auch meinem Freundeskreis aus Heimat: Prof. Dr. Sangmin Nam, Dr. Ik-Soo Kim, Dr. Chunk-Sik Kim, Dr. Ja-Kon Koo, Cheol-Min Seo, Dr. Jeong-Ho Seo, Dr. Jeong-Wook Seo, Dr. Ro-Yeoul Kim, Hee-Guk Ahn, Young-Min Jeon B.A., Sang-Hyun Lee B.A., Song-Wook Choi B.A., Dr. Beom-Sik Kim.

Dipl.-Wirtsch.-Ing. Nathali Jänicke danke ich dafür, dass sie mir bei der Erstellung der Arbeit stets zur Seite stand, mich aufrichtete, vorantrieb, motivierte und wenn nötig einfach festhielt.

Mein tiefer Dank gilt schließlich meiner lieben Frau Myoung-Hee Lee und meinen vier Eltern, die auf indirekte, aber sehr maßgebliche Weise zum Gelingen dieser Arbeit beigetragen haben.

Lüneburg, im April 2005   Ki-Cheol Kim

Inhaltsverzeichnis

Abbildungsverzeichnis

17

19

Tabellenverzeichnis

TEIL I: GRUNDLAGEN

1 Einleitung

1.1 Bedeutung des Themas

Der Erfolg eines Unternehmens hängt maßgeblich von dem Verhältnis zu seinen Stakeholdern ab.[1] Unternehmen sollten deswegen langfristig gute Beziehungen zu ihren Stakeholdern entwickeln und deren Einstellungen und Wertvorstellungen sorgfältig identifizieren und berücksichtigen, um ihre anvisierten Ziele zu erreichen.[2] Einer erfolgreichen Unternehmenskommunikation kommt in diesem Zusammenhang eine zentrale Rolle zu.

Die zunehmende Bedeutung der Unternehmenskommunikation basiert auf der einen Seite auf einer steigenden Wettbewerbsintensität, da die Käufermärkte gesättigt sind und eine Differenzierung gegenüber anderen Mitwettbewerbern nur über das Produkt zunehmend schwierig wird.[3] Eine Differenzierung weitgehend homogener Produkte[4] wird heute zunehmend über effektive und effiziente unternehmerische Kommunikationsaktivitäten erreicht. Hierdurch können Wettbewerbsvorteile entstehen. Auf der anderen Seite erhöht eine erfolgreiche Unternehmenskommunikation die Unternehmensreputation.[5] Verschließt sich ein Unternehmen in seiner Kommunikation gegenüber außermarktlichen Themen (z.B. Soziales, Fairness, Ökologie),[6] weckt es leicht das Misstrauen der Öffentlichkeit, und es kann zu einem Reputationsverlust kommen, wie dies bspw. die Deutsche Shell AG und die Deutsche Bank AG erfuhren.[7]

---

[1] Vgl. Eberhardt 1998, 149. Außerdem gibt Figge 2002 einen Überblick über das Verhältnis zwischen Stakeholdern und Unternehmenserfolg bzw. -risiko. Zum Stakeholderkonzept vgl. Freeman 1984; Schaltegger & Sturm 1994 und Schaltegger 2000.

[2] Vgl. Beger et al. 1989, 66f.

[3] Vgl. Bruhn 2002, 171.

[4] Unter homogenen Produkten ist hier die Angleichung der Eigenschaften von Produkten verschiedener Herstellern zu verstehen.

[5] Siehe Abschnitt 3.2.3.

[6] Die Meinungen und Aktivitäten aussermarktlicher Stakeholder können die Unternehmensreputation stark beeinflussen (Schaltegger 2003).

[7] Siehe Abschnitt 3.2.1.

Da Unternehmen als Kommunikationspartner ansprechbar sein und auf neue kommunikative Herausforderungen unmittelbar und effektiv reagieren sollten, stellt die Unternehmenskommunikation einen integrierten Bestandteil der Unternehmensführung und des gesamten Managementprozesses dar.

Die Unternehmenskommunikation besteht aus dem Informationsaustausch[8] zwischen dem Unternehmen und seinen Zielgruppen[9].

Da die Nachhaltigkeitsleistung von Unternehmen ein viel debattiertes Thema geworden ist, veröffentlichen heute viele große Unternehmen neben einem Geschäftbericht regelmäßig weitere Berichte, in denen sie ihre Leistungen gegenüber der natürlichen Umwelt und der Gesellschaft ausweisen, um ihre Reputation aufzubauen und zu sichern.[10] Dabei zeigt sich seit einigen Jahren ein Wandel von einer eindimensionalen zu einer integrierten Berichterstattung über ökonomische, ökologische und soziale Leistungen.[11]

Dennoch wird das Engagement der Unternehmen für Nachhaltigkeit von den Verbrauchern wenig honoriert.[12] Der Grund liegt darin, dass die Vermittlung der Informationen von den Unternehmen bezüglich ihres sozialen Engagements von den Verbrauchern vielfach als „PR Aktionen von zweifelhafter Glaubwürdigkeit"[13] empfunden werden. Dieses ist nicht nur das Problem deutscher Unternehmen. Im Fall des US-amerikanischen Energiekonzerns Enron wurde die Glaubwürdigkeit der von Unternehmen selbst getätigten Aussagen vermehrt in Frage gestellt. Lange Zeit wurde Enron als Spitzenreiter sozialer Verantwortung angesehen. Durch den Bilanzskandal bei Enron wurde die Glaubwürdigkeit der gesamten Wirtschaft reduziert.[14] Daher ist die Frage zu stellen, inwieweit die Aussagen von Unternehmen auch auf dem Gebiet der Nachhaltigkeit ernst zu nehmen sind. Für Unternehmen, die Nachhaltigkeitsberichte veröffentlichen, ist es eine große Herausforderung, die Glaubwürdigkeit ihrer Berichte herzustellen

---

[8] Die Informationen für Unternehmenskommunikation können grundsätzlich aus zwei Quellen stammen, nämlich aus den Alltagserfahrungen der Unternehmensmitarbeiter, die meistens nicht sicher und nicht vollständig sind, oder aus wissenschaftlich fundierten Analysen, die repräsentativ und verallgemeinerbar sind. Vgl. hierzu Beger et al. 1989, 50f.

[9] Zur Zielgruppen der Unternehmenskommunikation siehe Abschnitt 2.1.2.

[10] Die Ziele der Nachhaltigkeitsberichterstattung werden in Abschnitt 4.1.1 weiter erläutert.

[11] Vgl. Daub 2003, 23.

[12] Vgl. Die Nachfrage von Produkten mit dem Blauen Engel ist in den letzten Jahren sogar zurückgegangen (vgl. Müller 2004, 2).

[13] Müller 2004, 2.

[14] Vgl. Wessels 2003, 28; Jeuthe 2003, 34.

und zu sichern, im ihr tatsächliches Engagement für mehr Nachhaltigkeit zu kommunizieren.[15]

Aber wie kann die Glaubwürdigkeit von Nachhaltigkeitsberichten erhöht werden? Welche Ansätze stehen hierfür zur Verfügung? Die Glaubwürdigkeit einer Kommunikation kann grundsätzlich durch persönliche Begegnung (‚face to face' Kommunikation) erhöht werden,[16] jedoch kann dies nicht stets im Unternehmensalltag umgesetzt werden. Ein möglicher Ausgangspunkt der Diskussion ist daher eine interaktive Nachhaltigkeitsberichterstattung im Internet.

Durch das Internet verändert sich die Art und Weise, wie Menschen miteinander kommunizieren.[17] Dies hat auch Folgen für die Unternehmenskommunikation. Aufgrund der neuen Möglichkeiten des Internets wandelt sich der räumliche und zeitliche Bezugsrahmen der Unternehmenskommunikation.[18] Immer mehr Unternehmen erkennen den Wert eines kompetenten Internet-Auftrittes und schenken der Darstellung ihrer Homepage im Internet eine wachsende Aufmerksamkeit.[19] Durch eine internetbasierte Nachhaltigkeitskommunikation können sie eine größere Anzahl von Stakeholdern erreichen und deren individuelle Bedürfnisse besser erkennen und befriedigen.[20]

In diesem Zusammenhang gibt es zum einen verschiedene Ansätze zur internetunterstützten Umwelt- bzw. Nachhaltigkeitsberichterstattung, die sich vorrangig an den Anwendungsmöglichkeiten technischer Potenziale des Internets orientieren.[21] Zum anderen wird häufig über die Einbeziehung der Stakeholder in die Berichterstattung diskutiert.[22] Bisher fehlt jedoch ein systematischer Ansatz, der auf die kommunikationstheoretischen und anwendungsorientierten Rahmenbedingungen einer interaktiven Nachhaltigkeitsberichterstattung fokussiert.

1.2 Ziele und Aufbau der Arbeit

Ziel dieser Arbeit ist es, den Unternehmen aufzuzeigen, mit welchen Kriterien einer interaktiven Nachhaltigkeitsberichtserstattung sie die Glaubwürdigkeit

---

[15] Vgl. Schaltegger 1997, 88 & 93f.
[16] Vgl. Reichertz 2002, 18f.
[17] Vgl. Iburg & Oplesch 2001, 13; Ballwanz 2002, 414.
[18] Vgl. Zerfaß & Krzeminski 1998, 359.
[19] Vgl. Behrens 2001, 158.
[20] Vgl. ebenda, 161.
[21] Vgl. Isenmann & Lenz 2001; Isenmann & Lenz 2002; Isenmann 2003; Lenz et al. 2002; Weil & Winter-Watson 2002.
[22] Vgl. Ernst & Young et al. 1999; Schulz et al. 2001; Zadek & Raynard 2002.

ihrer Nachhaltigkeitsberichte und somit ihre Unternehmensreputation erhöhen können.

Die Fragestellungen dieser Arbeit lauten:

- Trägt ein interaktiver Ansatz zur Verbesserung der Glaubwürdigkeit von Nachhaltigkeitsberichten bei?
- Welches sind die entscheidenden Kriterien für eine erfolgreiche interaktive Nachhaltigkeitsberichterstattung im Internet?
- Welche dieser Kriterien werden von den großen Unternehmen erfüllt?

Der Aufbau dieser Arbeit lehnt sich an die Reihenfolge dieser Fragen an.

In Teil I werden die Grundlagen einer Nachhaltigkeitsberichterstattung dargelegt. Dies beinhaltet eine Einführung in die Unternehmenskommunikation (Kapitel 2), einschließlich der Grundlagen der Unternehmenskommunikation (2.1) und der Phasen der Unternehmenskommunikation (2.2), die später als ein Grundstein zur Konzeption der interaktiven Nachhaltigkeitsberichterstattung dienen. Nachfolgend wird die Relevanz der Unternehmenskommunikation für das Stakeholdermanagement (2.3) beleuchtet. Danach wird die Nachhaltigkeitskommunikation von Unternehmen (Kapitel 3) dargestellt, in der die Integration der Nachhaltigkeitsthemen in die Unternehmenskommunikation (3.1), Nachhaltigkeitskommunikation für das Reputationsmanagement (3.2) und schließlich die Nachhaltigkeitsberichterstattung als integraler Bestandteil der Nachhaltigkeitskommunikation (3.3) abgeleitet werden. In Kapitel 4 wird die Nachhaltigkeitsberichterstattung von Unternehmen umfassend betrachtet. Nach der Darstellung relevanter Grundlagen (4.1) werden die Anforderungen an die Nachhaltigkeitsberichterstattung (4.2) diskutiert. In dem ersten Schritt werden die Nachhaltigkeitsberichte als Produkte betrachtet, die gute Qualität haben sollten. In dem nächsten Schritt wird die Informationsasymmetrie zwischen berichtenden Unternehmen und ihren Zielgruppen betrachtet. Hieraus wird die Sicherung der Glaubwürdigkeit als eine wesentliche Anforderung an die Nachhaltigkeitsberichterstattung abgeleitet. Anschließend werden Ansätze zur Verbesserung der Glaubwürdigkeit der Nachhaltigkeitsberichte (4.3) dargestellt und diskutiert.

In Teil II wird ein Konzept einer interaktiven Nachhaltigkeitsberichterstattung entwickelt. Bei dieser Konzeption handelt es sich um ein Modell, dessen Grundlagen hintergefragt werden können bzw. deren Anwendungsmöglichkeiten eingeschränkt werden können. Für die Konzeption einer interaktiven Nachhaltigkeitsberichterstattung wird von drei Ansätzen ausgegangen. Nach der Erläuterung der Vorgehensweise zur Entwicklung des Konzepts in Kapitel 5, werden in Kapitel 6 theoretische Ansätze zur interaktiven Unternehmenskommunikation erörtert. Es wird untersucht, welche Eigenschaften das Konzept der interaktiven Unternehmenskommunikation beinhalten kann und sollte. Aufgrund der Erkenntnisse der Eigenschaften der interaktiven Unternehmenskommunikation werden in Kapitel 7 Ansätze einer interaktiven Nachhaltigkeitsberichterstattung diskutiert, wie das Konzept in Bezug auf Inhalt und technische Anwendung erweitert werden kann. Das Konzept einer interaktiven Nachhaltigkeitsbericht-erstattung wird sodann in Kapitel 8 mit dessen Charakteristika, Phasen, Poten-zialen und Grenzen dargelegt.

In Teil III wird die Internetnutzung der Global Fortune 500 Unternehmen[23] hinsichtlich ihrer Nachhaltigkeitsberichterstattung untersucht. Die Untersuchung fokussiert einerseits auf den Bereitstellungsgrad der Umweltinformationen so-wie sozialen Informationen der GF 500 Unternehmen im Internet und anderer-seits auf ihre Nutzung der Elemente einer interaktiven Nachhaltigkeitsberichter-stattung im Internet. Hierfür wird in Kapitel 9 das Analysekonzept dargestellt, welches auf der Basis der Charakteristika des Konzepts einer interaktiven Nach-haltigkeitsberichterstattung hergeleitet wird. Hierzu werden sechs Hypothesen aufgestellt und geprüft. Die Ergebnisse der Untersuchung werden in Kapitel 10 dargestellt und diskutiert. Abschließend fasst Kapitel 11 die Arbeit zusammen, und es werden in Kapitel 12 Handlungsempfehlungen für die Unternehmens-praxis gegeben.

---

[23] Das amerikanische Wirtschaftsmagazin Fortune erfasst jährlich die Liste der weltweit größten Unternehmen auf Basis ihrer Umsätze.

2 Einführung in die Unternehmenskommunikation

Nachhaltigkeitsberichterstattung von Unternehmen wird als integraler Bestandteil der Nachhaltigkeitskommunikation betrachtet, die im Rahmen der Unternehmenskommunikation betrieben wird.[24] Als Basis für die Konzeption der interaktiven Nachhaltigkeitsberichterstattung werden daher in diesem Kapitel die Grundlagen der Unternehmenskommunikation erläutert. Das Hauptziel dieses Kapitels besteht darin, die Phasen der Unternehmenskommunikation herauszuarbeiten.

Hierzu werden vorab die Grundlagen der Unternehmenskommunikation dargelegt (2.1). Darauf aufbauend werden die Phasen der Unternehmenskommunikation beschrieben (2.2). Sodann wird die Relevanz der Unternehmenskommunikation für das Stakeholdermanagement vorgestellt (2.3).

2.1 Grundlagen der Unternehmenskommunikation

In diesem Abschnitt werden die Bedeutung (2.1.1), Zielgruppen (2.1.2), Formen (2.1.3), und der Prozess der Unternehmenskommunikation (2.1.4) erläutert.

2.1.1 Bedeutung der Unternehmenskommunikation

Der Begriff Kommunikation stammt vom lateinischen Wort ‚moenia' (Haus, Stadt, Stadtmauern), woraus das Verb ‚communico' abgeleitet wurde. Die Bedeutungen von ‚communico' umfassen ‚gemeinsam machen, vereinigen', ‚teilen, mitteilen, teilnehmen lassen, Anteil nehmen' und ‚sich beraten, besprechen'.[25] Kommunikation wird in diesem Sinne vorwiegend als der ‚Austausch' von Information zwischen mindestens zwei Personen begriffen.[26] Trotz dieser allgemeinen Definition existiert eine Vielfalt von Kommunikationsbegriffen.[27] Merten hat bspw. in einer Definitionsanalyse über 160 Definitionen von Kommunikation ermittelt:

„Wichtig ist nicht eine Definition zu finden und einen theoretischen Ansatz auf Kommunikation anzuwenden, sondern umgekehrt, die vielfältigen und heterogenen Definitionen von Kommunikation einzugrenzen und solche Definitionen

---

[24] Siehe Abschnitt 3.3.

[25] Vgl. Petschenig 1965, 117.

[26] Vgl. Heise 2000, 14.

[27] Die Vielfalt des Kommunikationsbegriffes kann auf die Erforschung von Kommunikation in unterschiedlichen wissenschaftlichen Disziplinen zurückgeführt werden (vgl. Mesterharm 2001, 45).

herauszuarbeiten, die wesentlich sind, theoretische Ansätze zu formulieren, die zentralen und umfassenden Aspekte von Kommunikation treffen".[28]

Kommunikation wird häufig als einseitiger Prozess verstanden,[29] bei dem ein Sender einen Inhalt verfasst ('codiert'), diesen an den Empfänger richtet ('übermittelt'), der diesen Inhalt dann verstehen ('decodieren') soll.[30] Entsprechend der Struktur des Kommunikationsprozesses lassen sich verschiedene Formen der Kommunikation unterscheiden:[31] z.B. eine asymmetrische Kommunikation und eine symmetrische Kommunikation.[32] Kommunikation im Sinne eines asymmetrischen Prozesses stellt eine „Transmission von irgendetwas vom Kommunikator zum Rezipienten" oder ein „einseitiges Handeln des Kommunikators auf den Rezipienten hin" dar.[33] Dagegen wird unter einer symmetrisch strukturierten Kommunikation das frei wählbare simultane Einnehmen der Kommunikator- und Rezipientenrolle verstanden.[34] Der symmetrische Kommunikationsprozess besteht aus Handlungszusammenhängen, in denen die Beteiligten in aufeinander bezogenen Mitteilungs- und Verstehenshandlungen wechselseitig kommunizieren.[35]

Unter Unternehmenskommunikation kann man grundsätzlich die Kommunikationsaktivitäten zwischen einem Unternehmen (als Kommunikator[36]) und seinen Zielgruppen[37] (als Rezipienten) verstehen. Beger et al. definieren die Unternehmenskommunikation als „die nach strategischen Aspekten organisierte

---

[28] Merten 1977, 29.

[29] Die Analyse von Merten (1977) zeigt auch, dass Kommunikation von mehr als 50% der untersuchten 160 Definitionen als ein einseitiger Prozess verstanden wird.

[30] Vgl. Luhmann 2000, 43; Merten 2000, 161; Molitor 2001, 19; Shannon & Weaver 1949, 26f.

[31] Die Formen der Unternehmenskommunikation werden in Abschnitt 2.1.3 ausführlicher erläutert.

[32] Vgl. Merten 1977, 40f.; Merten 2000, 161.

[33] Merten 1977, 42. Zur einseitigen Kommunikation vgl. u.a. Burkart 2002, 20ff.

[34] Hier können Kommunikator und Rezipient wechselseitig ihre jeweiligen Rollen tauschen (vgl. Merten 1977, 42).

[35] Vgl. Zerfaß 1996, 32.

[36] Es wäre auch denkbar, das Unternehmen als Rezipient und seine Zielgruppen als Kommunikator zu betrachten. Aber im Rahmen einer Unternehmenskommunikation erfolgt die Information meistens seitens des Unternehmens. Hiervon wird in dieser Studie ausgegangen.

[37] Die Zielgruppen der Unternehmenskommunikation sind die mittels der Einsatzes des kommunikationspolitischen Instrumentariums anzusprechenden Adressaten (Rezipienten) der Unternehmenskommunikation (vgl. Bruhn 2003a, 3). Der Zusammenhang zwischen dem Unternehmen und seinen Zielgruppen wird in Abschnitt 2.1.2 ausführlicher beleuchtet.

Kommunikation von Unternehmen mit der Öffentlichkeit",[38] wobei die Unternehmenskommunikation primär auf die Öffentlichkeit ausgerichtet ist. Bruhn definiert die Unternehmenskommunikation wie folgt: „Unternehmenskommunikation bezeichnet die Gesamtheit sämtlicher Kommunikationsinstrumente und Kommunikationsmaßnahmen eines Unternehmens, die eingesetzt werden, um das Unternehmen und seine Leistungen den relevanten internen und externen Zielgruppen der Kommunikation darzustellen".[39] In der Definition von Bruhn wird daher der Rahmen der Unternehmenskommunikation um die verschiedenen Zielgruppen erweitert. Zerfaß dagegen empfiehlt, die Unternehmenskommunikation als integrierten Bestandteil der Aufgaben der Geschäftsleitung und des gesamten Managementprozesses eines Unternehmens zu verstehen. Er betont: „Unternehmenskommunikation umfasst alle kommunikativen Handlungen von Organisationsmitgliedern, mit denen ein Beitrag zur Aufgabendefinition und -erfüllung in gewinnorientierten Wirtschaftseinheiten geleistet wird".[40]

Analog zur Unterscheidung der Formen allgemeiner Kommunikation lässt sich Unternehmenskommunikation generell zwei Modellen zuordnen: dem asymmetrischen und dem symmetrischen Modell. Das asymmetrische Modell zeichnet sich durch einen persuasiven Ansatz aus, d.h. dessen Ziel ist vorwiegend die Überzeugung und/oder Überredung der Stakeholder.[41] Die Kommunikationsrichtung ist in diesem Modell einseitig von Unternehmen zu Stakeholdern. Im Gegensatz dazu ist die Kommunikation beim symmetrischen Modell wechselseitig und zeichnet sich durch einen kooperativen Ansatz aus. Das Ziel dieses Modells ist, ein besseres Verständnis zwischen Unternehmen und Stakeholdern aufzubauen und erhalten.[42]

Sowohl zur Überzeugung der Stakeholder als auch zum Aufbau eines besseren Verständnisses zwischen Unternehmen und Stakeholdern mit Hilfe der Unternehmenskommunikation ist eine sorgfältige Festlegung der Zielgruppen vorausgesetzt.[43] Im nächsten Abschnitt wird daher auf die Zielgruppen der Unternehmenskommunikation eingegangen.

2.1.2 Zielgruppen der Unternehmenskommunikation

Da die Ressourcen für die Unternehmenskommunikation begrenzt sind und die Zielgruppen unterschiedliche Bedürfnisse besitzen, stellt sich für das Management eines Unternehmens die Frage, in welche Kommunikation mit welchen

---

[38] Beger et al. 1989, 37.
[39] Bruhn 1995a, 12.
[40] Zerfaß 1996, 287.
[41] Stakeholder bzw. Stakeholder-Konzept werden in Abschnitt 2.3.1 ausführlicher erklärt.
[42] Vgl. Beger et al. 1989, 37.
[43] Vgl. Signitzer 1997, 195.

Zielgruppen investiert werden soll.[44] Die Anzahl der Zielgruppen der Unternehmenskommunikation kann sehr umfangreich und die Zusammensetzung der Zielgruppen von Unternehmen zu Unternehmen sehr unterschiedlich sein.[45] Ein Überblick über die Zielgruppen der Unternehmenskommunikation kann mit dem Modell ‚Stakeholder-Kompass der Unternehmenskommunikation' von Rolke (2002) gegeben werden (vgl. Abb. 1).

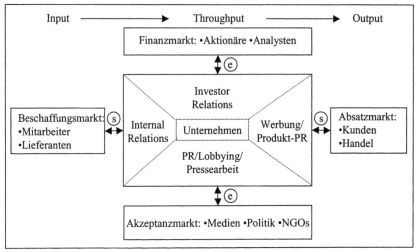

Abb. 1: Der Stakeholder-Kompass der Unternehmenskommunikation
(Rolke 2002, 18)

Der Stakeholder-Kompass der Unternehmenskommunikation zielt darauf ab, die wichtigsten Zielgruppen aus einer Vielzahl möglicher Zielgruppen zu identifizieren und das Management der Kommunikationsbeziehungen des Unternehmens zu diesen ausgewählten Gruppen zu verbessern. Der Kompass besteht aus zwei Achsen. Die horizontale Achse (Wertschöpfungsachse; Ⓢ in Abb. 1) reicht vom Beschaffungsmarkt bis zum Absatzmarkt, wobei das Input/Output-Modell als Basis verwendet wird. Auf der vertikalen Achse (Wertermöglichungs- bzw. Wertsicherungsachse; ⓔ in Abb. 1) stehen der Finanzmarkt und der Akzeptanz-

---

[44] Vgl. Köcher & Birchmeier 1995, 61.
[45] Vgl. ebenda, 62.

markt[46]. In diesem Modell richtet sich die Unternehmenskommunikation sowohl an den beiden Achsen als auch an den damit verbundenen Zielgruppen aus.[47]

- *Die Wertschöpfungsachse:* Durch die Unternehmenskommunikation sollen nicht nur die Beziehungen zu den Kunden oder zu den Lieferanten erfasst werden, sondern auch eine entscheidende Verknüpfung zwischen den beiden Märkten, nämlich dem Absatzmarkt und dem Beschaffungsmarkt aufgebaut werden. Diese Verknüpfung lässt sich durch die Rückkopplung von Kundenbedürfnissen durch entsprechendes Mitarbeiter- und Organisationsverhalten ermöglichen.[48] Funktioniert diese Rückkopplung nicht, entstehen Brüche und Widerstände.

- *Die Wertermöglichungs- bzw. Wertsicherungsachse:* Unternehmen sind zum einen gefordert, ihren Geldgebern glaubhaft zu vermitteln, dass (und warum) eine hinreichende Chance auf Gewinnerzielung besteht. Zum anderen muss ein Unternehmen gleichzeitig der breiten Öffentlichkeit vermitteln, dass (und warum) sein Renditemotiv nicht die Gemeinwohlinteressen gefährdet.

Eine solche „achsenoptimale" Unternehmenskommunikation setzt die Kenntnis der spezifischen Interessen der einzelnen Zielgruppen und die kommunikative Vernetzung mit diesen Gruppen voraus. Mit der Unternehmenskommunikation kann die Wertschöpfungskette nicht optimiert werden, wenn keine Kenntnisse über die beiden Anspruchsgruppen an den Eckpunkten vorliegen: die Kunden und die Mitarbeiter/Lieferanten. Diese Unterscheidung der Stakeholder nach ihrer Wertschöpfungs-, Wertermöglichungs- und Wertsicherungsfunktion bietet eine gute Ausgangslage für die Diskussion eines zielgruppendifferenzierten Kommunikation (somit auch interaktiven Kommunikation) für den Beschaffungs-, Absatz-, Finanz- und Akzeptanzmarkt an. Daher ist der Stakeholder-Kompass der Unternehmenskommunikation von Rolke sehr relevant für eine interaktive Nachhaltigkeitskommunikation und -berichterstattung.

Jedes Management von Kommunikation beginnt mit dem Aufbau von Beziehungen, die - wie oben dargestellt - von gemeinsamen und konfligierenden Interessen bestimmt werden.[49] Der Aufbau von Beziehungen mit den Zielgruppen erfolgt durch verschiedene Formen der Unternehmenskommunikation. Im

---

[46] Dies entspricht dem von Schaltegger & Sturm beschriebenen sozio-kulturellen sowie politischen Umfeld eines Unternehmens. Vgl. Schaltegger & Sturm 1994, 9.

[47] Vgl. Rolke 2002, 19ff.

[48] Wie so etwas erfolgreich funktionieren kann, zeigt das Beispiel FedEx (siehe Rittersberger 2002). Dort werden alle Faktoren, die für den Kunden ausschlaggebend sind, um das Unternehmen wieder zu beauftragen, in einer Kennzahl zusammengeführt, an der sich jeder Mitarbeiter messen lassen muss.

[49] Vgl. Rolke 2002, 20; Schaltegger 1999, 6f.

nächsten Abschnitt wird daher auf Formen der Unternehmenskommunikation eingegangen.

2.1.3 Formen der Unternehmenskommunikation

Die Formen der Unternehmenskommunikation können anhand der folgenden fünf Merkmale charakterisiert werden:[50]

- Eigenschaft der Kommunikation,
- Rückmeldungsmöglichkeit,
- Kommunikationsmittel,
- Festlegung der Zielgruppen und
- Umkreis der Zielgruppen

Tabelle 1 zeigt diese Merkmale und die Abgrenzungsmöglichkeit zwischen den Formen der Unternehmenskommunikation.

Merkmal	Abgrenzung von Kommunikationsformen
Eigenschaft	Persönliche vs. unpersönliche Kommunikation
Rückmeldungsmöglichkeit	Zweiseitige vs. einseitige Kommunikation
Kommunikationsmittel	Form- und/oder stoffzeichenbasierte vs. wort-, schrift-, bild- und/oder tonzeichenbasierte Kommunikation
Festlegung der Zielgruppen	Personen- und/oder organisationsspezifische vs. an ein anonymes Publikum gerichtete Kommunikation
Umkreis der Zielgruppen	Interne vs. externe Kommunikation

Tabelle 1: Abgrenzungsmöglichkeit zwischen den Formen der Unternehmenskommunikation
(vgl. Steffenhagen 2001, 145; Bruhn 1997, 12; Föhrenbach 1996, 11f.)

- *Eigenschaft von Kommunikation:* Hier gibt es die persönliche und die unpersönliche Kommunikation. Die persönliche Kommunikation findet im unmittelbaren zwischenmenschlichen Kontakt, also in der persönlichen Begegnung statt. Unpersönliche Kommunikation ist hingegen durch eine raum-zeitliche Trennung zwischen Kommunikator und Rezipient gekennzeichnet.

- *Rückmeldungsmöglichkeit:* Bezogen auf die Rückmeldungsmöglichkeit wird zwischen einer zweiseitigen oder einseitigen Kommunikation unterschieden. Die zweiseitige Kommunikation ist durch eine sofortige Rückmeldungsmöglichkeit der am Kommunikationsprozess Beteiligten gekenn-

---

[50] Vgl. Bruhn 1997, 11ff; Föhrenbach 1996, 11f.

zeichnet. Es besteht die Möglichkeit, die Rollen des Kommunikators und des Rezipienten unmittelbar zu tauschen. Die einseitige Kommunikation wird nur durch den Kommunikator betrieben. Diese Form der Kommunikation ist ein zentrales Charakteristikum der klassischen Mediawerbung, in der der Rezipient keine unmittelbare Rückmeldungsmöglichkeit hat.

- *Kommunikationsmittel:* Hinsichtlich der Kommunikationsmittel wird die physische Kommunikation von den anderen unterschieden. Die physische Kommunikation wird auch als die nonverbale Kommunikation bezeichnet, wobei dieser Begriff sowohl die Kommunikation mittels materieller Gegenstände als auch die mittels Gesichts- und Körpersprache beinhaltet.[51] Ein Großteil der kommunikativen Aktivitäten im Markt bedient sich der Kommunikation mittels Wort-, Schrift-, Bild- und/oder Tonzeichen und ist daher der nonverbalen Kommunikation zuzuordnen. Dazu zählen Drucksachen wie Anzeigen, Kataloge, Prospekte oder Werbebriefe, usw.

- *Festlegung der Zielgruppen:* Der personen- und/oder organisationsspezifischen Kommunikation sind sämtliche Kommunikationsaktivitäten zuzuordnen, die auf namentlich bezeichnete bzw. speziell ausgewählte Organisationen oder Personen ausgerichtet sind. Dazu gehört z.B. der persönlich adressierte Brief oder die persönliche Überreichung eines Werbebriefs. Wird ein anonymes Publikum angesprochen, was gelegentlich auch als indirekte Kommunikation bezeichnet wird, fehlt eine Spezifizierung des Kommunikationsadressaten. Der Kommunikator richtet hierbei seine kommunikativen Aktivitäten lediglich an ein mehr oder weniger abgegrenztes Publikum aus, dessen einzelne Mitglieder ihm unbekannt sind.

- *Umkreis der Zielgruppen:* In Abhängigkeit von den angesprochenen Zielgruppen kann zwischen interner und externer Unternehmenskommunikation unterschieden werden. Die externe Unternehmenskommunikation umfasst sämtliche Kommunikationstätigkeiten eines Unternehmens mit Kommunikationspartnern außerhalb räumlicher oder organisatorischer Unternehmensgrenzen.[52] Die interne Unternehmenskommunikation hingegen beschäftigt sich mit der Kommunikation mit den internen Zielgruppen, z.B. den Mitarbeitern.

Ein Ziel der vorliegenden Arbeit ist, ein Konzept der interaktiven Nachhaltigkeitsberichterstattung zu entwickeln, das im Rahmen der Unternehmenskommu-

---

[51] Hierzu sind z.B. die Vorführung von Exponaten in Schaufenstern, ein gestalteter Messestand oder die Präsentation neuer Modekollektionen auf Modenschauen zu nennen (vgl. Weinberg 1986, 5).

[52] Zu den externen Zielgruppen zählen heutige und potentielle Kunden, Lieferanten, Kapitalgeber sowie das restliche Umfeld des Unternehmens.

nikation diskutiert werden soll. Dazu interessiert an dieser Stelle der Prozess der Unternehmenskommunikation. Im nächsten Abschnitt wird demzufolge ein Ansatz zur Strukturierung der Unternehmenskommunikation diskutiert.

2.1.4 Prozess der Unternehmenskommunikation

Es lassen sich in der Kommunikationsliteratur verschiedene Möglichkeiten zur Strukturierung der Unternehmenskommunikation unterscheiden.[53] Diese lassen sich generell zwei unterschiedlichen Blickwinkeln zuordnen.[54] Ein Blickwinkel basiert auf der Annahme, dass *das übergreifende Ziel der Unternehmenskommunikation die Informationsvermittlung*[55] *ist*. Der andere Blickwinkel betrachtet *den Zusammenhang, dass die Unternehmenskommunikation den ganzen Rahmen der Beziehungen zwischen Unternehmen und seinen Zielgruppen umfassen soll.* Diese beiden Perspektiven über die Struktur der Unternehmenskommunikation werden im Folgenden vertieft (2.1.4.1 und 2.1.4.2).

2.1.4.1 Blickwinkel 1: Informationsvermittlung als Kern der Unternehmenskommunikation

Tabelle 2 zeigt einen Überblick der Ansätze zur Strukturierung der Unternehmenskommunikation, in denen die Informationsvermittlung als Kern der Unternehmenskommunikation betrachtet wird.

Autor	Struktur der Unternehmenskommunikation
Maletzke 1963	Präkommunikative, kommunikative und postkommunikative Phase
Luhmann 1971	Input-, Transformations- und Outputphase
Levy & Windahl 1984	Präaktive, aktive und postaktive Phase

Tabelle 2: Überblick über Ansätze zur Strukturierung der Unternehmenskommunikation bezogen auf die Informationsvermittlung

Maletzke (1963) postuliert, dass eine optimale Wirkung der Unternehmenskommunikation auf einer genauen Wahrnehmung der Informationen bei den beiden Parteien der Unternehmenskommunikation basiert. Er unterteilt daher die Unternehmenskommunikation in drei grobe Phasen: die präkommunikative, die kommunikative und die postkommunikative Phase (vgl. Abb. 2).

---

[53] Bruhn gibt einen Überblick über die verschiedenen Stufenmodelle der Unternehmenskommunikation (siehe Bruhn 1997, 27).

[54] Vgl. Klassifikation der Kommunikation in asymmetrische und symmetrische Modelle.

[55] Hiermit sind die Informationsermittlung von Unternehmen und die Wahrnehmung der Informationen durch Zielgruppen gemeint.

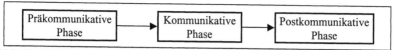

Abb. 2: Drei Phasen der Unternehmenskommunikation nach Maletzke (vgl. Maletzke 1963, 147)

- *Präkommunikative Phase*: In der präkommunikativen Phase erhalten die Zielgruppen der Unternehmenskommunikation zunächst umfangreiche Informationen, die vom Unternehmen ermittelt wurden. In dieser Phase zeichnet sich ab, welche Informationen die Zielgruppen wahrnehmen.[56] Hierzu muss zusätzlich berücksichtigt werden, ob bei den Zielgruppen Informationsbedürfnisse über das Unternehmen bestehen.[57]

- *Kommunikative Phase:* Nachdem die Zielgruppen einen Teil der Informationen wahrgenommen haben, treten sie mit dem Unternehmen in die kommunikative Phase. Hierbei wird u.a. geprüft, ob die Informationen des Unternehmens von den Zielgruppen so verstanden wurden, wie es vom Unternehmen beabsichtigt war.

- *Postkommunikative Phase:* In dieser Phase wird untersucht, ob die Zielgruppen ihr Verhalten ändern, wie es vom Unternehmen erhofft wurde.

Beim Ansatz von Maletzke zur Strukturierung der Unternehmenskommunikation konzentriert sich die Unternehmenskommunikation auf die Informationsvermittlung zwischen dem Unternehmen und seinen Zielgruppen. Daher sind die Wahrnehmung der Informationen durch die Zielgruppen und ihr resultierendes Verhalten von großer Bedeutung. Die Ansätze von Luhmann (1971) und Levy & Windahl (1984) sind auch in diesem Kontext zu verstehen. Bei Luhmanns Ansatz entsprechen die Inputphase der präkommunikativen Phase, die Transformationsphase der kommunikativen Phase und die Outputphase der postkommunikativen Phase. Analog bezeichnen Levy und Windahl die drei Phasen als präaktive, aktive und postaktive Phasen.

Dagegen nehmen Bruhn (1995b) und Beger et al. (1989) einen anderen Blickwinkel zur Strukturierung der Unternehmenskommunikation ein, indem sie die Unternehmenskommunikation im Kontext eines Kommunikationskreislaufs sehen. Im Folgenden werden ihre Ansätze kurz dargelegt.

---

[56] Die Wahrnehmung einer Information ist in diesem Zusammenhang auch als Informationsverarbeitungsprozess zu begreifen, durch den die Zielgruppen Kenntnisse von ihrer Umwelt erlangen (vgl. Lewald 1994, 200).

[57] Vgl. Kroeber-Riel 1987, 665.

2.1.4.2 Blickwinkel 2: Unternehmenskommunikation als Kommunikationskreislauf

Bruhn (1995b) strukturiert die Unternehmenskommunikation als einen Kommunikationskreislauf, in dem die Reihenfolge einzelner Aktivitäten der Unternehmenskommunikation bzw. die daraus resultierenden Teilentscheidungen als entscheidend betrachtet werden, und die gesamten Prozesse der Unternehmenskommunikation miteinander verknüpft sind (vgl. Abb. 3).

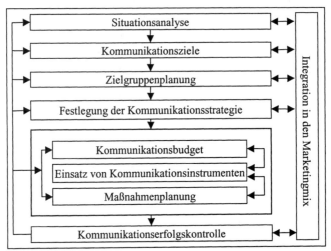

Abb. 3: Unternehmenskommunikation im Kontext eines Kommunikationskreislaufs (in Anlehnung an Bruhn 1995b, 200; vgl. auch Bruhn 1997, 32)

Der Prozess der Unternehmenskommunikation im Kontext eines Kommunikationskreislaufs durchläuft folgende Phasen:[58]

- *Situationsanalyse* und *Kommunikationsziele*: Durch die Situationsanalyse sollen kommunikationspolitische Chancen, Risiken sowie Stärken und Schwächen offen gelegt werden.[59] An die umfangreiche und sorgfältige Situationsanalyse anschließend sind die Kommunikationsziele zu planen und zu bestimmen.

- *Zielgruppenplanung*: Danach sind die relevanten Zielgruppen der Unternehmenskommunikation zu identifizieren und deren Erreichbarkeit (z.B. über Kommunikationsmedien) zu ermitteln.

---

[58] Vgl. Bruhn 1997, 31ff.
[59] Vgl. Bruhn 2003a, 100.

40

- *Festlegung der Kommunikationsstrategie*: Den Zielgruppen entsprechend soll die Kommunikationsstrategie[60] festgelegt werden, die als Kern des Kommunikationsprozesses betrachtet werden soll. Dazu ist eine Schwerpunktsetzung der zu ergreifenden Kommunikationsanstrengungen notwendig.

- *Kommunikationsbudget, Einsatz von Kommunikationsinstrumenten* und *Maßnahmenplanung*: Hinsichtlich der Kommunikationsstrategie ist das Kommunikationsbudget[61] festzulegen, und es sind der Einsatz der Kommunikationsinstrumenten sowie weiterer Maßnahmen zu planen. Kommunikationsinstrumente repräsentieren das Ergebnis einer gedanklichen Bündelung von Kommunikationsmaßnahmen.[62] Diese drei Phasen beziehen sich aufeinander.

- *Kommunikationserfolgskontrolle*: Durch Analysen der Kommunikationswirkungen sollten Hinweise zur Verbesserung der einzelnen Teilentscheidungen beim Prozess der Unternehmenskommunikation gewonnen werden.

- *Integration in den Marketingmix*[63]: Diese einzelnen Phasen der Unternehmenskommunikation sind in den Marketingmix zu integrieren, d.h. alle Phasen der Unternehmenskommunikation sollen mit den Zielen des Marketings in Einklang gebracht werden.

Die Betrachtung der Unternehmenskommunikation im Zusammenhang mit einem Kommunikationskreislauf lässt sich auch in dem Ansatz von Beger et al. (1989) erkennen (vgl. Abb. 4).

---

[60] Eine Kommunikationsstrategie ist als Bündel von Prioritätsentscheidungen bezüglich der Vorrangigkeit zu ergreifender Kommunikationsanstrengungen für gewisse Objekte, in gewisser Art, bei gewissen Zielgruppen und für gewisse Zeitabschnitte aufzufassen (vgl. Steffenhagen 2001, 1874; Bruhn 2003a, 176).

[61] Die Budgetierung in der Kommunikationspolitik beinhaltet eine Festlegung notwendiger finanzieller Mittel zur Deckung der Planungs-, Durchführungs- und Kontrollkosten sämtlicher kommunikationspolitischer Aktivitäten, um vorgegebene kommunikationspolitische Ziele zu erreichen (Bruhn 2003a, 187).

[62] Dazu zählen z.B. Mediawerbung, Verkaufsförderung, Direkt-Marketing usw.

[63] Borden definiert den Marketingmix als den kombinierten und koordinierten Einsatz der Marketinginstrumente mit dem Ziel, durch eine harmonische Abstimmung der Instrumentenausprägungen die Unternehmens- und Marketingziele möglichst effizient zu erreichen (vgl. Borden 1964, 2).

Abb. 4: Unternehmenskommunikation als ein beständig kontrollierendes System (in Anlehnung an Beger et al. 1989, 54)

Die Unternehmenskommunikation in diesem Ansatz beginnt mit einer Situationsanalyse und schließt mit einer Erfolgskontrollphase ab. Hierbei wird betont, dass die Ziele und Maßnahmen der Unternehmenskommunikation durch die Ergebnisse der Erfolgskontrolle verbessert werden.

Die Betrachtung der Unternehmenskommunikation im Kontext eines Kommunikationskreislaufs geht über die Betrachtung einer reinen Informationsvermittlung mit daraus resultierenden Verhaltensänderungen der Zielgruppen hinaus. Die gesamten Aktivitäten des Unternehmens vor und nach der Informationsvermittlung sollten als wichtige Teile der Unternehmenskommunikation miteinbezogen werden. Die Situationsanalyse seitens des Unternehmens entspricht einer typischen Ausgangslage der Unternehmenskommunikation und die Kommunikationserfolgskontrolle dem Abschluss der Unternehmenskommunikation, der die vorherigen Phasen wiederum einfließt.

Die Aktivitäten des Unternehmens, z.B. die Informationsvermittlung und die Wahrnehmung der Informationen durch die Zielgruppen greifen nur einen Teil der ganzen Struktur der Unternehmenskommunikation heraus. Mit diesen Erkenntnissen über die Ansätze zur Strukturierung der Unternehmenskommunikation werden im folgenden Abschnitt die Phasen der Unternehmenskommunikation weiter ausgearbeitet.

2.2 Phasen der Unternehmenskommunikation

Der Prozess der Unternehmenskommunikation nach dem Ansatz von Bruhn lässt sich in drei Teile zerlegen, die jeweils den drei Phasen des Prozesses der Unternehmenskommunikation nach Maletzke entsprechen. Der erste Teil (Situationsanalyse, Festlegung der Kommunikationsziele, Zielgruppenbestimmung, Festlegung der Kommunikationsstrategie und Kommunikationsbudgetierung) wird in der vorliegenden Studie als Beziehungsphase bezeichnet, da eine gute Beziehung zu den Zielgruppen eine notwendige Voraussetzung für eine er-

folgreiche Kommunikation ist,[64] und diese Beziehung vor der Informationsvermittlung aufgebaut werden soll. Der zweite Teil wird Verhaltensphase genannt.
Hier stehen das Verhalten des Unternehmens und seiner Zielgruppen im Mittelpunkt. Der letzte Teil wird als Erfolgskontrollphase bezeichnet, der die
Erfolgskontrolle repräsentiert. Abbildung 5 zeigt die Gegenüberstellung der Ansätze von Maletzke (als Blickwinkel 1) und von Bruhn (als Blickwinkel 2).[65]

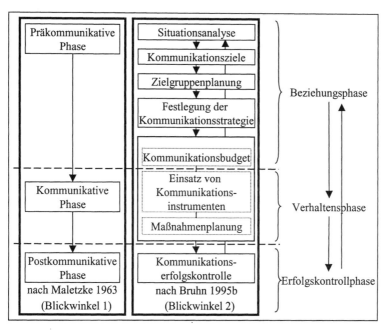

Abb. 5: Gegenüberstellung der Phasen der Unternehmenskommunikation

Die Beziehungsphase zielt darauf ab, dass das Unternehmen seine Zielgruppen
in die Unternehmenskommunikation mit einbezieht. Aufgrund der sich erge-
benen Beziehungen soll die Informationsvermittlung in der Verhaltensphase
stattfinden. Abschließend bedarf es einer Erfolgskontrollphase in der der Kom-
munikationserfolg gemessen werden soll. Diese drei Phasen sind miteinander

---

[64] Vgl. Rolke 2002, 20. Gute Beziehungen zu den Zielgruppen aufzubauen ist nicht nur
eine notwendige Voraussetzung für eine erfolgreiche Unternehmenskommunikation,
sondern auch ein Ziel der Unternehmenskommunikation (vgl. Abschnitt 2.1.1).

[65] Da diese beiden Ansätze die beiden genannten Blickwinkel repräsentieren, sind hier die
anderen Ansätze, z.B. Luhmanns Ansatz, nicht aufgezeigt.

verbunden und durchlaufen wiederholt einen Kreislauf. Im Folgenden werden die Schritte jeder Phase erläutert.

2.2.1 Beziehungsphase

Im Rahmen der Beziehungsphase identifizieren die Personen, die im Unternehmen für die Unternehmenskommunikation zuständig sind, zuerst die für das Unternehmen relevanten Systeme und machen sich ein Bild, welche Auswirkungen sie für das Unternehmen haben bzw. haben werden. Durch diese Untersuchung werden die Zielgruppen für die Unternehmenskommunikation ermittelt (A in Abb. 6).[66] Eine unsorgfältige oder eine falsche Zielgruppendefinition kann die Unternehmenskommunikation wertlos machen.[67] Anschließend werden die Ziele der Unternehmenskommunikation festgelegt (B in Abb. 6). Angesichts der festgelegten Zielgruppen und der damit verbundenen Zielsetzungen sollten Informationen angeboten werden (C in Abb. 6), die die Zielgruppen möglichst interessieren, damit das Unternehmen als Kommunikationspartner für Zielgruppen ansprechbar sein und somit eine gute Beziehung aufgebaut werden kann (vgl. Abb. 6).[68]

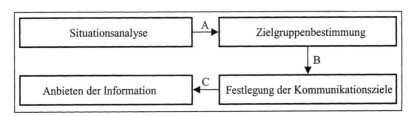

Abb. 6: Schritte der Beziehungsphase

2.2.2 Verhaltensphase

Im Zuge der Verhaltensphase werden vom Unternehmen die Ansprüche der Zielgruppen erfasst, die aufgrund der vom Unternehmen angebotenen Informationen entstehen. Diese aufgenommenen Ansprüche werden unternehmensintern verarbeitet (A in Abb. 7). Die Verarbeitung der Ansprüche wird zur Aktualisierung der angebotenen Informationen benutzt, damit die Informationen zielgruppenentsprechend verarbeitet werden können (B in Abb. 7). Die aktualisierten Informationen werden wiederum im Rahmen der Kommunikation angeboten (C in Abb. 7). Das Angebot aktualisierter Information ermöglicht eine

---

[66] Vgl. die Zielgruppenplanung beim Ansatz von Bruhn zur Strukturierung der Unternehmenskommunikation im Abschnitt 2.1.4.2.

[67] Vgl. Beger et al. 1989, 69.

[68] Vgl. Beger et al. 1989, 37.

weitere Aufnahme der Ansprüche (D in Abb. 7). Diese vier Schritte sind miteinander verbunden und durchlaufen wiederholt den Kreislauf.

Abbildung 7 zeigt die vier Schritte der Verhaltensphase des Prozesses der Unternehmenskommunikation.

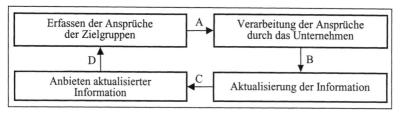

Abb. 7: Schritte der Verhaltensphase
(vgl. die Ansätze von Luhmann 1971; Maletzke 1963 und Levy & Windahl 1984 sowie Abschnitt 2.1.4.1)

2.2.3 Erfolgskontrollphase

Die Erfolgskontrolle im Kommunikationsprozess misst den Erfolg der Kommunikationsziele und -maßnahmen. Sie wird eingesetzt, um zu überprüfen, ob die beabsichtigten Effekte mit den durchgeführten Maßnahmen erreicht wurden.[69]

Die Erfolgskontrolle umfasst drei Typen von Analysen: Prozess-, Wirkungs- und Effizienzanalyse:[70]

- *Die Prozessanalyse (A in Abb. 8):* Sie beschäftigt sich mit der Kontrolle der Durchführung der Kommunikationsmaßnahmen. Hierbei können Methoden wie Checklisten oder ähnliche Verfahren zur Kontrolle der organisatorischen Ablaufprozesse eingesetzt werden.

- *Die Wirkungsanalyse (B in Abb. 8):* Es soll durch die Wirkungsanalyse überprüft werden, wie die Zielgruppen auf die eingesetzten Kommunikationsmaßnahmen reagiert haben und ob die anvisierten Ziele erreicht wurden.

- *Effizienzanalyse (A und B in Abb. 8):* Anschließend an die Prozess- und Wirkungsanalysen sollen die integrierten kommunikativen Aktivitäten beurteilt werden. Hierzu ist ein Kosten-Nutzen-Vergleich aufzustellen, d.h.,

---

[69] Vgl. Beger et al. 1989, 52.
[70] Vgl. Bruhn 1995a, 240f. Von Werder definiert auch die Kontrolle der Unternehmenskommunikation als die Überwachung der Wirksamkeit und Effizienz der Kommunikationsaktivitäten (vgl. von Werder 2002, 401).

die aufgewendeten Kosten sämtlicher Kommunikationsaktivitäten werden dem aus dessen Einsatz gezogenen Nutzen[71] gegenübergestellt.

Abbildung 8 zeigt die drei Schritte der Erfolgskontrollphase des Prozesses der Unternehmenskommunikation.

Abb. 8: Schritte der Erfolgskontrollphase
(vgl. Bruhn 1995a, 240f.)

Wie in Abschnitt 2.1.1 erwähnt, besteht das Ziel der Unternehmenskommunikation im Aufbau der guten Beziehung mit Stakeholdern. Um zu wissen, wie die in diesem Abschnitt dargelegte Phasen der Unternehmenskommunikation dazu beitragen kann, wird im nächsten Abschnitt auf die Relevanz der Unternehmenskommunikation für das Stakeholdermanagement eingegangen.

2.3 Relevanz der Unternehmenskommunikation für das Stakeholdermanagement

In diesem Abschnitt werden Stakeholdermanagement (2.3.1) und die Rolle der Unternehmenskommunikation für das Stakeholdermanagement (2.3.2) dargestellt, womit die Relevanz der Unternehmenskommunikation für das Stakeholdermanagement identifiziert werden kann.

2.3.1 Stakeholdermanagement

Der Begriff ‚Stakeholder' bzw. das Stakeholder-Konzept wurde bereits am Anfang der 1960er Jahre vom Stanford Research Institute eingeführt, um zu verdeutlichen, dass das Management nicht nur den Shareholdern, sondern auch weiteren Gruppen zur Rechenschaft verpflichtet ist. [72] Alle Individuen oder Gruppen, die einen materiellen oder immateriellen Anspruch („Stake") an ein Unternehmen haben, werden als Stakeholder oder Anspruchsgruppen bezeich-

---

[71] Der Nutzen ermittelt sich aus den erreichten Zielen der Kommunikationsinstrumente sowie der Beitrag zu Synergieeffekten, die sich aus der Kombination mit anderen Kommunikationsinstrumenten ergeben (vgl. Bruhn 2003a, 392).

[72] Vgl. Hardtke & Prehn 2001, 158. Das Stakeholder-Konzept lehnt sich an die Anreiz-Beitragstheorie von Barnard 1938 und die Koalitionstheorie von March & Simon 1958 und wurde von Ansoff 1965; Ulrich1970; Achleitner 1985; Rappaport 1986; Dyllick 1989 und Schaltegger & Sturm 1990 weiter geprägt.

net.[73] Sie können die Unternehmensziele selbst, deren Erreichung und damit die Bedingungen, unter denen die Unternehmen handeln, beeinflussen. Andererseits können sie selbst durch die Unternehmenshandlungen betroffen sein.[74] Stakeholder sind für Unternehmen aber von unterschiedlicher Relevanz.[75] Einen Überblick über verschiedene Stakeholder eines Unternehmens gibt Abbildung 9. Je nach Art der Stakeholder lassen sich verschiedene Umfelder des Unternehmens klassifizieren, z.B. soziokulturelle, wirtschaftliche und politische. Weiterhin wird zwischen unternehmensinternen und externen Stakeholdern unterschieden.[76] Unternehmensinterne Stakeholder sind Angestellte, unterschiedliche Managementebenen oder Abteilungen usw. Externe Stakeholder sind z.B. Eigentümer, Kreditgeber, Lieferanten, Behörden oder Anwohner.

---

[73] Vgl. BMU/BDI & Schaltegger et al. 2002; Figge & Schaltegger 2000, 11; Freeman 1984, 25. Für Stakeholder haben sich im deutschen Sprachraum nach unterschiedlichen Blickwinkeln oder Disziplinen verschiedene Übersetzungen herauskristallisiert, nämlich Bezugsgruppen, Interessengruppen, Anspruchsgruppen usw. Hier werden die Begriffe Stakeholder und Anspruchsgruppen synonym verwendet.

[74] Vgl. Freeman 1984; Schaltegger 2000, 117.

[75] Nach der unterschiedlichen Relevanz für Unternehmen kann in Anlehnung an Achleitner folgende Differenzierung vorgenommen werden (Achleitner 1985, 76):
• Bezugsgruppen: Alle sozialen Gruppen im weiteren Sinn, welche in irgendeiner tatsächlichen oder potenziellen, direkten oder indirekten Beziehung zum Unternehmen stehen, unabhängig davon, ob sie formal organisiert sind oder nicht.
• Interessengruppen: Alle jene Bezugsgruppen, welche in einer tatsächlichen direkten oder indirekten Beziehung zum Unternehmen stehen und daher unmittelbares Interesse an dessen Verhalten haben.
• Anspruchsgruppen: Alle jene Interessengruppen, welche ihr Interesse am Unternehmen entweder selbst oder durch Dritte artikuliert haben und daher konkrete Ansprüche gegenüber dem Unternehmen erheben.
• Strategische Anspruchsgruppen: Jene Anspruchsgruppen, auf welche das Unternehmen so stark angewiesen ist, dass sie im Falle der Nichterfüllung ihrer Ansprüche wesentlichen Einfluss auf das Unternehmensgeschehen nehmen können.

[76] Vgl. Schaltegger & Sturm 1994, 8.

Abb. 9: Das Stakeholder-Konzept
(Schaltegger 2000, 116; vgl. Schaltegger & Sturm 1994, 9)

Die Beziehung zwischen Unternehmen und Stakeholdern ist stets wechselseitig,[77] wobei nicht nur die Stakeholder Ansprüche[78] an das Verhalten der Unternehmen stellen, sondern Unternehmen auch Erwartungen gegenüber ihren Stakeholdern haben (vgl. Tabelle 3).[79]

Stakeholder	Interessen der Stakeholder	Interessen der Unternehmen
Staatliche Institution/ politische Parteien (nationale und internationale) - Judikative - Exekutive - Legislative	- Einkommen - Sicherung von Arbeitsplätzen - Schutz der Umwelt - Beiträge zur wirtschaftlichen Entwicklung - Wahrnehmung sozialer Verantwortung - Einhaltung von Rechtsvorschriften und gesellschaftlichen Normen - Teilnahme an der politischen	- Gestaltung fairer und stabiler Rahmenbedingungen - Schaffung einer Infrastruktur - Förderungsmaßnahmen - Angemessene Gesetzgebung - Stärkung der internationalen Wettbewerbsfähigkeit - Gerechte Abwägung und Berücksichtigung der Unternehmensinteressen

---

[77] Vgl. Dyllick 1984, 74.

[78] Unter dem Begriff ‚Ansprüche' werden Anfragen, Beschwerden und Komplimente verstanden.

[79] Vgl. Schulz 1989, 77.

48

Stakeholder	Interessen der Stakeholder Willensbildung	Interessen der Unternehmen
		- Belohnung besonderer Leistungen (z.B. im Umweltschutz)
Arbeitskräfte - Management - Mitarbeiter	- Angemessene Einkommen - Zwischenmenschliche Kontakte - Soziale Sicherheit - Entfaltung eigener Ideen und Fähigkeit - Status, Anerkennung, Prestige - Entscheidungsautonomie - Körperliche Unversehrtheit - Identifikationsmöglichkeit mit dem Unternehmen und seiner Produkte - Vertrauen	- Loyalität gegenüber dem Unternehmen - Adäquate quantitative und qualitative Arbeitsleistung - Bereitschaft zur Fortbildung - Wahrung des Betriebsfriedens - Akzeptanz betrieblicher Strukturen - Verschwiegenheit - Aktive Beteiligung an Problemlösungen - Einhaltung gesetzlicher und betrieblicher Bestimmungen
Kunden z.B. - Öffentliche Haushalte - Private Haushalte - Industrie-unternehmen - Handels-betriebe	- Quantitativ/qualitativ befriedigende Marktleistung - Sichere, zuverlässige und umweltfreundliche Produkte - Gute Preis/Leistungsverhältnisse - Faires Geschäftsgebaren - Ständige Lieferbereitschaft - Bedarfsgerechte Innovationen	- Belohnung besonderer Leistungen - Markentreue - Einhaltung vertraglicher Vereinbarungen und Fairness - Akzeptanz auskömmlicher Preise - Verantwortungsbewusster Umgang mit den Produkten
Konkurrenten - Absatzmarkt - Beschaf-fungsmarkt	- Faires Wettbewerbsverhalten - Kooperationsbereitschaft auf branchenpolitischer Ebene - Solidarisches Verhalten in Krisensituation	- Faires Wettbewerbsverhalten - Kooperationsbereitschaft auf branchenpolitischer Ebene - Solidarisches Verhalten in Krisensituation
Gesellschaftliche Gruppen z.B. - Gewerk-schaften - Arbeitgeber-verbände - Verbraucher-organisation - Bürgerinitiati-ven - Kirchen - Medien	- Informationsbereitstellung - Einkommen - Erhaltung einer lebenswerten Umwelt - Schutz sozialer Standards - Kooperationsbereitschaft - Berücksichtigung der eigenen Interessen - Beachtung von Gesetzen und gesellschaftlichen Normen - Risikominimierung - Kontrollmöglichkeiten	- Vorurteilsfreie Prüfung und Darstellung der Handlungen des Unternehmens - Kooperationsbereitschaft bei gemeinsamen Problemen - Am Leistungsvermögen des Unternehmens ausgerichtete Forderungen - Vertretung von Unternehmensinteressen - Beteiligung an Unternehmensentscheidungen
Kapitalgeber z.B. - Banken - Ver-sicherungen - Aktionäre	- befriedigende Verzinsung des einge-setzten Kapitals - Informationsbereitstellung - Vermögenszuwachs - Green Investments - Macht, Einfluss, Prestige - Pünktliche Zins- und Tilgungszahlungen - Sicherheit der Kapitalanlage - Ethisch einwandfreier Einsatz der	- Dauerhafte Überlassung des Kapitals - Unterstützung in Krisensituationen - Maßvolle Ausschüttung von Gewinnen - Risikokapital - Wohldosierte Einflussnahme auf Entscheidungen - Günstige Kredite

Stakeholder	Interessen der Stakeholder	Interessen der Unternehmen
	Produktionsfaktoren	
Lieferanten z.B. - Produzenten von Werkstoffen - Produzenten von Betriebsmitteln - Händler	- Regelmäßige Auftragseingänge - Dauerhafte Liefermöglichkeiten - Günstige Lieferkonditionen - Vertrauensvolle Kunden-Liferantenbeziehungen - Zahlungsfähigkeit der Kunden - Gemeinsame Forschungs- und Entwicklungsanstrengungen	- Hohe Lieferbereitschaft und Lieferzuverlässigkeit - Dauerhafte Lieferbeziehungen - Angemessenes Preis-Leistungsverhältnis - Unternehmensspezifische Produktentwicklungen - Umweltgerechte Erzeugnisse

Tabelle 3: Wechselseitige Ansprüche zwischen Unternehmen und ihren
Stakeholdern
(Schulz 1989, 77; vgl. Janisch 1993, 190f.)

Beispielsweise stellen Kapitalgeber (wie z.B. Banken, Versicherungen, Aktionäre) eines Unternehmens folgende Ansprüche: befriedigende Verzinsung des eingesetzten Kapitals, Vermögenszuwachs, pünktliche Zins- und Tilgungszahlungen, Sicherheit der Kapitalanlage usw., während das Unternehmen von Kapitalgebern u.a. dauerhafte Überlassung des Kapitals, maßvolle Ausschüttung von Gewinnen und günstige Kredite fordern.[80]

Wie in Tabelle 3 dargelegt, sind die Interessen der Stakeholder an Unternehmen sehr unterschiedlich.[81] Diese unterschiedlichen Interessen der Stakeholder können miteinander kongruent, aber auch konfliktär sein,[82] weswegen oftmals die verschiedenen Interessen gegeneinander abgewogen werden müssen.[83] In diesem Fall besteht für die Unternehmen sowie für alle Stakeholder auch die Herausforderung, die konfliktären Interessen gegeneinander abzuwägen und einen Handlungsspielraum zu finden.[84] Nicht alle Stakeholder sind aber für ein Unternehmen relevant, weswegen ihre Bedürfnisse oftmals nur themenbezogen erfasst sind.[85] Zudem können Individuen gleichzeitig mehreren Gruppen angehören, z.B. Aktionäre können auch Kunden, Politiker, Journalisten, Mitarbeiter, kritische Umweltschützer und/oder Gewerkschaftsmitglieder sein.[86] Demgegenüber müssen kritische Stakeholder, die sich gut organisieren können, durchsetzungsfähig und nicht substituierbar sind, vom Unternehmen besonders beachtet werden. Hier kann die Missachtung eines einzelnen kritischen Stake-

---

80 Vgl. Schulz 1996, 77.
81 Vgl. Madsen & Ulhøi 2001, 84; Schaltegger 2000, 117 und Schaltegger 1999.
82 Vgl. Figge & Schaltegger 2000, 11f.; Schaltegger 2000, 117.
83 Vgl. Figge & Schaltegger 2000, 11f.; Hardtke & Prehn 2001, 158.
84 Vgl. Figge & Schaltegger 2000, 11f.; Schaltegger 1999, 3.
85 Vgl. Hardtke & Prehn 2001, 158.
86 Vgl. ebenda, 158; Schuhmacher 1996, 4.

holders das Management in Schwierigkeiten bringen (vgl. Abb. 10).[87] Kritische Stakeholder lassen sich von anderen mit hoher Organisations- und Durchsetzungsfähigkeit differenzieren, d.h. „sie können mit verhältnismäßig einfachen Mitteln wie dem Austausch von Unterstützungsleistungen (Logrolling) und der Bildung von Allianzen ihre Durchsetzungsfähigkeit verbessern, auch wenn sie selbst über keine für die unternehmerische Leistungserstellung wesentliche Ressource verfügen".[88]

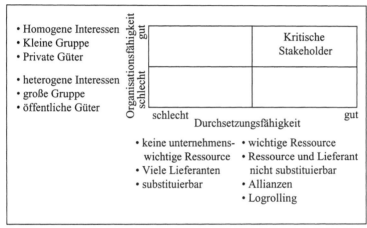

Abb. 10: Matrix der Organisations- und Durchsetzungsfähigkeit kritischer Stakeholder
(Schaltegger 1999, 15)

Da die unternehmerische Existenz durch die Sicherung gesellschaftlicher Legitimation erheblich gewahrt werden kann,[89] ist eine kontinuierliche Beobachtung kritischer Stakeholder besonders wichtig.[90] Ihr dynamischer Charakter und ihre potentiellen Verhaltensweisen stehen hierbei im Vordergrund.[91] Hierfür spielt die Unternehmenskommunikation eine wesentliche Rolle, da im Rahmen eines Frühwarnsystems erste Gefährdungen durch die Stakeholder erkannt werden können. Im nächsten Abschnitt wird daher auf die Rolle der Unternehmenskommunikation für das Stakeholdermanagement eingegangen.

---

[87] Vgl. Schaltegger 1999, 14f.
[88] Schaltegger 1999, 15.
[89] Vgl. Schönborn & Steinert 2001, 32.
[90] Durch Konfrontation zwischen Unternehmen und ihren kritischen Stakeholdern kann das Image des Unternehmens geschädigt werden (vgl. Pleon KohtesKlewes 2004, 11).
[91] Vgl. Schaltegger et al. 2003, 166.

2.3.2 Rolle der Unternehmenskommunikation für das Stakeholdermanagement

Da die prinzipiell unlimitierten Ansprüche der Stakeholder knappen Ressourcen gegenüberstehen, ist es unmöglich, die Interessen aller Stakeholder vollständig zu berücksichtigen.[92] Gute Beziehungen zu den Stakeholdern werden immer mehr als ein wichtiges Kriterium für den Unternehmenserfolg anerkannt[93] und erfolgreiche Unternehmen zeichnen sich durch eine erhöhte Nutzenstiftung für ihre verschiedenen Stakeholder aus.[94] Dies ist darauf zurückzuführen, dass heutige Unternehmen immer ausgeprägter auf gesellschaftliche Akzeptanz angewiesen sind, im Spannungsfeld ihrer Stakeholder stehen und die Sicherung der unternehmerischen Existenz zunehmend eine ständige Koordinierung von verschiedenen Anforderungen von Stakeholdern erfordert.[95] Daher schlussfolgert Hill: „Der Zweck von Unternehmen besteht nicht nur ausschließlich in der Produktion und im Vertrieb von Leistungen oder in der Gewinnerzielung, sondern auch in der Befriedigung verschiedener Ansprüche von Stakeholdern".[96]

Der Grund hierfür ist, dass die Unterstützung durch die verschiedenen Stakeholder nicht nur die Grundvoraussetzung für das Überleben, sondern auch für die wirtschaftliche Leistungsfähigkeit einer Unternehmung ist.[97] Das Management ist herausgefordert, die Ansichten, Meinungen und Interessen der Stakeholder richtig einzuschätzen. Beispielsweise haben Shell bezüglich der Entsorgung der Ölplattform Brent Spar, Nike bei der Beobachtung der asiatischen Zulieferer und Nestlé im Fall des Vertriebs gesundheitsgefährdenden Babymilchpulvers[98] aus der Schädigung der Unternehmensreputation gelernt, dass Unternehmenskommunikation zu außermarktlichen Themen wichtig ist.[99]

Es gibt verschiedene Möglichkeiten, Stakeholder zu klassifizieren. Sie werden meist hinsichtlich ihrer Beziehungen zum Unternehmen klassifiziert.[100] Stakeholder können aber auch jeweils angesichts ihrer stets flexiblen Anforderungen eingeteilt werden. Dies setzt allerdings die offene Unternehmenskommunikation voraus, denn durch Unternehmenskommunikation werden zum einen die In-

---

[92] Vgl. Cyert & March 1963, 40ff.; Dyllick & Hockerts 2002, 134; Figge & Schaltegger 2000, 12; Kankkunen 1995, 240; Schaltegger 1999, 5 und Ulhøi & Madsen 1997, 6.

[93] Vgl. Hardtke & Prehn 2001, 216.

[94] Vgl. Eberhardt 1998, 80.

[95] Vgl. Janisch 1993, 137.

[96] Hill 1985, 118.

[97] Vgl. Eberhardt 1998, 149.

[98] Das Pulver an sich war nicht gesundheitsgefährdend. Problematisch ist die Tatsache, dass es mit Wasser zubereitet werden muss und nicht in jedem Land sauberes Wasser zur Verfügung steht.

[99] Vgl. Hardtke & Prehn 2001, 160.

[100] Vgl. ebenda, 158.

teressen und Ziele der Stakeholder in Erfahrung gebracht und zum anderen werden die Stakeholder über die Aktivitäten der Unternehmen und deren Wirkungen in Kenntnis gesetzt.

Das Management sollte sich daher fragen, welche Informations- und Kommunikationsbedürfnisse seine Stakeholder, insbesondere kritische Stakeholder, gegenüber dem Unternehmen haben und inwiefern diese Anforderungen befriedigt werden können,[101] um eine gute Beziehung mit seinen Stakeholdern aufzubauen. Es ist aber kaum möglich, eine solche Beziehung zwischen dem Unternehmen und seinen kritischen Stakeholdern kurzfristig zu generieren. Vielmehr bedarf es einer langfristigen Strategie, die durch eine glaubwürdige Kommunikation des Unternehmens unterstützt werden kann.[102]

2.4 Fazit

Unternehmenskommunikation wird hier verstanden als die Summe der Kommunikationsaktivitäten zwischen Unternehmen und Zielgruppen, dessen Ziel über die Überzeugung der Stakeholder hinaus zum Aufbau einer besseren Beziehung zwischen Unternehmen und Stakeholdern ausgelegt wird. Um die Ziele der Unternehmenskommunikation zu erreichen, müssen Unternehmen ihre Kommunikation Schritt für Schritt in Angriff nehmen. Hierfür wurden in der vorliegenden Arbeit drei Phasen der Unternehmenskommunikation festgelegt, die in der Gegenüberstellung der bisherigen Ansätze in Abbildung 5 deutlich wurden. Die drei Phasen und ihre Inhalte sind in Abbildung 11 nochmals zusammengefasst.

---

[101] Vgl. ebenda, 224.
[102] Vgl. Schaltegger et al. 2003, 167; Schönborn & Steinert 2001, 27.

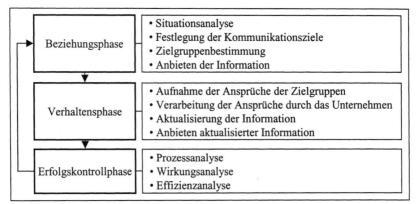

Abb. 11: Drei Phasen und Schritte der Unternehmenskommunikation

Der Prozess der Unternehmenskommunikation besteht aus drei Phasen mit jeweils drei bzw. vier Schritten. Die Erfolgskontrollphase schließt den Prozess der
Unternehmenskommunikation nicht ab, sondern sie knüpft wieder an die Beziehungsphase des Prozesses an, so dass sich die Unternehmenskommunikation
im Prozess kontinuierlich verbessert. Die hier definierten Phasen der Unternehmenskommunikation werden als Ausgangslage für die Konzeption der interaktiven Nachhaltigkeitsberichterstattung verwendet (vgl. Teil II).

Im folgenden Abschnitt wird die Nachhaltigkeitskommunikation von Unternehmen vorgestellt und diskutiert.

3 Nachhaltigkeitskommunikation von Unternehmen

Unternehmen sind derzeit mit der Anforderung konfrontiert, zur nachhaltigen Entwicklung beizutragen und hierzu ihre Leistungen zu kommunizieren.[103] Hieraus ergibt sich die Herausforderung für die Nachhaltigkeitskommunikation von Unternehmen. Es zeichnet sich ab, dass ein wesentliches Ziel der Nachhaltigkeitskommunikation in der Erhöhung der Reputation liegt. Dieses Kapitel befasst sich daher mit den Grundlagen der Nachhaltigkeitskommunikation von Unternehmen und dem Beitrag der Nachhaltigkeitskommunikation zum Reputationsmanagement. Es wird zunächst die Integration der Nachhaltigkeitsthemen in die Unternehmenskommunikation (3.1) diskutiert. Anschließend wird erläutert, wie das Reputationsmanagement mittels der Nachhaltigkeitskommunikation erweitert werden kann (3.2). Sodann wird die Nachhaltigkeitsberichterstattung als integraler Bestandteil der Nachhaltigkeitskommunikation (3.3) dargelegt.

3.1 Integration der Nachhaltigkeitsthemen in die Unternehmenskommunikation

In diesem Abschnitt werden die Grundlagen der Nachhaltigkeitskonzepts (3.1.1) und die Entwicklungsphasen der Unternehmenskommunikation (3.1.2) erläutert. Im Anschluss daran wird der Wandel von der Umwelt- zur Nachhaltigkeitskommunikation (3.1.3) diskutiert.

3.1.1 Grundlagen des Nachhaltigkeitskonzepts

In den letzten Jahren sind zahlreiche Beiträge zur Definition von Nachhaltigkeit[104] erschienen.[105] Daraus entwickelten sich viele unterschiedliche Konzepte und Interpretationen von Nachhaltigkeit und nachhaltiger Entwicklung.[106] 1987

---

[103] Vgl. Wiid 2002, 95.

[104] Der Begriff „Nachhaltigkeit" stammt ursprünglich von Forstwirt Carlowitz, der im 18. Jahrhundert verlangte, den Wald nur so stark zu nutzen, dass seine Reproduktionsfähigkeit dadurch nicht beeinträchtigt wird (vgl. z.B. Becker 1997, 1). Die Ursachen zur Vielfalt des Begriffs der Nachhaltigkeit liegen u.a. an folgenden Sachverhalten: Unterschiede in Perspektive und Problemverständnis der wissenschaftlichen Disziplinen, die sich mit Nachhaltigkeit beschäftigen, Unterschieden in Werten und Interessen der beteiligten Akteure, Unterschiede in den Betrachtungsgrenzen räumlicher und zeitlicher Art und Unterschieden in der Intention des jeweiligen Verwendungskontextes, sei es als moralischer Appell, Planungsgrundlage oder Element der Politikberatung (vgl. Martinuzzi 2000, 184ff.; Pfister & Renn 1997).

[105] Vgl. Clausen et al. 2002, 14; Dyllick & Hockerts 2002, 131f.; Gugenberger 1997; Haber 1995; Münzing 2001, 413f.; Nutzinger & Radke 1995; Renn 1995; Zadek 2001.

[106] Für verschiedene Definitionsansätze zur Nachhaltigkeit und nachhaltigen Entwicklung vgl. z.B. Kreibich 1996, 40 & Michelsen 2004, 45ff.

wurde im sogenannten Brundtland-Report eine nachhaltige Entwicklung als solche definiert, die die Bedürfnisse der Gegenwart befriedigt, ohne zu riskieren, dass künftige Generationen ihre eigenen Bedürfnisse nicht befriedigen können.[107] Diese Definition ist politisch, wirtschaftlich und gesellschaftlich weithin akzeptiert.[108] Auf der Weltkonferenz zu Umwelt und Entwicklung in Rio de Janeiro im Jahr 1992 wurde Nachhaltigkeit zu einem definitiven Ziel der internationalen Gemeinschaft der Staaten erklärt.

Unternehmerische Nachhaltigkeit ist ein Zielzustand, bei dem die ökologischen, sozialen und ökonomischen Wirkungen eines Unternehmens dauerhaft im Einklang mit der Tragfähigkeit der Ökosphäre stehen und eine stabile Wirtschafts- und Gesellschaftsstruktur stützen.[109] Dabei ermöglicht das Unternehmen analog zur Definition des Bruntland-Reports die Befriedigung der Bedürfnisse der unternehmensinternen und -externen Stakeholder,[110] ohne dass die zukünftige Bedürfnisbefriedigung von Stakeholdern beeinträchtigt wird.[111]

Nachhaltigkeit ist ein anspruchsvolles Konzept: Das Ziel, die drei Dimensionen Soziales, Wirtschaft und Umwelt in Einklang zu bringen, verlangt, zwischen den Bedürfnissen abzuwägen. Daher muss für die Umsetzung in Unternehmen ein Dialog zwischen den Anspruchsgruppen geführt werden, der die wechselseitigen Ansprüche klärt und abwägt. Nachhaltige Entwicklung ist neben der Bewältigung von sachlichen Herausforderungen[112] auch deswegen eine Kommunikationsaufgabe.[113] Das heißt, dass die Nachhaltigkeitsthemen von Unternehmen im Rahmen der Unternehmenskommunikation übermittelt werden sollen. Über die Nachhaltigkeit zu kommunizieren ist aber kompliziert und schwierig, da das Themenfeld der Nachhaltigkeit derart komplex ist, dass es mit Theorien und einfachen Regeln nicht zu erfassen ist.[114] Es ist in diesem

---

[107] Vgl. WCED 1987.

[108] Vgl. Clausen et al. 2002, 13; Binswanger 1997, 16; Haber 1995, 17 und Dyllick 2001, 5.

[109] Vgl. Schaltegger 2004, 3. Unternehmenserfolg kann nicht mehr allein mit betriebswirtschaftlichen Zahlen gemessen werden, sondern muss auch soziale Faktoren und ökologische Kennzahlen berücksichtigen (vgl. Schönborn & Steinert 2001, 5).

[110] Vgl. Abschnitt 2.3.1.

[111] Vgl. BMU/BDI & Schaltegger et al. 2002, V; Dyllick & Hockerts 2002, 131.

[112] Zu den Nachhaltigkeitsherausforderungen zählen: ökologische Herausforderung (Steigerung der Öko-Effektivität), soziale Herausforderung (Steigerung der Sozial-Effektivität), ökonomische Herausforderung an das Umwelt- und Sozialmanagement (Verbesserung der Öko-Effizienz und/oder der Sozial-Effizienz) und Integrationsherausforderung (Zusammenführung der drei vorgenannten Herausforderungen sowie Integration des Umwelt- und Sozialmanagements ins konventionelle ökonomisch ausgerichtete Management) (vgl. BMU/BDI & Schaltegger et al. 2002, 6).

[113] Vgl. Thurm 2001, 93.

[114] Vgl. Fischer & Hahn 2001, 7.

Zusammenhang von Interesse, inwiefern die Unternehmenskommunikation um die Nachhaltigkeitsthemen erweitert werden kann. Hierfür werden im nächsten Abschnitt die Entwicklungsphasen der Unternehmenskommunikation erläutert.

3.1.2 Entwicklungsphasen der Unternehmenskommunikation

Durch Änderungen der Unternehmensumstände in der Wirtschaft und in der Gesellschaft (wie z.b. Opposition von Konsumentenorganisationen gegen internationale Einkaufspraktiken von Unternehmen, zunehmendes Interesse an ökologischen Auswirkungen von Produktion und Konsum) wandeln sich die Eigenschaften der Unternehmenskommunikation ständig. Es lassen sich für das vergangene Jahrhundert in Deutschland fünf Entwicklungsphasen der Unternehmenskommunikation unterscheiden, die sich durch veränderte Aufgaben, Zielgruppen und Kommunikationsinstrumente sowie Verhaltensweisen der Zielgruppen, die in der jeweiligen Phase auftraten kennzeichnen (vgl. Tabelle 4):[115]

Aspekte	Phase der Unternehmenskommunikation				
	Unsystematische Kommunikation (50er Jahre)	Produktkommunikation (60er Jahre)	Zielgruppenkommunikation (70er Jahre)	Wettbewerbskommunikation (80er Jahre)	Integrierte Unternehmenskommunikation (90er Jahre)
Zentrale Aufgabe	Information, Erinnerung an ‚alte' Marke	Kommunikative Unterstützung des Verkaufs	Vermittlung eines zielgruppenspezifischen Kundennutzens	Kommunikative Profilierung gegenüber Wettbewerbsmarken	Vermittlung eines konsistenten Bildes des Unternehmens
Relevante Zielgruppe	Relativ undifferenziert, auf Endverbraucher gerichtet	Handelskommunikation gewinnt an Bedeutung	Verbraucher- und handelsbezogene Kommunikation	Erweiterung der Zielgruppen um die Öffentlichkeit	Integration der externen Marktkommunikation und internen Kommunikation
Kommunikations-objekt	Einzelne Produkte/ Marken	Produkte und Produktlinien	Verschiedene Markenstrategien	Produkt und das Unternehmen als Ganzes	Produkt und das Unternehmen hinter dem Produkt

Tabelle 4: Entwicklungsphasen der Unternehmenskommunikation in Deutschland (in Anlehnung an Bruhn 1995a, 6)

- *Phase der unsystematischen Kommunikation:* Nach dem zweiten Weltkrieg war Deutschland bestrebt, den Markt wieder schnell aufzubauen. In den 1950er Jahren haben sich die deutschen Unternehmen daher verstärkt auf die Produktion und das Anbieten der Waren auf dem Markt konzentriert,

---

[115] Vgl. Bruhn 1995a, 4f.

wozu einfache Werbemittel zur Überzeugung der Konsumenten ausreichend waren. Die Unternehmenskommunikation hatte für den Verkauf keine große Bedeutung, da die Nachfrage nach dem Krieg sehr hoch war und die Anknüpfung an ,alte' Marken gelang.

- *Phase der* Produktkommunikation: In den 1960er Jahren stand die Verkaufsorientierung im Vordergrund der Unternehmensführung. Um die Wettbewerbsfähigkeit ihrer Produkte auf dem Markt zu steigern, mussten die Unternehmen einen funktionierenden Außendienst gegenüber ihren Wettbewerbern aufbauen. Mit der Kommunikation über die Produkte, z.B. durch Mediawerbung oder Verkaufsförderung wurden mehr Produkte verkauft.

- *Phase der Zielgruppenkommunikation:* In den 1970er Jahren wurden die Märkte zunehmend segmentiert. Die Fragmentierung der Märkte führte dazu, dass die Unternehmen jedes Fragment kundenorientiert bearbeiteten. Es wurden der spezifische Kundennutzen des jeweiligen Marktsegments mit Hilfe der Markt- und Medienforschung ermittelt und im Rahmen der Unternehmenskommunikation die verschiedenen Kommunikationsinstrumente zielgruppenspezifisch eingesetzt.

- *Phase der Wettbewerbskommunikation:* Das strategische Marketing war eine Herausforderung für viele Unternehmen in den 1980er Jahren. Der Unternehmenskommunikation kam hierbei die Aufgabe zu, den Kunden die ,Unique Selling Proposition (USP)'[116] und die damit verbundenen kompetitiven Vorteile zu vermitteln. In dieser Phase standen zum ersten Mal die Kommunikationsinstrumente untereinander im Wettbewerb. Neue Instrumente der Marktkommunikation, wie z.B. das Direct Marketing, das Sponsoring und das Event-Marketing, verstärkten diesen Wettbewerb.

- *Phase der integrierten Unternehmenskommunikation:*[117] Dynamische Umwandlungen in den Bereichen Ökologie, Technologie, Politik und Recht in den 1990er Jahren begründeten einen ständigen Wertewandel. Zur Differenzierung von anderen Unternehmen stand die ,Unique Communication Proposition' im Vordergrund. Unternehmen mussten sich hierbei stärker darum bemühen, die vielfältigen und differenzierten Quellen der Unterneh-

---

[116] Unter ,Unique Selling Proposition (USP)' versteht man den Wettbewerbsvorteil eines Produktes, das der Konkurrenz überlegen ist, z.B. beste Qualität, niedrigster Preis. Das Erreichen einer ,Unique Selling Proposition (USP)' ist eine Zielgröße des strategischen Marketings. Durch Individualisierungs- und Profilierungsstrategien wird eine Einzigartigkeit und Unverwechselbarkeit, z.B. eines Produktes, eines Betriebstyps oder eines Erscheinungsbildes angestrebt. Das Erfolgspotential der USP hängt wesentlich davon ab, dass diese Einzigartigkeit und Unverwechselbarkeit von den Kunden wahrgenommen werden (vgl. desig-n.de 2003).

[117] Zum Begriff der integrierten Kommunikation siehe u.a. Bruhn 1997, 94ff.

menskommunikation in ihrem Einsatz so aufeinander abzustimmen, dass bei den Kommunikationsempfängern, die den Unternehmen kritisch gegenüber standen, ein glaubwürdiges und widerspruchsfreies Bild entstand. Die Integration verschiedener Kommunikationsinstrumente in ein ganzheitliches Konzept der Unternehmenskommunikation stellte damit die Herausforderung der 1990er Jahre dar.

Die sechste Phase der Unternehmenskommunikation kann als die Phase einer interaktiven Kommunikation bezeichnet werden. Diese ist zum einen darauf zurückzuführen, dass sich Unternehmen wandelnden Kommunikationsmöglichkeiten integrieren und die erweiterten Möglichkeiten nutzen sollten,[118] wobei die neuen Kommunikationsmöglichkeiten einen unterstützenden Charakter erhalten.[119] Zum anderen stehen Unternehmen nicht mehr nur im klassischen Produktwettbewerb, sondern auch in einem Kommunikationswettbewerb. Dadurch sind Unternehmen erfordert, im ständig wachsenden Informationsüberangebot Aufmerksamkeit von seinen Zielgruppen zu erreichen.[120] In dieser Phase sollte ein Dialog[121] zu den Zielgruppen aufgebaut werden und ein interaktiver Austausch stattfinden.[122] Für diese komplexe Aufgabe bietet sich das Internet als ein Kommunikationsinstrument an.[123]

Den Entwicklungsphasen der Unternehmenskommunikation folgend wurde die Bedeutung der zielgruppenspezifischen Unternehmenskommunikation bereits in den 1970er Jahren erkannt. Dennoch wurden hierbei nur die Konsumenten der Produkte ausschließlich als Zielgruppen der Unternehmenskommunikation betrachtet. Das Spektrum der Zielgruppen wurde erst in der vierten Phase der Unternehmenskommunikation erweitert. Dieses ist v.a. darauf zurückzuführen, dass sich das Umweltthema in den 1980er Jahren einen Spitzenplatz in der öffentlichen Aufmerksamkeit erobert hat und der Verlust von Vertrauen und Image auf globalen Märkten in den 1990er Jahren (wie z.B. Shell im Falle der Brent Spar) eine erhebliche Schwächung der Wettbewerbsfähigkeit mit sich brachte.[124] Hiermit ist Umweltkommunikation zu einem neuen Aufgabengebiet der Unter-

---

[118] Vgl. Bruhn 2003, 4ff.

[119] Vgl. Zerfaß 2004, 419f.

[120] Vgl. Blanke et al. 2004, 3.

[121] Vgl. Unter Dialog wird grundsätzlich ein zweiseitiger Kommunikationsprozess verstanden (vgl. Abschnitt 2.1.1). Mehr zum Dialogbegriff und zu den Dialogformen vgl. Bentele et al. 1996, 452ff.

[122] Vgl. Von Werder et al. 2002, 397.

[123] Vgl. Frosch-Wilke & Raith 2002, 3. Die gesamten Unterstützungspotenziale des Internets für interaktive Kommunikation bzw. Berichterstattung werden in Abschnitt 7.1.2 näher erklärt.

[124] Vgl. Fichter 2000, 263.

nehmensführung und Unternehmenskommunikation geworden.[125] Parallel zum
Einzug des Nachhaltigkeitskonzepts in die Unternehmen änderte sich aber die
Bedeutung der Umweltkommunikation. Dieser Wandel wird im nächsten Ab-
schnitt intensiver beleuchtet.

3.1.3 Von der Umwelt- zur Nachhaltigkeitskommunikation von Unternehmen

In den 80er Jahren des letzten Jahrhunderts stieg die Bedeutung von Information und Kommunikation in der Gesellschaft ebenso, wie die Relevanz von
Umweltthemen für die Wettbewerbsposition von Unternehmen zugenommen
hat.[126] Das hat dazu geführt, dass Unternehmen ihre Informationen über den betrieblichen Umweltschutz vermehrt der Öffentlichkeit zur Verfügung stellen, um
einen Dialog mit der interessierten Öffentlichkeit zu ermöglichen.[127] In Bezug
auf die Öffentlichkeitsarbeit, interne Kommunikation und Marktkommunikation
kann aus der Umweltkommunikation grundsätzlich folgender Nutzen für die
Unternehmen gezogen werden (vgl. Tabelle 5).

Bezug	Nutzen
Öffentlichkeitsarbeit	Dialog mit Stakeholdern Gesellschaftliche Akzeptanz Unternehmensimage Positive Beeinflussung von Rahmenbedingungen
Interne Kommunikation	Verbesserung der Umweltleistung Erhöhung der Mitarbeitermotivation Umsetzung und Revision der Unternehmensstrategie Umsetzung von Umweltpolitik und -zielen
Marktkommunikation	Vermittlung des Zusatznutzens „Umwelt" Marktprofilierung Erhöhung der Produkt- und Markenimage Sicherung von Vertrauen und Glaubwürdigkeit bei Kunden

Tabelle 5: Nutzen der Umweltkommunikation
(in Anlehnung an Fichter 2000, 265)

---

[125] Umweltkommunikation von Unternehmen umfasst alle kommunikativen Handlungen
von Unternehmensmitgliedern, die Umweltfragen zum Gegenstand haben und/oder mit
denen ein Beitrag zur Definition und Erfüllung von Umweltschutzaufgaben geleistet
wird (vgl. Fichter 1998, 290; Mesterharm 2001).

[126] Vgl. Fichter 1998, 20; Fichter 2000, 265.

[127] Vgl. Braun et al. 2001, 300; Fichter 2000, 265. Positive Anreize für die Teilnahme von
Stakeholdern an einer dialogischen Kommunikation sind daher für eine erfolgreiche
Umweltkommunikation erforderlich (vgl. Mesterharm 2001, 104ff.).

In Bezug auf die Öffentlichkeitsarbeit kann Umweltkommunikation dazu beitragen, Dialoge mit Stakeholdern durchzuführen, die gesellschaftliche Akzeptanz zu sichern, das Unternehmensimage zu verbessern und Rahmenbedingungen positiv zu beeinflussen. Bezogen auf die interne Kommunikation kann der Nutzen der Umweltkommunikation bei der Verbesserung der Umweltschutzleistung, Mitarbeitermotivation, Umsetzung und Revision der Unternehmensstrategie sowie der Umweltpolitik und -ziele liegen. Bezüglich der Marktkommunikation kann die Umweltkommunikation u.a. zur Sicherung von Vertrauen und Glaubwürdigkeit der Kunden führen.

Diese beschriebenen Punkte des Nutzens der Umweltkommunikation gelten dennoch aus folgenden Gründen nicht mehr. Erstens sind durch die Aufnahme des Nachhaltigkeitskonzepts bei transnational agierenden Unternehmen gute Umweltleistungen und dazu entsprechende Kommunikationsaktivitäten derzeit selbstverständliche Faktoren in der Unternehmenskommunikation geworden.[128] Darüber hinaus ist im Kontext einer nachhaltigkeitsorientierten Unternehmensführung eine systematische Verankerung von ökologischen, sozialen und ökonomischen Fragen in die Unternehmenskommunikation erforderlich geworden.[129] Zweitens interessieren sich Stakeholder nicht nur für das in der Vergangenheit Ausgeführte und Erreichte, sondern auch dafür, was ein Unternehmen in Zukunft plant, wie es auf die entsprechenden Probleme und Herausforderungen vorbereitet ist, welche Aufbau- und Ablaufstrukturen es dafür aufgebaut und vorgesehen hat und wie sich dies auf die Nachhaltigkeit auswirkt.[130] Für die Unternehmenskommunikation ergibt sich in diesem Zusammenhang eine neue Herausforderung - die Nachhaltigkeitskommunikation.[131]

Nachhaltigkeitskommunikation von Unternehmen sollte deswegen in einem offenen und umfassenden Dialog mit internen und externen Stakeholdern über nachhaltigkeitsrelevante Unternehmensleistungen und Aktivitäten eines Unternehmens sowie deren Auswirkungen stattfinden. Durch diese Kommunikation nehmen Unternehmen neue Chancen wahr, sich im Hinblick auf ihre Zukunftsfähigkeit und Innovationskraft auf dem Markt zu positionieren, und den Stakeholdern zu zeigen, dass sie durch nachhaltiges Wirtschaften Verantwortung übernehmen.[132]

---

[128] Vgl. Schönborn & Steinert 2001, 5.
[129] Vgl. Fichter 2000, 265.
[130] Vgl. Lehni 2001, 43.
[131] Vgl. Lichtl 1999.
[132] Vgl. Hardtke & Prehn 2001, 216; Lehni 2001, 41; Schaltegger & Petersen 2000a, 9; Schönborn & Steinert 2001, 4ff.

Eine erfolgreiche Nachhaltigkeitskommunikation dient Unternehmen, ihren Stakeholdern zu verdeutlichen, dass sie ihre gesellschaftliche Verantwortung[133] mit einem nachhaltigen Wirtschaften wahrnehmen.[134] Der Grund dafür ist, dass sozial und ökologisch verantwortlich agierende Unternehmen ein höheres Ansehen erhalten, als Wettbewerber, die ein entsprechendes Engagement nicht aufbringen.[135] Dies impliziert, dass unternehmerische Nachhaltigkeitskommunikation für das Reputationsmanagement von großer Bedeutung ist. Im nächsten Abschnitt wird dargelegt, welchen Beitrag die Nachhaltigkeitskommunikation zum Reputationsmanagement leisten kann.

3.2 Nachhaltigkeitskommunikation für das Reputationsmanagement

3.2.1 Bedeutung der Unternehmensreputation für den Unternehmenserfolg

Der Begriff Reputation stammt vom Lateinischen Wort (‚reputatio' = Erwägung) bzw. Italienischen Wort (‚(re)putare' = berechnen, reinigen) und wird in deutschen Lexika meist umschrieben als: „Ansehen, guter Ruf".[136] Demzufolge wird die Reputation eines Unternehmens als das Ansehen bzw. der Ruf eines Unternehmens betrachtet, wie es von Außenstehenden wahrgenommen wird.[137] Die Wahrnehmung eines Unternehmens wird anhand unterschiedlicher Faktoren beeinflusst, die je nach Stakeholder variieren können.[138] Investoren richten ihren Fokus primär auf die finanzielle Leistung, während Mitarbeiter ein Unternehmen vorrangig anhand ihrer Arbeitsplatzzufriedenheit beurteilen und Konsumenten es hinsichtlich der Produkt- und Dienstleistungsqualität bewerten (vgl. Abb. 12).[139]

---

[133] Gesellschaftliche Verantwortung von Unternehmen (‚Corporate Social Responsibility') bedeutet, dass ein Unternehmen freiwillig über Gesetzesvorgaben hinaus ökologische und soziale Verantwortung wahrnimmt (vgl. u.a. Steinert & Klein 2002, 1). Darüber hinaus betont die EU-Kommission ein soziales Engagement der Unternehmen, indem sie CSR als „ein Konzept, das den Unternehmen als Grundlage dient, auf freiwilliger Basis soziale Belange und Umweltbelange in ihre Tätigkeit und in die Wechselbeziehungen mit den Stakeholdern zu integrieren" (EC 2002, 8) definiert.

[134] Vgl. Schönborn & Steinert 2001, 6.

[135] Vgl. Wild 2002, 337.

[136] Die Definition von Reputation im englischen Lexikon lautet: "what is generally said or believed about the abilities, qualities, etc. of somebody/something" (vgl. Nerb 2002, 2).

[137] Vgl. Müller 1996, 39; Schwalbach 2001, 1.

[138] Vgl. Fombrun & Wiedmann 2001, 23.

[139] Vgl. Wiedmann 2001, 19.

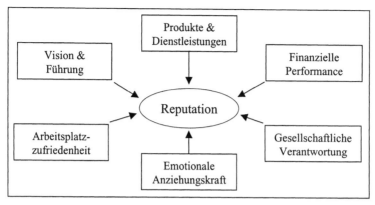

Abb. 12: Wesentliche Elemente der Reputation von Unternehmen
(in Anlehnung an Fombrun & Wiedmann 2001, 9; Wessels 2003, 29)

Trotz der vielfältigen Wahrnehmungsmöglichkeiten eines Unternehmens ist die Reputation stark vom Umgang mit außermarktlichen Themen (wie z.B. soziale Verantwortung, Glaubwürdigkeit[140]) geprägt. Das Ansehen kann einen maßgeblichen Einfluss auf den Markterfolg des Unternehmens ausüben.[141] Dieses ist darauf zurückzuführen, dass die Unternehmensreputation eine wahrnehmbare Differenzierung des Unternehmens von anderen und so langfristig die Sicherung von Wettbewerbsvorteilen ermöglicht.[142] Eine Umfrage des World Economic Forum zeigt, dass die Mehrheit aller befragten CEOs die Unternehmensreputation als erheblich wichtigeren Erfolgsfaktor als Börsenkurs, Profitabilität oder ROI sieht.[143]

Die Reputation eines Unternehmens wird über einen längeren Zeitraum aufgebaut, kann aber kurzfristig schnell reduziert werden. Z.B. hat das Ansehen der Deutschen Shell AG aufgrund der Brent-Spar-Affäre im Jahre 1995 sehr gelitten, und die Verwicklung der Deutschen Back AG in den Bankrott des Bau-

---

[140] Glaubwürdigkeit steht in engem Zusammenhang mit dem Begriff der Reputation, teilweise werden die beiden Begriffe sogar synonym verwendet (vgl. Lahno 1995, 501; Henning 1997, 28).

[141] Vgl. Brown & Perry 1994, 1357f.; Fombrun & Shanley 1990; Schaltegger 2003, 15; Schwalbach 2001, 1; Thielemann 2004, 6. Sowohl in den USA als auch in Deutschland betrachten viele Unternehmen hohe Unternehmensreputation als ein wesentliches Element für den Unternehmenserfolg (vgl. Dunbar & Schwalbach 2000, 2).

[142] Vgl. EC 2001, 12; Olins 2000, 52. Eine positive Reputation schafft Präferenzen bei Konsumenten und Lieferanten, steigert so die Kundenloyalität und erleichtert die Neukundengewinnung (vgl. Fomburm & Wiedmann 2001a, 60).

[143] Vgl. WEF 2004.

konzerns Schneider im Jahre 1994 hat ihr auch erhebliche Reputationsverluste beigebracht.[144] Um eine gute Reputation zu erarbeiten und langfristig zu sichern, ist daher ein gutes Reputationsmanagement erforderlich. Im nächsten Abschnitt wird daher auf das Reputationsmanagement eingegangen.

3.2.2 Management der Reputation eines Unternehmens

Angesichts des verschärften Wettbewerbs gewinnt die Reputation immer mehr an Bedeutung und dieser Bedeutungszuwachs wird im Zeitalter der Internetökonomie erheblich beschleunigt.[145] In diesem Zusammenhang sind die Unternehmen gefordert, in allen Managementbereichen (Absatz, Beschaffung, Produktion, Finanzierung, Personal usw.) einen langfristigen Beitrag zur Verwirklichung der spezifischen Reputationsziele der Unternehmen sicherzustellen,[146] wobei das Hindernis besteht, dass sich die Unternehmensreputation nicht direkt managen lässt.[147] Pflaum & Linxweiler definieren das Reputationsmanagement als „die zielgerichtete und systematische Planung, Steuerung und Kontrolle aller Handlungen eines Unternehmens, die zur Steigerung von Glaubwürdigkeit und Vertrauen bei den Stakeholdern eines Unternehmens beitragen".[148] Um alle Entscheidungen und Handlungen des Reputationsmanagements systematisch zu treffen und durchzuführen, sollte das Management der Reputation nicht von einer Person, sondern einem interdisziplinären Team betrieben werden, welches entsprechende Strategien entwickelt und mit Hilfe eines Konzepts für Bildung sowie Controlling der Reputation die Umsetzung steuert, kontrolliert und ggf. die Strategien evaluiert.[149] Hierfür ist das Konzept zur Bildung der Reputation eines Unternehmens von Fombrun, ein wesentlicher Ansatz (vgl. Abb. 13).[150]

---

[144] Vgl. Schwalbach 2001, 2.
[145] Vgl. Fombrun & Wiedmann 2001, 16.
[146] Vgl. ebenda, 3 und 16.
[147] Vgl. Hutton et al. 2001, 249.
[148] Pflaum & Linxweiler 1998, 49.
[149] Vgl. Smythe et al. 1992, 172.
[150] Vgl. Fombrun 1996, 37.

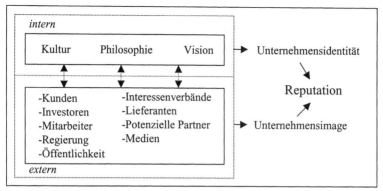

Abb. 13: Bildung der Reputation eines Unternehmens
(in Anlehnung an Fombrun 1996, 37)

Die Reputation eines Unternehmens umfasst in seinem Konzept interne und externe Dimensionen, die dementsprechend gemanagt werden können:[151]

- *Interne Dimension:* In der internen Dimension wird die Unternehmensidentität[152] als Zwischensumme von Philosophie, Kultur und Vision abgebildet. Für die Einrichtung und Umsetzung der Unternehmensstrategien spielt die Unternehmensidentität eine wesentliche Rolle.[153] Daher sollten Unternehmen sich gezielt mit der Entwicklung ihrer Unternehmensidentität befassen. Die Kernelemente der Unternehmensidentität sind die Philosophie sowie die Kultur des Unternehmens, die Repräsentation der Vision und die Schaffung von Voraussetzungen für ein zukunftsgerichtetes Selbstverständnis des Unternehmens. Sie sind entscheidend für das Verhalten des Unternehmens und den Managementstil. Zusätzlich definieren sie den Charakter der Beziehungen zu den unterschiedlichen Stakeholdern.[154] In diesem Zusammenhang müssen mit einem Reputationsmanagement die Philosophie und Kultur entsprechend adaptiert werden, um zunächst intern eine Identifikationsgrundlage für die Gestaltung der Identität sowie für die angestrebten Reputationsziele zu schaffen.

---

[151] Vgl. Fombrun 1996, 11.

[152] Unter Identität wird hier die Persönlichkeit eines Unternehmens verstanden, die in den Werthaltungen ihren Ursprung hat und sich im ganzen Erscheinungsbild des Unternehmens äußert, also in seiner Unternehmenskultur und in seinen Verhaltensweisen gegenüber seinen unmittelbaren Geschäftspartnern sowie den von seinen Geschäftstätigkeiten mittelbar Betroffenen (Thommen 2003, 63f.).

[153] Vgl. Glöckler 1995, 196.

[154] Vgl. Wilson 1992, 20.

- *Externe Dimension:* Die intern institutionalisierte Unternehmensidentität wird über ein Management der *externen* Austauschbeziehungen (z.B. über die konsequente Pflege von Beziehungen zu allen relevanten Stakeholdern) nach außen vermittelt. Hiermit sollte in den Augen der Stakeholder ein konsistentes positives Unternehmensimage (Corporate Image) angestrebt werden, das mehr Akzeptanz und somit wertvolle Marktvorteile sichern kann.[155] Ein positives Corporate Image lässt sich durch eine glaubwürdige Positionierung unter Einbeziehung der vielfältigen Erwartungen von Verbrauchern, Produzenten, Kapitalgebern, Arbeitnehmers usw. aufbauen. Demzufolge sollten im Kontext des Reputationsmanagement abgestimmte Aktionen im Marketing, Vertrieb, Investor Relations und Public Relations erarbeitet und umgesetzt werden.[156]

Nach Gray & Balmer entwickelt sich eine gute Reputation als eine wertmäßige Beurteilung eines Unternehmens erst über einen langen Zeitraum, die durch eine glaubwürdige Kommunikation verstärkt wird.[157] Sowohl die interne als auch externe Kommunikation sind Schlüsselfunktionen, die den Aufbau und die Pflege einer guten Reputation maßgeblich unterstützen.[158] Im nächsten Abschnitt wird daher erläutert, welche Rolle die Kommunikation bzw. die Nachhaltigkeitskommunikation für das Reputationsmanagement spielt.

3.2.3 Rolle der Nachhaltigkeitskommunikation für das Reputationsmanagement

Die Reputation eines Unternehmens generiert sich aus den ‚vergangenen Erfahrungen' bzw. dem ‚bisherigen Verhalten', die nicht nur selbst erlebt oder beobachtet werden können, sondern auch kommunizierbar sind.[159] Schwalbach betont in diesem Zusammenhang, dass die Reputation eines Unternehmens eher von dessen Innovations- und Kommunikationsfähigkeit abhängt als von finanzwirtschaftlichen Einflüssen.[160] Ein wesentliches Instrument für das Reputationsmanagement ist daher eine Unternehmenskommunikation, die unternehmerisches Handeln basierend auf transparenten und grundlegenden Entscheidungen nachvollziehbar macht,[161] und darauf eine gute Beziehung mit den kritischen Stakeholdern aufbauen kann. Es ist dennoch nicht leicht, eine solche Beziehung zwischen einem Unternehmen und seinen kritischen Stakeholdern kurzfristig zu

---

[155] Vgl. Sternecker & Wollsching-Strobel 1996, 19; Fombrun & Wiedmann 2001, 25.

[156] Vgl. Fombrun & Wiedmann 2001, 3.

[157] Dagegen kann das Unternehmensimage leichter und schneller als Reputation durch Instrumente wie Imagekampagnen und Öffentlichkeitsarbeit sowie Designelemente gebildet und beeinflusst werden (vgl. Gray & Balmer 1998, 696f.).

[158] Vgl. Walz 1996, 21; van Riel 2000, 157.

[159] Vgl. Büschken 1999, 1; Dozier 1993, 230; Dukerich & Carter 2000, 98.

[160] Vgl. Schwalbach 2001, 2; Weil & Winter-Watson 2002, 89.

[161] Hierzu zählen z.B. Werbungen, Pressekonferenzen, Kundenzeitschriften.

generieren. Vielmehr bedarf es einer langfristigen Strategie, die durch eine glaubwürdige Kommunikation eines Unternehmens unterstützt wird.[162] Diese Kommunikation sollte nicht nur von ökonomischen Themen handeln, sondern auch gesellschaftliche und ökologische Dimensionen des Unternehmens umfassen, da der Unternehmenserfolg nicht mehr allein mit betriebswirtschaftlichen Zahlen gemessen wird.[163] Der Nachhaltigkeitsansatz, mit seiner integrierten Sichtweise von ökologischen, ökonomischen und sozialen Wirkungen bietet hier einen idealen Anknüpfungspunkt. Eine wirksame Nachhaltigkeitskommunikation ist deshalb ein bedeutendes Werkzeug des Reputationsmanagements.

Nachhaltigkeitskommunikation von Unternehmen erfolgt vorwiegend durch die Nachhaltigkeitsberichterstattung.[164] Im Folgenden wird daher auf den Zusammenhang zwischen Nachhaltigkeitsberichterstattung und -kommunikation eingegangen.

3.3 Nachhaltigkeitsberichterstattung als integraler Bestandteil der Nachhaltigkeitskommunikation

Die Nachhaltigkeitskommunikation eines Unternehmens lässt sich als Darstellung des Unternehmens verstehen, welche die ökonomische, ökologische und soziale Entwicklung der Organisation beinhaltet. Hierzu wird v.a. das Instrument der Öffentlichkeitsarbeit genutzt.[165]

Die Öffentlichkeitsarbeit eines Unternehmens hat das Ziel, dass das Unternehmen von seinem Umfeld akzeptiert wird.[166] Dazu stellt das Unternehmen seine Ziele und Leistungen als Ganzes dar, um in der Öffentlichkeit Verständnis und Vertrauen in seine unternehmerischen Tätigkeiten zu gewinnen.[167] Aus diesem Grund besitzt die Öffentlichkeitsarbeit eine herausragende Bedeutung für die Nachhaltigkeitskommunikation. Ein zentraler Bestandteil der Öffentlichkeitsarbeit ist die Unternehmensberichterstattung.

Unter dem Begriff ‚Berichterstattung' wird im Allgemeinen verstanden „jemandem meistens auf objektive Weise mitzuteilen, was man gesehen oder ge-

---

[162] Vgl. Schaltegger et al. 2003, 167; Schönborn & Steinert 2001, 27.

[163] Vgl. Schönborn & Steinert 2001, 5.

[164] Seit dem weltweit ersten Nachhaltigkeitsbericht von Body Shop mit dem Namen ‚Values Report' von 1997 befassen sich viele Unternehmen mit Nachhaltigkeitskommunikation durch Nachhaltigkeitsberichterstattung (vgl. CSR Europe & AccountAbility 2002, 12; Schönborn & Steinert 2001, 73).

[165] Vgl. IFEU 2002, 63.

[166] Vgl. Becker 2002, 8.

[167] Vgl. Hopfenbeck & Roth 1994, 152.

hört hat".[168] Eine Berichterstattung soll hauptsächlich eine sachliche Informationsvermittlung darstellen. In diesem Sinne bezeichnet die Unternehmensberichterstattung die Übermittlung aller unternehmensspezifischen Informationen, die sowohl quantitativen als auch qualitativen Charakter haben.[169] Für Unternehmen bedeutet die Berichterstattung, die artikulierten und soweit wie möglich auch nicht artikulierten Informationsbedürfnisse ihrer Stakeholder zu befriedigen.[170]

Die zunehmenden Informationsbedürfnisse vieler Stakeholder nach umweltbezogenen und sozialen Themen erfordern eine neue Art der Unternehmensberichterstattung.[171] Z.B. werden Nachhaltigkeitsberichte für die Finanzanalyse und Unternehmensbewertung an der Börse wichtiger. Immer mehr Ranking- und Rating-Agenturen untersuchen Nachhaltigkeitsberichte, um zu prüfen, welche Rolle die Nachhaltigkeitsthematik im Unternehmen spielt.[172] Unternehmerische Nachhaltigkeitsberichterstattungen geben den Stakeholdern Auskunft über den aktuellen Stand des Unternehmens hinsichtlich seiner Bewältigung der vier Herausforderungen[173] der unternehmerischen Nachhaltigkeit.[174] In diesem Sinne wird unter nachhaltiger Entwicklung nicht die Verbesserung eines Teilaspekts verstanden, sondern der Fortschritt in allen Dimensionen.[175] Eine Nachhaltigkeitsberichterstattung unterscheidet sich daher von den traditionellen Formen der Berichterstattung von Unternehmen (z.B. Geschäfts-, Umwelt- oder Sozialberichterstattung) durch seine ganzheitliche bzw. integrierte Darstellung der relevanten Zusammenhänge.[176]

Durch Nachhaltigkeitsberichterstattung sollen Unternehmen nicht nur relevante Informationen vermitteln, sondern in einen Kommunikationsprozess mit ihren

---

[168] Duden 1996, 865.

[169] Vgl. Kellenberger 1981, 7; Nagos 1991, 142.

[170] Unternehmen verarbeiten und produzieren Güter und Dienstleistungen. Diese komplexen Prozesse bedürfen zur Funktionsfähigkeit ebenfalls eines umfassenden Informationssystems, das diese Vorgänge dokumentiert, alle Beteiligte über den Stand und die Entwicklung dieser Austauschbeziehungen informiert und somit eine Kontrolle des Geschehens und lenkende Eingriffe erst ermöglicht.

[171] Vgl. Hauth & Raupach 2001, 24.

[172] Vgl. IFEU 2002, 4.

[173] Vgl. Zu den vier Nachhaltigkeitsherausforderungen zählen ökologische, soziale, ökonomische Herausforderung sowie Integrationsherausforderung. Vgl. auch Fußnote 112.

[174] Vgl. Daub 2003, 27; Schneidewind 2002, 30; Heemskerk et al. 2002, 7; ECC Kohtes Klewes GmbH 2002b; WBCSD 2003, 7. Sofern sich Corporate Responsibility Reports bzw. Corporate Citizenship Reports mit sozialen, ökonomischen und ökologischen Themen auseinandersetzen, werden sie hier auch als Nachhaltigkeitsberichte bezeichnet.

[175] Vgl. GRI 2002, 55.

[176] Vgl. Hauth & Raupach 2001, 25.

Stakeholdern eintreten.[177] Das heißt, dass Nachhaltigkeitsberichterstattung nicht als ein Instrument der einseitigen Informationsübermittlung gesehen werden darf, sondern vielmehr ein integraler Bestandteil des bilateralen Kommunikationsprozesses mit Stakeholdern ist.[178]

3.4 Fazit

Unternehmen sind gefordert, nachhaltig zu wirtschaften und somit zur nachhaltigen Entwicklung beizutragen. Die Umsetzung der Nachhaltigkeit in Unternehmen setzt aber neben der Bewältigung von sachlichen Herausforderungen eine offene Kommunikation mit den Stakeholdern voraus. Denn das Leitbild einer nachhaltigen Entwicklung lässt sich nicht allein von Unternehmen selbst, sondern nur in einem Dialog mit den Stakeholdern realisieren. Durch Nachhaltigkeitskommunikation zeigen Unternehmen, dass sie ihre gesellschaftliche Verantwortung durch nachhaltiges Wirtschaften wahrnehmen. Sozial und ökologisch verantwortlich agierende Unternehmen erhalten ein höheres Ansehen (Reputation) als untätige Wettbewerber und können sich von anderen differenzieren und langfristig Wettbewerbsvorteile sichern. In diesem Sinne dient eine erfolgreiche Nachhaltigkeitskommunikation dem Unternehmenserfolg.

Unter den möglichen Maßnahmen für eine Nachhaltigkeitskommunikation von Unternehmen (thematische Berichte, Labels, Standards usw.) ist die Nachhaltigkeitsberichterstattung von großer Bedeutung, da die Informationsbedürfnisse vieler Stakeholder nach umweltbezogenen und sozialen Themen stetig zunehmen und die Nachhaltigkeitsberichte für die Finanzanalyse und Unternehmensbewertung an der Börse immer wichtiger werden.[179]

In Kapitel 4 wird daher diskutiert, wie die Kommunikation zwischen berichtenden Unternehmen und ihren Stakeholdern mittels Nachhaltigkeitsberichterstattung erfolgt.

---

[177] Vgl. Line et al. 2002, 77; IÖW & Imug 2001, 84; Scott 2000, 17.
[178] Vgl. Ernst & Young et al. 1999, 3; Wallage 2000, 55.
[179] Vgl. Becker 2002, 25ff.; Imug 2003, 6; IÖW & Imug 2002, 46.

4 Nachhaltigkeitsberichterstattung von Unternehmen

4.1 Grundlagen der Nachhaltigkeitsberichterstattung und -berichte

In diesem Abschnitt werden die Ziele und Zielgruppen der Nachhaltigkeitsberichterstattung (4.1.1), die Schritte zur Erstellung eines Nachhaltigkeitsberichts (4.1.2) sowie die Inhalte von Nachhaltigkeitsberichten (4.1.3) vorgestellt.

4.1.1 Ziele und Zielgruppen der Nachhaltigkeitsberichterstattung

Je nach Unternehmenssituation (z.b. Branche, Größe, Land[180]) sind die Ziele der Nachhaltigkeitsberichterstattung von Unternehmen zu Unternehmen sehr unterschiedlich. Z.B. weist ein Nachhaltigkeitsbericht einen deutlichen Marktbezug in den Branchen auf, wo ökologische bzw. soziale Überlegungen in ihrem Marktsegment ein relevantes Kaufkriterium darstellen (wie Nahrungsmittel, Textilien, Kosmetika usw.). In kleineren und mittleren Unternehmen liegen die Hauptziele der Nachhaltigkeitsberichterstattung in der Unterstützung des Controllings sowie der Information und Motivation der Mitarbeiter. Der Schwerpunkt liegt hierbei auf der Kommunikation innerhalb des Unternehmens. Im Vergleich dazu stehen Großunternehmen unter einem erhöhten öffentlichen Druck.[181] Das vorrangige Ziel ihrer Nachhaltigkeitsberichterstattung ist es, mittels Kommunikation Vertrauen und Glaubwürdigkeit zu gewinnen und mehr öffentliche Akzeptanz für ihre Produkte und Dienstleistungen zu erlangen.[182]

Um diese Ziele zu erreichen, sollten Unternehmen ein geeignetes Konzept entwickeln sowie entsprechende Aktivitäten setzen (vgl. Abb. 14).

---

[180] In Dänemark, Neuseeland, Schweden, Norwegen, Frankreich und den Niederlanden sind Unternehmen gesetzlich verpflicht, ihre Umwelt- bzw. Nachhaltigkeitsinformationen zu veröffentlichen. Ein wesentliches Ziel der Nachhaltigkeitsberichterstattung in diesen Ländern ist die Erfüllung der gesetzlichen Vorschriften (vgl. Weil & Winter-Watson 2002, 88).

[181] Vgl. Becker 2002, 5.

[182] Vgl. IÖW & Imug 2001, 9ff.

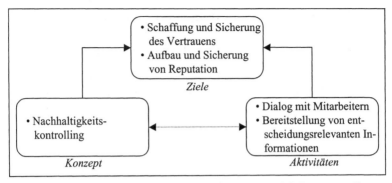

Abb. 14: Ziele der Nachhaltigkeitsberichterstattung und dafür notwendige Konzepte sowie Aktivitäten
(eigene Darstellung)

Wesentliche Ziele der Nachhaltigkeitsberichterstattung sind zum einen die Schaffung und Sicherung des Vertrauens der Stakeholder, zum anderen der Aufbau und die Sicherung einer guten Reputation eines Unternehmens.[183] Das Vertrauen, das die Politik und die Öffentlichkeit einem Unternehmen entgegenbringt, ist für eine erfolgreiche Unternehmensentwicklung von großer Bedeutung.[184] Daher veröffentlichen immer mehr Unternehmen Nachhaltigkeitsberichte, um ihr verantwortungsbewusstes Verhalten gegenüber der Gesellschaft zu dokumentieren, dieses transparent zu machen und somit das Vertrauen der Stakeholder zu gewinnen.[185]

Um diese Ziele zu erreichen können verschiedene Konzepte und Instrumente für Nachhaltigkeitsmanagement verwendet werden.[186]

Ein wesentliches Konzept für ein erfolgreiches Nachhaltigkeitsmanagement von Unternehmen ist ein Nachhalitgkeits-Controlling, mit dem das Konzept des ‚nachhaltigen Wirtschaftens' unterstützt wird.[187] Mit dem Nachhaltigkeits-Cont-

---

[183] Vgl. Ernst & Young et al. 1999, 4; Jørgensen 2003; Schaltegger 2003, 15; Weil & Winter-Watson 2002, 89.

[184] Vgl. Wild 2002, 331f.

[185] Vgl. Hauth & Raupach 2001, 24. Vorreiter dieser Berichterstattung war die chemische Industrie, die sich bereits in den 1990er Jahren auf das Konzept des Responsible Care verständigte. Die meisten Unternehmen dieser Branche berichten über ihre Aktivitäten zur Wahrnehmung ihrer sozialen und ökologischen Verantwortung. Der entscheidende Grund für diesen Schritt lag in der öffentlichen Wahrnehmung der chemischen Industrie als einer der größten Verursacher von ökologischen Schäden (vgl. Wild 2002, 324f.).

[186] Zu verschiedenen Konzepten und Instrumenten für Nachhaltigkeitsmanagement von Unternehmen vgl. BMU/BDI & Schaltegger et al.

[187] Vgl. Haasis 2001, 28.

rolling werden die relevanten Themenfelder des Nachhaltigkeitsmanagements (z.B. Finanzen, Marketing, Forschung und Entwicklung usw.) identifiziert und die erbrachten Leistungen sowie Herausforderungen systematisch dokumentiert,[188] die in der Nachhaltigkeitsberichterstattung aufgenommen werden.[189]

Ein wesentliches Element des unternehmerischen Nachhaltigkeitsmanagements ist die Koordinierung unternehmerischer Aktivitäten,[190] welche die Beteiligung sowie die Unterstützung der Mitarbeiter voraussetzt. Für ein funktionierendes Nachhaltigkeitsmanagement ist daher ein kontinuierlicher Dialog zwischen dem Unternehmen und seinen Mitarbeitern, in dem die Mitarbeiter ihre Ideen, Vorschläge und Kritik einbringen können, von entscheidender Bedeutung.[191] Durch die Nachhaltigkeitsberichterstattung arbeiten Unternehmen daher auf einen kontinuierlichen Dialog mit ihren Mitarbeitern hin.[192]

Außerdem sollten entscheidungsrelevante Informationen für Stakeholder bereitgestellt werden, da Informationen über die Zukunftsfähigkeit eines Unternehmens den gegenwärtigen und potenziellen Stakeholdern eine bessere Grundlage für ihr Handeln geben. Beispielsweise benötigen die Finanzmarktakteure zuverlässige Informationen über die Nachhaltigkeitsstrategien und -leistungen von Unternehmen, da sie in ihre Unternehmensbewertungen immer häufiger auch Nachhaltigkeitsindikatoren einbeziehen, um Investitionsentscheidungen auch unter diesem Gesichtspunkt treffen zu können.[193] Damit wird wiederum den Unternehmen signalisiert, dass ihren Aktivitäten hinsichtlich einer nachhaltigen Entwicklung eine größere Aufmerksamkeit zukommt.[194] Dem kann durch eine Nachhaltigkeitsberichterstattung Rechnung getragen werden. Die Informationen betreffen sowohl Zahlen und Fakten als auch Angaben über die Art und Weise des Umgangs mit Nachhaltigkeitsthemen.[195]

Durch das Erreichen dieser Ziele, kann die Fähigkeit des Managements geschärft werden, den Beitrag eines Unternehmens zum natürlichen, menschlichen

---

[188] Vgl. Green Business Letter 2001; Lehni 2001, 44.

[189] Vgl. GRI 2002, 13; Hauth & Raupach 2001, 29.

[190] Vgl. Schaltegger 2004, 3.

[191] Vgl. Wild 2001, 4.

[192] Nach einer weltweiten Stakeholder-Befragung zur nicht-finanziellen Berichterstattung von Unternehmen gehören die eigenen Mitarbeiter zu den drei wichtigsten Zielgruppen der Nachhaltigkeitsberichterstattung: Aktionäre/Investoren, Öffentlichkeit/Medien und Mitarbeiter (vgl. ECC Kohtes Klewes & Fishburn Hedges 2003, 37).

[193] Vgl. CSR Europe 2000a, 3; Wild 2002, 324f.; Zadek & Merme 2003, 7.

[194] Vgl. Ernst & Young et al. 1999, 4. Eine Untersuchung von Deloitte & Touche zeigt, dass das ,SRI (Socially Responsible Investment)' immer mehr Bedeutung gewinnt, wodurch mehr nachhaltigkeitsbezogene Informationen von Unternehmen verlangt werden (vgl. Deloitte & Touche 2002).

[195] Vgl. Lehni 2001, 42f.

und gesellschaftlichen Kapital zu beurteilen und den Handlungsspielraum des Unternehmens zu sichern.[196] Eine Nachhaltigkeitsberichterstattung, die dies ausführt, kann daher als eine erfolgreiche Nachhaltigkeitsberichterstattung bezeichnet werden.[197]

Um die Ziele der Nachhaltigkeitsberichterstattung zu erreichen, sollten Unternehmen v.a. ihre *Zielgruppen identifizieren* und deren *Erwartungen notieren*. Die Zielgruppen der Nachhaltigkeitsberichterstattung werden aus der Gruppe aller internen und externen Stakeholder des Unternehmens ausgewählt. Aufgrund der begrenzten Ressourcen des Unternehmens werden *Prioritäten* gesetzt werden, welche Stakeholder ein Unternehmen mit der Nachhaltigkeitsberichterstattung erreichen möchte.[198] Als Hauptzielgruppen der Nachhaltigkeitsberichterstattung werden am häufigsten die Mitarbeiter, die Kunden und die Investoren gewählt.[199] Weitere Zielgruppen können alle weiteren Stakeholder wie die Nachbarschaft, Behörden, die Öffentlichkeit, aber auch Lieferanten, Geschäftspartner und NGOs sein.[200]

Zielgruppen sollten sorgfältig bestimmt werden, da nicht alle Stakeholder gleichmäßig starken Einfluss auf ein Unternehmen nehmen.[201] Die Interessen und Informationsbedürfnisse der Zielgruppen können sogar innerhalb der Gruppe sehr unterschiedlich, oder von unterschiedlicher Ausprägung sein. Insofern kann ein einzelner Bericht mit Sicherheit nicht alle Bedürfnisse abdecken. Die Berichtersteller müssen sich daher möglichst früh entscheiden, an welche Gruppen der Bericht primär gerichtet werden soll.[202]

Ein Bericht ist umso wirkungsvoller, wenn die primären Zielgruppen bei der Berichterstellung aktiv mit einbezogen werden können.[203] Dies setzt eine frühe und präzise Erkennung der Informationsbedürfnisse der Zielgruppen voraus, die direkt im Bericht berücksichtigt werden können.[204] Im nächsten Abschnitt wird auf die Schritte der Nachhaltigkeitsberichterstattung eingegangen.

---

[196] Vgl. GRI 2002, 13; IFEU 2002, 17; Schaltegger 2003, 15; WBCSD 2002, 15.
[197] Vgl. Abschnitt 3.2.3.
[198] Vgl. Scott & Jackson 2002, 200.
[199] Vgl. ECC Kohtes Klewes & Fishburn Hedges 2003, 37; IÖW & Imug 2001, 36.
[200] Vgl. Lehni 2001, 43.
[201] Vgl. kritische Stakeholder in Abschnitt 2.3.1.
[202] Vgl. Es können auch unterschiedliche Berichte an unterschiedliche Zielgruppen ausgerichtet werden.
[203] Vgl. Lehni 2001, 43.
[204] Vgl. ebenda, 43.

4.1.2 Schritte zur Erstellung eines Nachhaltigkeitsberichts

Ein Nachhaltigkeitsbericht wird i.d.R. in einem mehrstufigen Verfahren erstellt. Tabelle 6 veranschaulicht die fünf zentralen Schritte zur Erstellung eines Nachhaltigkeitsberichts und zeigt wichtige Fragestellungen, die es zu berücksichtigen gilt.

Schritt	Fragestellungen
Formulieren der Ziele der Nachhaltigkeitsberichterstattung	- Welches sind die Hauptziele der Nachhaltigkeitsberichterstattung? - Wer sind die Zielgruppen? - Sollen die Stakeholder in den Erstellungsprozess einbezogen werden? - Über welche Themen und mit welcher Informationstiefe und –breite soll berichtet werden? - Wie ausführlich soll der Bericht sein?
Planen der Nachhaltigkeitsberichterstattung	- Welche Rechenschaftsprinzipien werden verwendet? - Nach welchem Leitfaden wird der Bericht gestaltet? - Welche Bereichabgrenzung wird gewählt (z.B. Regionalbericht oder Länderbericht usw.)? - Wer trägt die Verantwortung für die Berichterstattung? - Von wem wird der Bericht erstellt (z.B. externe Agentur)? - Für welchen Zeitabschnitt wird der Bericht veröffentlicht (z.B. als Jahresbericht)? - In welchem Format wird er publiziert (z.B. Print, Internet)? - Wie wird der Nutzen des Nachhaltigkeitsmanagements des Unternehmens vermittelt? - Wie und wie oft werden die Daten gesammelt und analysiert? - Wie wird die Qualität der Daten gesichert und wer kontrolliert ihre Qualität? - Soll der Bericht von extern Dritten geprüft werden? - Wer verifiziert den Bericht?
Gestalten des Berichts	- Welche Struktur (Layout, Aufbau) soll der Bericht besitzen? - Wie werden die Erwartungen von Stakeholdern eingearbeitet? - Wie wird die Verständlichkeit der Informationen garantiert?
Versenden des Berichts	- An welche Zielgruppen soll der Bericht versandt werden? - Mit welchen Mitteln wird auf die Existenz des Berichts aufmerksam gemacht?
Sammeln und Verarbeiten der Rückmeldungen	- Wie werden Rückmeldungen entgegen genommen? - Wie werden Rückmeldungen zur Verbesserung des Nachhaltigkeitsberichts umgesetzt? - Wie werden Rückmeldungen von Verifizierungsorganisationen verarbeitet?

Tabelle 6: Schritte der Nachhaltigkeitsberichterstattung
(ähnlich WBCSD 2002, 35ff.)

Der erste Schritt der Nachhaltigkeitsberichterstattung beinhaltet das Setzen von Zielen, die mit der Nachhaltigkeitsberichterstattung erreicht werden sollen. An-

hand der festgelegten Ziele werden die Aspekte herausgearbeitet, die zur Erreichung der Ziele von Bedeutung sind, wie z.B. die zu erreichenden Zielgruppen, der Umfang des Berichts usw. In diesem ersten Schritt wird auch über-
legt, ob die Stakeholder in den Erstellungsprozess des Berichts mit einbezogen
werden.

Der zweite Schritt wird als das ‚Planen der Nachhaltigkeitsberichterstattung'
bezeichnet. In diesem Schritt wird der Erstellungsprozess des Berichts geplant.
Auch erfolgt die Auswahl eines Leitfadens usw. In diesem Schritt wird zudem
entschieden, ob der Bericht von externen Dritten geprüft werden soll.

Der dritte Schritt der Nachhaltigkeitsberichterstattung umfasst das 'Gestalten
des Berichts'. Es werden u.a. über die Strukturierung des Berichts, die Einbeziehung der Erwartungen der Stakeholder sowie die Sicherstellung der Verständlichkeit der Informationen entschieden.

Im vierten Schritt werden die Berichte versandt. Es ist dabei auch zu überprüfen, wie der Bericht bekannt gemacht werden kann.

Im fünften Schritt werden die Rückmeldungen gesammelt, ausgewertet und
gegebenenfalls im folgenden Bericht berücksichtigt.

Da die Nachhaltigkeitsberichterstattung von Unternehmen ein integraler Be-
standteil der Nachhaltigkeitskommunikation zwischen Unternehmen und seinen
Stakeholdern ist und die Berichte regelmäßig erscheinen sollten, sollten bei der
Erstellung des Folgeberichts die Erfahrungen sowie die Rückmeldungen der
Zielgruppen eingearbeitet werden, um die Berichterstattung kontinuierlich zu
verbessern.

Eine erfolgreiche Nachhaltigkeitsberichterstattung setzt voraus, dass der Bericht die als wichtig erachteten Zielgruppen überhaupt erreicht und seine Inhalte
für diese Zielgruppen interessant, nachvollziehbar und verständlich sind.[205] Es
wird daher im nächsten Abschnitt diskutiert, welche Inhalte ein Nachhaltigkeitsbericht enthalten sollte.

4.1.3 Inhalte eines Nachhaltigkeitsberichts

Gemäß des Begriffs der ‚nachhaltigen Entwicklung'[206] sollte ein Nachhaltigkeitsbericht Informationen enthalten, die sich auf die Unternehmensleistungen in
den drei Dimensionen der ökologischen, sozialen und ökonomischen Zukunftsfähigkeit beziehen. Es genügt jedoch nicht, drei separate Bereiche oder drei
Teilberichte in einen Bericht zusammenzustellen. Ein Nachhaltigkeitsbericht
setzt sich grundsätzlich aus mehr zusammen als lediglich aus der Summe der

---

[205] Vgl. IÖW & Imug 2001, 13.
[206] Vgl. Abschnitt 3.1.1.

drei Einzeldimensionen. Vielmehr müssen deren Wechselwirkungen, Synergien und Zielkonflikte dargestellt werden.[207] Die Art und Weise, wie diese Aspekte verknüpft sind und wie ein Unternehmen mit den entsprechenden Wechselwirkungen und Zielkonflikten umgeht, ist oftmals sogar wichtiger als die Darlegung der einzelnen Aspekte der Nachhaltigkeit.[208]

Vor der Berichterstellung müssen sich die Unternehmen entscheiden, welche Informationen in welchem Umfang in dem Nachhaltigkeitsbericht veröffentlicht werden. Da einerseits nicht ausnahmslos alle Informationen von Unternehmen offen gelegt werden können und sollen[209] und nicht alle Informationen die Interessen der Stakeholder tangieren, muss eine Entscheidung über die Informationstiefe und –breite getroffen werden.

Leitfäden unterstützen die Entscheidungsfindung bei der Konzeption der Nachhaltigkeitsberichterstattung. Der zur Zeit meist genutzte ist der GRI Leitfaden zur Nachhaltigkeitsberichterstattung.[210] Mit dem Ziel der Entwicklung und Verbreitung eines weltweit anwendbaren Leitfadens für Nachhaltigkeitsberichte hat die ‚Coalition for Environmentally Responsible Economies (CERES)' in Zusammenarbeit mit dem ‚United Nations Environmental Program (UNEP)' 1997 die ‚Global Reporting Initiative (GRI)' gegründet. Mitte 2000 legte die Initiative einen Leitfaden für Nachhaltigkeitsberichte zu wirtschaftlicher, ökologischer und sozialer Leistung vor, der weltweit diskutiert wurde und mit dem der Anspruch verbunden war, einen Standard für die Nachhaltigkeitsberichterstattung zu entwickeln. Als Ergebnis wurde 2002 ein überarbeiteter GRI Leitfaden veröffentlicht.[211]

---

[207] Vgl. Hauth & Raupach 2001; Raupach & Clausen 2001, 26f.

[208] Vgl. Lehni 2001, 43.

[209] Eine vollständige Offenlegung aller Informationen eines Unternehmens kann dessen Wettbewerbsfähigkeit reduzieren. Bspw. machte es keinen Sinn, die hinter einem Produkt liegenden Herstellungsverfahren so zu beschreiben, dass sie für Dritte kopierbar sind.

[210] Vgl. Zadek & Merme 2003, 8. Der IÖW/Imug Leitfaden zur Nachhaltigkeitsberichterstattung ist am GRI Leitfaden orientiert, da die Grundsätze der Berichterstattung und die Gliederung eines Berichts weitgehend übereinstimmen. Die Institute erklären auch, dass sie beabsichtigen, Beiträge zum GRI-Prozess zu leisten (vgl. IÖW & Imug 2001). Auch der WBCSD hat 2002 einen Leitfaden zur Nachhaltigkeitsberichterstattung erstellt. Ziel war es, die Erfahrungen von 50 Mitgliederfirmen mit ihrer Nachhaltigkeitsberichterstattung als Vorbild vorzulegen (vgl. WBCSD 2002).

[211] Nach Aussage der GRI haben bis Oktober 2004 weltweit mehr als 500 Organisationen ihre Nachhaltigkeitsberichte mit Hilfe des GRI Leitfadens (vgl. http://www.globalreporting.org). Die vom Centre for Sustainability Management (CSM) der Universität Lüneburg erstellte deutsche Übersetzung des GRI Leitfadens kann auf der Homepage der GRI runterladen werden.

Anhand der Nachhaltigkeitsdimensionen[212] stellt der GRI Leitfaden sowohl Leistungsindikatoren für jede Nachhaltigkeitsdimension als auch integrierte Indikatoren bereit,[213] die somit den Informationen hinsichtlich der Bewältigung der vier Nachhaltigkeitsherausforderungen an Unternehmen [214] entsprechen. Tabelle 7 zeigt die hierarchische Struktur der Nachhaltigkeitsaspekte auf, die im GRI Leitfadens genannt werden.

Zur Messung und Berichterstattung der integrierten Leistungen schlägt die GRI den berichterstattenden Unternehmen vor, Querschnittsindikatoren zu entwickeln und darzustellen, die zwei oder mehrere Dimensionen der ökonomischen, ökologischen und gesellschaftlichen Leistung miteinander ins Verhältnis setzen.[215] Solche Querschnittsindikatoren erlauben eine verständlichere Darstellung der Unternehmensleistung an seine Stakeholder und unterstützen die Stakeholder wesentlich bei ihrer Entscheidungsfindung, wie sie sich dem Unternehmen gegenüber verhalten sollen.

---

[212] Die ökonomische Nachhaltigkeitsdimension betrifft auch die Auswirkungen eines Unternehmens auf die wirtschaftliche Situation seiner Stakeholder und auf lokale, nationale und globale ökonomische Systeme. Die ökologische Dimension der Nachhaltigkeit betrifft die von einem Unternehmen ausgehenden Belastungen für lebende und nicht-lebende natürliche Systeme, einschließlich Ökosysteme, Land, Luft und Wasser. Die gesellschaftliche/soziale Dimension der Nachhaltigkeit erfasst die Auswirkungen eines Unternehmens auf die Gesellschaft und Individuen (vgl. GRI 2002, 57ff.).

[213] Für detaillierte Indikatoren vgl. GRI 2002.

[214] Vgl. Abschnitt 3.1.

[215] Ökoeffizienz-Maße (z.B. die Menge der Emissionen pro produzierte Einheit oder pro monetäre Einheit des Umsatzes) sind die bekanntesten Beispiele hierfür.

Dimension	Kategorie	Aspekt
Ökonomisch	Direkte ökonomische Auswirkungen	- Kunden - Lieferanten - Arbeitnehmer - Kapitalgeber - Öffentlicher Sektor
Ökologisch	Umwelt	- Materialien - Energie - Wasser - Artenvielfalt - Emissionen, Abwasser und Abfälle - Lieferanten - Produkte und Dienstleistungen - Gesetzeskonformität - Transport - Übergreifende Aspekte
Gesellschaftlich/sozial	Arbeitsbedingungen und angemessene Arbeit	- Beschäftigung - Beziehungen zwischen Arbeitnehmern und dem Management - Gesundheit und Sicherheit - Training und Ausbildung - Vielfalt und Chancen
	Menschenrechte	- Strategie und Management - Nicht-Diskriminierung - Gewerkschaftsfreiheit und Tarifverhandlungen - Kinderarbeit - Zwangsarbeit und Arbeitsverpflichtung - Disziplinarverfahren - Sicherheitspraxis - Rechte von Einheimischen/Eingeborenen
	Gesellschaft	- Beziehungen zur Gemeinde - Bestechung und Korruption - Politische Unterstützung - Wettbewerb und Preisfestlegung
	Produktverantwortung	- Kundengesundheit und -sicherheit - Produkte und Dienstleistungen - Werbung - Schutz der Privatsphäre

Tabelle 7: Struktur der Indikatoren im GRI Leitfaden
(GRI 2002, 44)

4.2 Anforderungen an die Nachhaltigkeitsberichterstattung

In diesem Abschnitt wird untersucht, welche Anforderungen an die Nachhaltigkeitsberichterstattung gestellt werden können. Ausgangspunkt dafür ist zum einen der Produktcharakter eines Nachhaltigkeitsberichts, wodurch wiederum die Qualität der Berichte in Frage gestellt werden kann. Zum anderen besteht eine Informationsasymmetrie zwischen dem berichtenden Unternehmen und seinen Zielgruppen.[216]

Nachhaltigkeitsberichte sind quasi ,Produkte', mit denen die Interessen und Erwartungen der Zielgruppen befriedigt werden sollen. In diesem Zusammenhang stellt sich die Frage, wie die Qualität eines neuen Berichts verbessert werden kann. Ein möglicher, derzeit in der Praxis sehr bedeutender Ansatz zur Qualitätsverbesserung von Produkten stellt das Quality Function Deployment (QFD) System dar, weshalb es im Folgenden kurz erläutert wird (4.2.1). Die Nachhaltigkeitsberichterstattung bezieht sich vorwiegend auf die Informationsvermittlung von Unternehmen an seine Zielgruppen. Damit die Informationsvermittlung an die Zielgruppen erfolgreich ist, sind gewisse informationsökonomische Besonderheiten, die sich aus einer Informationsasymmetrie zwischen den berichtenden Unternehmen (Informationsanbieter) und Zielgruppen (Informationsempfänger) ergeben, zu beachten. In diesem Zusammenhang werden die relevanten informationsökonomischen Aspekte diskutiert (4.2.2). Im Anschluss an die Diskussion dieser Ansatzpunkte wird die Glaubwürdigkeit der Informationen im Bericht als wesentliche Anforderung an die Nachhaltigkeitsberichterstattung (4.2.3) aufgezeigt.

4.2.1 Qualität der Nachhaltigkeitsberichte

Das Quality Function Deployment (QFD) System ist ein Planungsinstrument, das zur Verbesserung der Kundenorientierung eingesetzt wird.[217] Werden Nachhaltigkeitsberichte als Produkte aufgefasst, kann das QFD-System eingesetzt werden, um sicherzustellen, dass die Berichte kundengerecht und damit zielgruppenorientiert sind. Der Entwicklungsprozess von Produkten basiert auf den Ansprüchen von Kunden. Die richtige Beantwortung der Frage: „Welche Produkte können die Kunden überzeugen?" ist eine überlebenswichtige Frage für Organisationen. Teilweise können die Wünsche unterschiedlicher Kunden aber widersprüchlich sein. Es ist zudem möglich, dass einige Kunden ihre Wünsche bzw. ihre Bedürfnisse nicht artikulieren können. Missverständnisse und falsche Interpretationen können ebenfalls Hürden darstellen - insbesondere bei den Entwicklungsschritten Marketing, Design und Herstellung der Produkte. Dadurch werden die Erwartungen von Kunden nicht berücksichtigt und stattdessen nur

---

[216] Vgl. Schaltegger 1997, 89.
[217] Vgl. v.a. Besterfield et al. 1994; Chin et al. 2001.

die Vorstellungen von den Organisationen in den Produktionsplan aufgenommen. So entstehen Produkte, die keinen Absatz finden. Mit dem QFD-System können Organisationen sich absichern, dass ihre Endprodukte den Erwartungen der Kunden entsprechen. Mit Hilfe des QFD-Systems werden die Wünsche und Bedürfnisse von Kunden systematisch ermittelt.[218]

Die treibende Kraft für ein QFD-System ist, dass die Eigenschaften eines Produkts von den Kunden bestimmt werden. Die hieraus resultierende Kundenzufriedenheit wird als Erfüllung bzw. Übererfüllung ihrer Wünsche definiert. Als Grundlage zur Ermittlung der Kundenwünsche dienen u.a. Interessengruppen, Gutachter, Beschwerden, Berater, Standards/Normen und gesetzliche Regelungen.[219] Für das QFD-System wird primär das sogenannte ‚House of Quality' eingesetzt. Dieses Instrument ist in Abbildung 15 dargestellt.

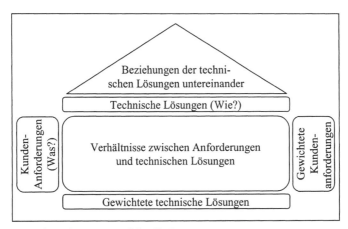

Abb. 15: Struktur des ‚House of Quality'
(übersetzt aus Besterfield 1994, 268)

Mit „House of Quality" werden die Erwartungen der Kunden in den Planungs- und Designprozess eines Unternehmens methodisch eingebracht. Tabelle 8 zeigt, wie das „House of Quality" eingesetzt wird.[220]

---

[218] Vgl. Besterfield et al. 1994, 260.
[219] Vgl. ebenda, 264.
[220] Vgl. ebenda, 264.

Schritt	Aspekte
1.	Auflisten der Ansprüche und Wünsche der Kunden (Was?)
2.	Darstellen der technischen Lösungen (Wie?)
3.	Entwickeln der Verhältnismatrix zwischen „Was" und „Wie"
4.	Herstellen der Beziehungen zueinander in einer Dreiecksmatrix
5.	Beurteilen der Konkurrenzfähigkeit
6.	Vorstellen der gewichteten Ansprüche von Kunden
7.	Vorstellen der gewichteten technischen Lösungen

Tabelle 8: Erstellungsprozess des ‚House of Quality'
(in Anlehnung an Besterfield 1994, 269ff.)

Das QFD beginnt mit einer Auflistung der Ansprüche und Wünsche der Kunden in Bezug auf das zu entwickelnde bzw. zu verbessernde Produkt (1. Schritt). Sie zielt darauf ab, dass Produkte konstruiert werden sollten, die die Kundenwünsche befriedigen. Sobald die Bedürfnisse der Kunden ermittelt wurden, werden die technischen Lösungen erfasst, die sich für die Erfüllung der Bedürfnisse eignen. Die beiden Auflistungen bilden die ‚Decke' und den ‚Boden' des ‚House of Quality'. Produktentwickler sollten für jeden Wunsch der Kunden mehrere passende technische Lösungen überlegen. Im dritten Schritt werden die vielfältigen Bedürfnisse sowie die ermittelten Techniken gegenübergestellt, um die Verhältnisse zueinander deutlich zu machen. Im Anschluss werden die Beziehungen der technischen Lösungen untereinander in einer Dreiecksmatrix untersucht (4. Schritt). Im fünften Schritt wird eine Tabelle bzw. Abbildung erstellt, aus der die voraussichtliche Konkurrenzfähigkeit der Produkte abgelesen werden kann. In dieser Tabelle bzw. Abbildung werden die Faktoren für die gewichteten Ansprüche von Kunden sowie die Faktoren für die gewichteten technischen Lösungen dargestellt. Zum Schluss wählt das QFD-Team die technischen Lösungen, die für die Befriedigung der Kunden geeignet sind.

Mit dem QFD sollen nicht nur eine möglichst hohe Anzahl der Bedürfnisse erfüllt, sondern vielmehr die Kundenerwartungen übertroffen werden. Die Produkte, die mit Hilfe des QFD-Systems entwickelt und produziert werden, sollten kundengerechter als die jetzigen Produkte sowie als die Konkurrenzprodukte sein. Auf dieser Basis kann das QFD-Team annehmen, dass sein Vorgehen unter Einbezug der Kundenerwartungen die Befriedigung der Kunden von morgen schaffen kann.[221] Im Rahmen der wechselseitigen Bedürfnisstruktur kann das QFD-System in verschiedenen betrieblichen Funktionen eingesetzt werden.[222] Hierzu zählt auch die Berichterstattung, da das Verhältnis zwischen einem be-

---

[221] Vgl. Besterfield et al. 1994, 269ff.
[222] Vgl. Chin et al. 2001, 195.

richterstattenden Unternehmen und einer seiner Zielgruppen als Verhältnis zwischen ‚Manager und Kunde' betrachtet werden kann. In diesem Zusammenhang kann das ‚House of Quality' des QFD zur Gestaltung des Berichterstellungsprozesses eingesetzt werden.

Im nächsten Abschnitt wird auf die Informationsasymmetrie im Rahmen der Nachhaltigkeitsberichterstattung eingegangen.[223]

4.2.2 Informationsasymmetrie im Rahmen der Nachhaltigkeitsberichterstattung

Wenn eine Partei von dem Handeln der anderen abhängig ist, entsteht ein Prinzipal-Agenten-Verhältnis.[224] Delegiert ein Prinzipal eine Entscheidung an einen Agenten, so kann im allgemeinen nicht davon ausgegangen werden, dass der Entscheidungsträger bei seiner Entscheidung (ausschließlich) die Interessen des Prinzipals berücksichtigt. Der Prinzipal ist daher bestrebt, den Agenten zu einem Verhalten zu veranlassen, das aus einer für ihn möglichst günstigen Entscheidung resultiert, d.h. seine Interessen bestmöglich berücksichtigt. Im Fall eines Entscheidungsproblems unter Sicherheit und gleicher Informationsverteilung stellt sich für den Prinzipal die noch relativ einfache Aufgabe der Ermittlung einer optimalen Entlohnung. Interessant wird das Problem dann, wenn Entscheidungen unter Unsicherheit betrachtet werden oder Prinzipal und Agent einen unterschiedlichen Informationsstand besitzen.[225] Dieses ist dann ein Fall einer Informationsasymmetrie. Der Prinzipal kann das Handeln des Agenten und die von ihm zur Verfügung gestellten Informationen nicht vollständig prüfen.[226] Diese Asymmetrien können vor Vertragsabschluß und zwischen Vertragsabschluß und Entscheidung auftreten, wenn einer der beiden Beteiligten beispielsweise mehr Wissen als der andere hat.[227]

Informationsasymmetrien verursachen zwei Subprobleme: (1) Das ‚adverse selection' Problem kann auftreten, wenn vor Vertragsabschluß eine asymmetrische Informationsverteilung besteht.[228] Bei der Autoversicherung lassen sich die sorgfältigen Fahrer und die sorglosen Fahrer von außen, d.h. aus Sicht des Versicherungsunternehmens nicht einfach unterscheiden.[229] (2) Das ‚moral hazard'

---

[223] Schaltegger hat dieses Phänomen für die Umweltberichterstattung beschrieben (vgl. Schaltegger 1997).

[224] Die handelnde Partei wird als Agent und die abhängige Partei als Prinzipal bezeichnet (vgl. Pratt & Zeckhauser, 1985, 2).

[225] Vgl. Akerlof 1970, 489; Kiener 1990, 19.

[226] Vgl. Pratt & Zeckhauser 1985, 2.

[227] Vgl. Kiener 1990, 22.

[228] Vgl. Akerlof 1970, 489; Arrow 1986, 1184; Fritsch et al. 2001, 214; Holler & Illing 1991, 48.

[229] Vgl. Macho-Stadler & Perez-Castrillo 1997, 9ff.

Problem kann auftreten, wenn das Handeln des Agenten nicht überprüfbar ist oder wenn nach dem Vertragsabschluß eine asymmetrische Informationsverteilung hinsichtlich des Verhaltens entsteht. [230] Beispielsweise haben die Versicherungsfirmen ein Interesse, dass ihre Versicherten Unfälle vorbeugen. Aber die Versicherten haben einen geringeren Anreiz, darauf zu achten als nicht Versicherte. [231]

Eine Informationsasymmetrie kann abgebaut werden, indem die relativ schlecht informierte Partei (Prinzipal) versucht, zusätzliche Informationen zu gewinnen (,screening'[232]) und/oder die relativ gut informierte Partei (Agent) sich bemüht, möglichst glaubwürdige Informationen über die von ihr gebotene gute Qualität zu verbreiten (,signaling[233]'). [234]

Herkömmlich führen nachhaltigkeitsberichterstattende Unternehmen Prozesse der Berichterstellung durch und verteilen die Nachhaltigkeitsberichte an ihre Stakeholder. Obwohl Stakeholder unterschiedliche Interessen nicht nur an die Inhalte der Berichte, sondern auch an die Verfahren der Berichterstattung haben, werden die Erstellungsverfahren von berichtenden Unternehmen bestimmt. Die Unternehmen haben mehr Hintergrundsinformationen als ihre Stakeholder. Dieses führt zu einer Informationsasymmetrie zwischen beiden. [235] Hieraus entsteht das Prinzipal-Agenten-Problem (PAP) zwischen Unternehmen und seinen Stakeholdern. Wenn diese Hintergrundsinformationen, die Unternehmen (als ,Agent') für die Berichte verwendet haben, den Stakeholdern (als ,Prinzipal') nicht vollständig bekannt sind, können die Stakeholder die Berichte nicht nachvollziehen und nachprüfen. Dem können Unternehmen entgegentreten, indem sie die Glaubwürdigkeit ihrer Informationen erhöhen. Im nächsten Abschnitt wird daher die Glaubwürdigkeit der Information als eine/die wesentliche Anforderung an die Nachhaltigkeitsberichterstattung vorgestellt.

4.2.3 Glaubwürdigkeit als eine wesentliche Anforderung an die Nachhaltigkeitsberichterstattung

Es kommt häufig vor, dass die Glaubwürdigkeit in Bezug auf Umweltinformationen bzw. nachhaltigkeitsrelevante Informationen von Unternehmen kriti-

---

[230] Vgl. Akerlof 1970, 489; Arrow 1986, 1184; Fritsch et al. 2001, 214; Haberer 1996, 34.

[231] Vgl. Macho-Stadler & Perez-Castrillo 1997, 9ff.

[232] ,Screening' beinhaltet die Selbstinformation oder die Einschaltung spezialisierter Dritter (vgl. Fritsch et al. 2001, 219).

[233] Methoden des ,Signaling' sind beispielsweise der Aufbau von Reputation, die Übernahme von Garantieleistungen und die Vereinbarung von Selbstbehalten sowie von Schadenfreiheitsrabatten (vgl. Fritsch et al. 2001, 219).

[234] Vgl. Fritsch et al. 2001, 219; Haberer 1996, 36.

[235] Vgl. Schaltegger 1997, 89.

siert wird.[236] Beispielsweise hat die englische NGO Christian Aid die These aufgestellt, dass multinationale Unternehmen nicht an einem gesellschaftlichem Engagement interessiert sind, sondern nur an der Verbesserung ihres Images. Hinter der Maske von sozialen Aktivitäten ginge es großen Unternehmen wie Shell, Coca-Cola oder der British American Tobacco vor allem darum, alle Versuche einer politischen Regulierung abzuwehren, um weiterhin ihren ureigensten (Profit-)Interessen ungestört nachgehen zu können.[237]

Wie bereits in Abschnitt 4.1.1 dargelegt, ist eine Nachhaltigkeitsberichterstattung dann erfolgreich, wenn sie den Handlungsspielraum des Managements vergrößert, der auf der Reputation des Unternehmens basiert. Der Nutzen der Nachhaltigkeitsberichterstattung für das Unternehmen ist vorwiegend von der Glaubwürdigkeit der Inhalte abhängig. Wenn die Inhalte der Nachhaltigkeitsberichte von den Zielgruppen als kaum oder wenig glaubwürdig erachtet werden, kann die Reputation des Unternehmens und somit auch der Handlungsspielraum des Managements reduziert werden.[238] Eine wichtige Voraussetzung für eine erfolgreiche Nachhaltigkeitsberichterstattung ist daher die Sicherstellung der Glaubwürdigkeit der im Bericht enthaltenen Informationen. Aber nicht nur die Informationen im Bericht selbst, sondern auch die Prozesse zur Nachhaltigkeitsberichterstellung (Zielsetzung, Planen usw.) sollen als glaubwürdig wahrgenommen werden, damit die Zielgruppen nicht nur die Informationen im Nachhaltigkeitsbericht, sondern auch die Unternehmensaktivitäten als glaubwürdig einschätzen.

Die Einschätzung der Glaubwürdigkeit einer Information ist eine subjektive Frage. Wird eine Information von einem Stakeholder als glaubwürdig eingestuft, so heißt dies nicht, dass alle anderen diesem Urteil zustimmen. Möchte ein Unternehmen die Glaubwürdigkeit seiner Nachhaltigkeitsberichterstattung erhöhen, so muss es berücksichtigen, dass seine Stakeholder sehr unterschiedliche Wahrnehmungen, Interpretationen und Bewertungen der Unternehmenstätigkeiten haben. Trotz dieser unterschiedlichen Wahrnehmungen versucht insbesondere die GRI, mit einem Standard die Glaubwürdigkeit von Informationen

---

[236] Vgl. Karger 1997, 90; Michelsen & Herzig 2000, 14. Insbesondere kritische Organisationen stellen die Überprüfbarkeit der vielen Angaben in den Nachhaltigkeitsberichten in Frage (vgl. ECC Kohtes Klewes & Fishburn Hedges 2003, 39).

[237] Vgl. Christian Aid 2004.

[238] Glaubwürdigkeit steht in engem Zusammenhang mit dem Begriff der Reputation, teilweise werden die beiden Begriffe sogar synonym verwendet (vgl. Lahno 1995, 501; Henning 1997, 28).

im Nachhaltigkeitsbericht zu verbessern, wie die von Schaltegger (1997) gefordert wurde. Hierfür wurden 11 Berichterstattungsprinzipien formuliert:[239]

- *Transparenz*: Die vollständige Offenlegung der Prozesse, Verfahren und Annahmen der Berichtserstellung ist für die Glaubwürdigkeit des Berichts unerlässlich.

- *Einbeziehung*: Die berichterstattende Organisation sollte ihre Stakeholder systematisch einbeziehen, um die Qualität ihrer Berichte kontinuierlich zu prüfen und zu erhöhen.

- *Überprüfbarkeit*: Darlegte Informationen sollten auf eine Weise erfasst, zusammengestellt, analysiert und offengelegt werden, die es internen oder externen Auditoren ermöglicht, deren Korrektheit nachzuvollziehen.

- *Vollständigkeit*: Alle Informationen, die für die Adressaten wichtig sind, um die Nachhaltigkeitsleistung eines Unternehmens zu beurteilen, sollten in einer Form im Bericht erscheinen, die mit den für den Bericht angegebenen Bilanzierungsgrenzen, dem angegebenen Bereich („scope") und dem Zeitraum, auf den sich der Bericht bezieht, konsistent ist.

- *Relevanz:* Relevanz ist der Grad der Bedeutung, die einem besonderen Aspekt, Indikator oder einer Information zugeschrieben wird. Sie stellt die Schwelle dar, ab der eine Information so bedeutsam wird, dass über sie berichtet werden sollte.

- *Nachhaltigkeitskontext:* Die berichterstattende Organisation sollte versuchen, ihre Leistung in den größeren Kontext ökologischer, gesellschaftlicher oder anderer Grenzen oder Einschränkungen zu stellen, um die Verständlichkeit der berichteten Informationen zu erhöhen.

- *Genauigkeit:* Das Prinzip der Genauigkeit bezieht sich auf das Erreichen eines bestimmten Grades an Exaktheit der berichteten Informationen. Ziel ist es eine niedrige Fehlerquote zu erreichen, damit die Nutzer ihre Entscheidungen auf Basis von sehr zuverlässigen Informationen treffen können.

- *Neutralität:* Berichte sollten Vorurteile und Verzerrungen in der Wahl und der Darstellung von Informationen vermeiden. Sie sollten außerdem um eine ausgewogene Darstellung der Unternehmensleistung bemüht sein.

- *Vergleichbarkeit:* Einmal gewählte Grenzen und Bereiche sollten bei der Berichterstattung beibehalten werden. Von der berichtenden Organisation

---

[239] Vgl. GRI 2002, 23ff. Zu Kriterien für eine nach Rechnungswesen-Prinzipien und Finanzberichterstattungsregeln aufgebaute Umweltberichterstattung vgl. Schaltegger et al. 1996; Schaltegger 1998; Schaltegger & Burritt 2000. Die GRI-Prinzipien lehnen sich stark hieran.

wird verlangt, dass sie auf alle Änderungen hinweist und die Informations-
bereiche beibehält.

- *Klarheit:* Informationen sollten in der Form verfügbar sein, dass sie eine
  größtmögliche Anzahl von Stakeholdern ansprechen und dabei ein geeig-
  neter Detaillierungsgrad aufrechterhalten wird. Dies wird dem berichtenden
  Unternehmen durch seine kontinuierliche Erfassung der verschiedenen Ansprüche und Hintergründe seiner Stakeholdergruppen ermöglicht.

- *Aktualität:* Berichte sollten regelmäßig mit den neuesten Daten veröffentlicht werden, um die Bedürfnisse der Zielgruppen zu erfüllen und dem Charakter der Informationen zu entsprechen.

Während sich die 11 Prinzipien des GRI Leitfadens ausschließlich auf die
Eigenschaften der Informationen eines Nachhaltigkeitsberichts beziehen, existieren in der Literatur spezifische Ansätze zur Verbesserung der Glaubwürdigkeit von Nachhaltigkeitsberichten, die sich mit dem Rahmen (wie z.B. Prozesse)
der Berichterstattung befassen. Diese Ansätze werden im nächsten Abschnitt
beschrieben.

4.3 Ansätze zur Verbesserung der Glaubwürdigkeit der Nachhaltigkeitsberichte

In diesem Abschnitt werden bestehende Ansätze zur Verbesserung der Glaubwürdigkeit (4.3.1) vorgestellt und Schlussfolgerungen (4.3.2) gezogen.

4.3.1 Bestehende Ansätze

In der Literatur gibt es verschiedene Ansätze zur Verbesserung der Glaubwürdigkeit der Nachhaltigkeitsberichte. Tabelle 9 zeigt eine Auswahl wichtiger Ansätze:

Ansätze	Literaturquelle
Erstellung der Berichte im konstruktiv-kritischen Dialog mit Stakeholdern	Schulz et al. 2001, 39; SustainAbilty/UNEP 2002, 11
Anlehnung an den GRI Leitfaden bei der Berichterstattung	ECC Kohtes Klewes & Fishburn Hedges 2003, 39
Integration der Nachhaltigkeitsberichterstattung ins Managementsystem	Meyer 1997, 110; WBCSD 2003, 4; Becker 2002, 22; Schaltegger & Sturm 1994; Schaltegger & Burritt 2000
Drittbegutachtung und Auditierung	AccountAbility 2003, 7; IÖW & Imug 2001, 44f.
Spezifische Zielgruppenansprache	Lehni 2001, 47; Schaltegger & Sturm 1994
Kommentierung durch kritische Stakeholder	IFEU 2002, 27

Tabelle 9: Bestehende Ansätze zur Verbesserung der Glaubwürdigkeit der Nachhaltigkeitsberichte
(eigene Darstellung)

- *Erstellung der Berichte im konstruktiv-kritischen Dialog:* Kritische Stakeholder eines Unternehmens werden traditionell als Zielgruppen der Berichterstattung betrachtet, die mit einem Bericht erreicht werden sollen. Bei der Diskussion der Erhöhung der Glaubwürdigkeit der Nachhaltigkeitsberichte werden sie jedoch nicht mehr nur als Zielgruppen, sondern auch als Akteure im Berichterstellungsprozess begriffen. Durch die Einbeziehung unterschiedlicher Meinungen und Sichtweisen der Stakeholder im Erstellungsprozess kann der Komplexität des Konzepts der Nachhaltigkeit besser Rechnung getragen und eine differenzierte Auseinandersetzung mit dem Thema erreicht werden. Der Erstellungsprozess eines Nachhaltigkeitsberichts ist daher eine gute Gelegenheit, um mit den Stakeholdern zu kommunizieren und somit die Glaubwürdigkeit der Nachhaltigkeitsberichte zu verbessern,[240] Dies geschieht, indem Unternehmen den Stakeholdern die relevanten Informationen offen legen.[241] Die GRI empfiehlt auch, dass in Nachhaltigkeitsberichten beschrieben wird, wie Stakeholder in die Erstellung der Berichte mit einbezogen wurden.[242]

- *Anlehnung an den GRI Leitfaden bei der Berichterstattung:* Nachhaltigkeitsberichte werden von Unternehmen freiwillig veröffentlicht und müssen daher keiner allgemein anerkannten oder standardisierten Form entsprechen.[243] Trotzdem zeigen Umfrageergebnisse von ECC Kohtes Klewes & Fishburn Hedges 2003, dass der Bericht ernster genommen wird, wenn sich die Berichtsinhalte an bestehenden Leitfäden orientieren. Unter den verschiedenen Leitfäden[244] wird der GRI Leitfaden offenbar als der besonders geeignete angesehen, um die Glaubwürdigkeit der Nachhaltigkeitsberichte zu erhöhen.[245] Der Hauptgrund dafür ist, dass der GRI Leitfaden in einem mehrjährigen weltweiten Dialogprozess mit verschiedenen Stakeholdern (einschließlich der Wirtschaft und NGOs) entwickelt wurde.[246]

- *Integration der Nachhaltigkeitsberichterstattung ins Managementsystem:* Die Leser von Nachhaltigkeitsberichten interessieren sich auch dafür, wie die Nachhaltigkeitsstrategien entwickelt und wie die Geschäftsleitung bzw. der Vorstand dabei mit einbezogen wurden.[247] Von daher kann eine Darstellung diesbezüglicher Informationen im Nachhaltigkeitsbericht die Glaubwürdigkeit der Berichterstattung erhöhen. Hieran können Stakeholder erkennen, ob vom Management eine Umsetzung der Nachhaltigkeitsstrategien im Unternehmen beabsichtigt ist. Die Kommunikationsinhalte müssen dann auch durch entsprechende Aktivitäten untermauert werden. Meyer betont in diesem Sinne, „wirkliche Glaubwürdigkeit genießt ein Unternehmen erst, wenn es sich seinen Worten entsprechend konsistent verhält, d.h. wenn eine Einheit von Worten und Taten erkennbar wird".[248] Damit die kommunizierten Inhalte der Nachhaltigkeitsberichte glaubwürdig wahrgenommen werden können, sollte ein Unternehmen daher eine Strate-

---

[240] Vgl. Hoppe & Ferdinand 2003, 29; Schulz et al. 2001, 39.
[241] Vgl. Je früher die relevanten Informationen offengelegt werden, desto mehr Glaubwürdigkeit kann ein Unternehmen erwarten (vgl. Schaltegger et al. 2003, 168).
[242] Vgl. GRI 2002, 31.
[243] Vgl. Schaltegger 1997.
[244] Vgl. Fußnote 210.
[245] Vgl. Imug 2003, 7.
[246] Vgl. ECC Kohtes Klewes & Fishburn Hedges 2003, 39.
[247] Vgl. IFEU 2002, 32.
[248] Meyer 1997, 110.

gie zur Umsetzung unternehmerischer Nachhaltigkeit entwickeln und diese auch ins Managementsystem integrieren.[249]

- *Drittbegutachtung und Auditierung:* Eine Drittbegutachtung und Auditierung dient der Beurteilung und Verifizierung der in den Nachhaltigkeitsberichten veröffentlichten Daten.[250] Mit der Verifizierung des Berichts durch einen externen Dritten versuchen viele Unternehmen, die Glaubwürdigkeit ihres Berichts zu erhöhen und zu demonstrieren.[251] Externe Dritte (z.B. Wirtschaftsprüfungsgesellschaften) prüfen i.d.R. die Richtigkeit der Informationen und deren ordnungsgemäße Ermittlung sowie regelmäßige Erfassung anhand von Verifizierungsstandards.[252] Als ein Standard zur Verifizierung der Glaubwürdigkeit von Nachhaltigkeitsberichten wird der ‚AA1000 Assurance Standard' von AccountAbility verwendet.[253] Der ‚AA1000 Assurance Standard' umfasst die drei Prinzipien ‚Wesentlichkeit (materiality)', ‚Vollständigkeit (completeness)' und ‚Ansprechbarkeit (responsiveness)'.[254] Informationen werden als ‚wesentlich' betrachtet, sofern ihre Auslassung die Entscheidungen und Handlungen von Stakeholdern beeinflussen würde.[255] Bezüglich des Prinzips ‚Vollständigkeit' wird geprüft, ob die Berichte alle Informationen vollständig thematisiert haben. Dies kann anhand des Indikatorenkatalogs des GRI Leitfadens überprüft werden. In Bezug auf ‚Ansprechbarkeit' wird geprüft, in welcher Art und Weise die Interessen und Erwartungen von Stakeholdern angesprochen wurden. Mit der externen Verifizierung wird überprüft, ob die Informationen stimmen, der Prozess der Informationserhebung und Berichterstellung nachvollziehbar durchgeführt wurde und die Stakeholder korrekt miteinbezogen wurden.

- *Spezifische Zielgruppenansprache:* Je besser die Nachhaltigkeitsberichte den Bedürfnissen der Zielgruppen entsprechen, desto interessanter und relevanter werden die dargelegten Informationen für die Zielgruppen.[256] Hiermit können Unternehmen ihren Zielgruppen signalisieren, dass den Zielgruppen ein höherer Respekt entgegengebracht wird. Dies führt wiederum dazu, dass

---

[249] Vgl. Becker 2002, 22; WBCSD 2003, 4.

[250] Vgl. Herzig & Schaltegger 2003.

[251] Vgl. AccountAbility 2003b, 7; IÖW & Imug 2001, 44f.

[252] Vgl. KPMG 2002, 13. Die Verifizierung von Umwelt- und Nachhaltigkeitsberichten durch Wirtschaftsprüfungsgesellschaften oder ähnliche Organisationen erfolgt in Deutschland jedoch noch selten (vgl. ECC Kohtes Klewes GmbH & Fishburn Hedges Ltd. 2003, 41).

[253] Zur Verifizierung der Nachhaltigkeitsberichte vgl. auch FEE 2002.

[254] Vgl. AccountAbility 2003a, 13ff.; Zadek & Merme 2003.

[255] Vgl. Gribben & Olsen 2003, 10; UK National Audit Office Resource Accounts 1997; Zadek & Merme 2003, 17.

[256] Vgl. Lehni 2001, 47; Schaltegger & Sturm 1994; Schaltegger & Burritt 2000.

die Zielgruppen die Informationen eher als glaubwürdig erachten. Insofern trägt eine an die spezifischen Bedürfnisse von Zielgruppen ausgerichtete Nachhaltigkeitsberichterstattung zur Verstärkung der Glaubwürdigkeit der Nachhaltigkeitsberichte bei.[257]

- *Kommentierung durch kritische Stakeholder:* Mit Stellungnahmen kritischer Stakeholder (z.B. Umwelt- oder Entwicklungsorganisationen) zu einzelnen Themen oder zum gesamten Bericht kann ein Unternehmen die Glaubwürdigkeit des Berichts erhöhen. Diese Kommentierung kann sowohl positiv als auch negativ sein. Durch eine negative Kommentierung kann z.b. aufgezeigt werden, dass sich das Unternehmen der öffentlichen Kritik stellt.[258] Zu den Kommentierungsmöglichkeiten zählen u.a. Interviews und Stellungnahmen einzelner kritischer Stakeholder, Auszüge aus Dialogen und Diskussionen sowie Ergebnisse von Stakeholderdialogen in der internen und externen Kommunikation.

Jeder dieser genannten Ansätze kann einen Beitrag zur Erhöhung der Glaubwürdigkeit des Nachhaltigkeitsberichts leisten. Die Glaubwürdigkeit eines Nachhaltigkeitsberichts kann nicht durch die Anwendung eines Ansatzes gesichert werden, sondern erfordert die Anwendung mehrer Ansätze. Nur dies ermöglicht eine glaubwürdigere Nachhaltigkeitsberichterstattung. In diesem Sinne wird im nächsten Abschnitt untersucht, welche Bedeutung diese Ansätze für den Kontext der Studie haben.

4.3.2 Schlussfolgerungen

Tabelle 10 fasst die Kernaspekte der Ansätze zur Verbesserung der Glaubwürdigkeit der Nachhaltigkeitsberichte zusammen.

Die in Abschnitt 4.3.1 dargestellten Ansätze können in zwei Gruppen gegliedert werden. Der erste Ansatz ‚Erstellung der Berichte im konstruktiv-kritischen Dialog mit Stakeholdern', der fünfte Ansatz ‚spezifische Zielgruppenansprache' und der sechste Ansatz ‚Kommentierung durch kritische Stakeholder' empfehlen, Zielgruppen in die Nachhaltigkeitsberichterstattung zu integrieren. Hierbei wird berücksichtigt, dass unterschiedliche Wahrnehmungen existieren, und dass eine direkte Einbettung der Zielgruppen in den Prozess der Berichterstattung einen stärkeren Einfluss auf ihr persönliches Verhalten haben kann, da sich Vertrauen in der Regel über persönliche Kommunikation und Transparenz entwickelt.[259]

---

[257] Vgl. Hoppe & Ferdinand 2003, 28.
[258] Vgl. IFEU 2002, 27.
[259] Vgl. Reichertz 2002, 18.

Nr.	Ansatz	Kernaspekte
1	Erstellung der Berichte im konstruktiv-kritischen Dialog mit Stakeholdern	- Zielgruppen als Akteure der Berichterstellung - Erstellungsprozessnutzen für Kommunikation mit den Stakeholdern
2	Anlehnung an den GRI Leitfaden bei der Berichterstattung	- Leitfaden als Wegweiser
3	Integration der Nachhaltigkeits-berichterstattung ins Management-system	- Systematische Erfassung der Information als Vertrauensansatz
4	Drittbegutachtung und Auditierung	- Neutralität als Grundlage der Glaubwürdigkeit
5	Spezifische Zielgruppenansprache	- Individuelle Behandlung der Zielgruppen
6	Kommentierung durch kritische Stakeholder	- ‚Objektivierung' als Überzeugungsansatz

Tabelle 10: Schlussfolgerungen aus den Ansätzen zur Förderung der
Glaubwürdigkeit der Nachhaltigkeitsberichte
(eigene Darstellung)

In diesem Kontext stellt sich jedoch die Frage, ob alle Stakeholder von einem Unternehmen aufgefordert werden können, sich im Prozess der Berichter-stattung zu engagieren.[260] Zudem gibt es einige Stakeholder, die eher zurück-haltend sind, eine enge Beziehung mit Unternehmen aufzubauen, da durch solche Beziehungen ihre eigene Glaubwürdigkeit beschädigt werden kann.[261] Trotzdem sollten berichtende Unternehmen versuchen, ihre Zielgruppen in die Nachhaltigkeitsberichterstattung einzubeziehen, da die Zielgruppen meist zu den kritischen Stakeholdern stammen und die Missachtung eines einzelnen kriti-schen Stakeholders dem Unternehmen Schaden beifügen kann.[262]

Beim zweiten Ansatz ‚Anlehnung an den GRI Leitfaden bei der Bericht-erstattung', beim dritten Ansatz ‚Integration der Nachhaltigkeitsberichter-stattung ins Managementsystem' und beim vierten Ansatz ‚externe Verifizierung der Glaubwürdigkeit des Berichts' wurde stärker betont, dass die Sicherung der Glaubwürdigkeit von Nachhaltigkeitsberichten durch die Nutzung eines Leit-fadens oder Verifizierungen unterstützt werden kann.

Es ist deutlich geworden, dass die Glaubwürdigkeit der Nachhaltigkeitsbe-richte durch den Einbezug der Zielgruppen sowie mit dem Einsatz von Leitfäden erhöht werden kann. Wenn die Zielgruppen aktiv in die Berichterstattung invol-viert werden, entsteht eine Interaktivität zwischen ihnen und dem Unternehmen.

---

[260] Vgl. Zadek & Raynard 2002, 9.
[261] Vgl. Schaltegger et al. 2003, 168.
[262] Vgl. Abschnitt 2.3.1.

4.4 Fazit

Die vorangegangen Ausführungen haben verdeutlicht, dass eine glaubwürdige Nachhaltigkeitsberichterstattung eine wesentliche Voraussetzung für eine erfolgreiche Nachhaltigkeitskommunikation von Unternehmen ist und die Reputation eines Unternehmens erhöhen kann. Darüber hinaus wurde gezeigt, dass interaktive Beziehungen zwischen Unternehmen und seinen Zielgruppen zur Erhöhung der Glaubwürdigkeit der Nachhaltigkeitsberichte erheblich beitragen können.

Im folgenden Abschnitt wird diskutiert, ob die bestehenden Ansätze der Nachhaltigkeitsberichterstattung zur Entwicklung eines Konzepts einer interaktiven Nachhaltigkeitsberichterstattung genutzt werden können.

Teil II: Entwicklung eines Konzepts einer interaktiven Nachhaltigkeitsberichterstattung

5 Vorgehensweise zur Entwicklung des Konzepts

Ausgehend von den Vorüberlegungen im vierten Abschnitt soll nun geprüft werden, inwieweit bei der Entwicklung eines Konzepts einer interaktiven Nachhaltigkeitsberichterstattung auf existierende Ansätze zurückgegriffen werden kann. Hierzu werden einschlägige Ansätze vorgestellt und kritisch reflektiert.

Die zugrunde liegenden Überlegungen zur Auswahl der wichtigen Ansätze sind:

- Die Nachhaltigkeitsberichterstattung darf nicht als ein Instrument der einseitigen Informationsübermittlung angesehen werden. Es sollte einen integralen Bestandteil des bilateralen Kommunikationsprozesses mit den Stakeholdern darstellen (vgl. Abschnitt 3.3).

- Die Nachhaltigkeitsberichterstattung als ein Teil der Unternehmenskommunikation soll zum erfolgreichen Stakeholdermanagement beitragen (vgl. Abschnitt 2.3).

- Das Internet hat das Potenzial, maßgeblich zu einer interaktiven Kommunikation beizutragen (vgl. Abschnitt 3.1.2).

Wie in Abschnitt 3.3 diskutiert, ist die Berichterstattung sowohl ein Instrument als auch ein integraler Bestandteil der Kommunikation. Es ist daher sinnvoll, das Konzept einer interaktiven Berichterstattung im Rahmen einer interaktiven Unternehmenskommunikation zu erörtern. In diesem Sinne werden die Eigenschaften einer interaktiven Unternehmenskommunikation in den Vordergrund der Entwicklung des Konzepts einer interaktiven Nachhaltigkeitsberichterstattung gestellt.

Wie in Abschnitt 2.3 erläutert, setzt das Management von Stakeholderbeziehungen einen Dialog mit seinen Stakeholdern voraus. Es ist daher sinnvoll, einen Ansatz der dialogorientierten Nachhaltigkeitsberichterstattung heranzuziehen. Dafür ist die Stakeholder-Berichterstattung nach Ernst & Young et al. (1999) geeignet, da sich diese auf die Integration der Stakeholder-Dialoge in die Berichterstattung von Unternehmen bezieht.

Informations- und Kommunikationstechnologien (IKT) haben einen wesentlichen Einfluss auf den Geschäftsalltag in Unternehmen. Fast alle deutschen Unternehmen sind inzwischen online und drei Viertel davon über ihre eigenen Internetseiten erreichbar. 39% der deutschen Unternehmen nutzen das Internet für den Vertrieb an Geschäftspartner oder Endkunden, d.h. dass das Internet den Unternehmen eine Reihe von Unterstützungspotenzialen für ihre Geschäftsführung bietet.[263] Ein wesentliches Potenzial liegt darin, dass mit dem Einsatz der technischen Möglichkeiten des Internets (z.B. Dialogforen, Hypertextualität) die Interaktivität der Kommunikation gesteigert werden kann. Bei der folgenden Diskussion einer interaktiven Nachhaltigkeitsberichterstattung ist deshalb die Internetunterstützung zu berücksichtigen.[264]

Abbildung 16 verdeutlicht den Zusammenhang der Ansätze, die der Entwicklung des folgenden Konzepts der interaktiven Nachhaltigkeitsberichterstattung zugrunde gelegt werden.

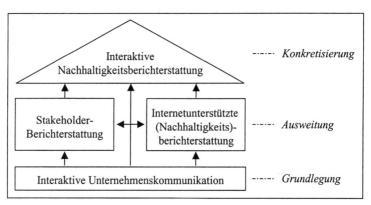

Abb. 16: Zusammenhang der Ansätze für die Konzeption einer interaktiven Nachhaltigkeitsberichterstattung
(eigene Darstellung)

Die Bausteine des Konzepts einer interaktiven Nachhaltigkeitsberichterstattung bestehen aus den Eigenschaften sowie Phasen einer interaktiven Unternehmenskommunikation, dem inhaltlichen Ansatz der Stakeholder-Berichterstattung sowie den technischen Mitteln einer internetunterstützten Nachhaltigkeitsberichterstattung. Zum einen fokussiert die Untersuchung darauf, welche Phasen sowie Charakteristika eine interaktive Nachhaltigkeitsberichterstattung umfassen soll-

---

[263] Vgl. Franz 2003, 1.
[264] Vgl. Isenmann & Lenz 2002.

ten (vgl. Kapitel 6). Zweitens wird das Konzept mit zwei weiteren Ansätzen in Kapitel 7 ergänzt. Auf der einen Seite wird der Ansatz der Stakeholder-Berichterstattung als ein inhaltbezogener Ansatz erörtert, um die Integrationsmöglichkeiten eines Stakeholder-Dialogs in die Berichterstattung herauszuarbeiten. Auf der anderen Seite wird auf Basis des Ansatzes einer internetunterstützten Nachhaltigkeitsberichterstattung untersucht, welche technischen Möglichkeiten das Internet für eine interaktive Nachhaltigkeitsberichterstattung bietet. Im Anschluss dazu wird das Konzept der interaktiven Nachhaltigkeitsberichterstattung mit seinen Nutzen sowie Grenzen in Kapitel 8 dargestellt.

6 Theoretische Ansätze für eine interaktive Unternehmenskommunikation

6.1 Relevante Theorien und Modelle für eine interaktive Unternehmenskommunikation

In diesem Abschnitt wird der Begriff der interaktiven Kommunikation erläutert und anhand von ausgewählten Theorien und Modellen der Kommunikation erweitert, um daraus einen theoretischen Rahmen für eine interaktive Unternehmenskommunikation zu entwickeln.

6.1.1 Auswahl relevanter Theorien und Modelle

Der Begriff der Interaktion leitet sich aus dem lateinischen "inter" für zwischen und "agere" für Handeln ab.[265] In seiner ursprünglichen Bedeutung in der Psychologie und Soziologie wird unter dem Interaktionsbegriff ein "aufeinander bezogenes Handeln zweier oder mehrerer Personen, das eine Wechselbeziehung zwischen Handlungspartnern ermöglicht"[266] verstanden. Eine interaktive Kommunikation kann somit aufgefasst werden als "die Art und Weise, in der Teilnehmer eines durch sie inhaltlich, zeitlich und in seiner Abfolge kontrollierten Kommunikationsprozesses miteinander Informationen austauschen und dabei prinzipiell ihre Rollen wechseln können".[267] Bruhn definiert eine interaktive Kommunikation als „eine zweckgerichtete, wechselseitige Kontaktaufnahme bzw. -abwicklung zwischen den Kommunikationspartnern".[268] Analog dazu bezeichnet Buckart eine interaktive Kommunikation als „einen wechselseitigen Kommunikationsprozess".[269]

In diesem Zusammenhang wird ein wesentliches Merkmal für eine interaktive Kommunikation deutlich: Um interaktiv miteinander zu kommunizieren, müssen die Kommunikationsteilnehmer eine symmetrische Beziehung zueinander aufbauen.[270] Auf Basis dieses Merkmals einer interaktiven Kommunikation werden relevante Theorien und Modelle untersucht, um die Eigenschaften einer interaktiven Unternehmenskommunikation abzuleiten.

Es existiert eine Vielzahl von Kommunikationstheorien und -modellen, die aus unterschiedlichen Disziplinen stammen und unterschiedliche Anspruchsniveaus

---

[265] Vgl. Haack 1997, 152.

[266] Duden 1995, 355.

[267] Klimsa 1993, 54.

[268] Bruhn 1997, 654.

[269] Burkart 2002, 432.

[270] Der Unterschied zwischen einer symmetrischen und einer asymmetrischen Kommunikation wurde in Abschnitt 2.1.1 bereits erläutert.

aufweisen.[271] Tabelle 11 zeigt einen Überblick über die bekanntesten Theorien und Modelle zur Kommunikation auf.

Theorie oder Modell	Autor, Jahr	Beziehung zwischen Teilnehmern
Das Dialogmodell	Prakke 1968	symmetrisch
Das Riley & Riley-Modell	Riley & Riley 1959	symmetrisch
Das Sender-Empfänger-Modell	Shannon & Weaver 1949	asymmetrisch
Das Westley/Maclean-Modell	Westley & Machlean 1957	asymmetrisch
Der symbolische Interaktionismus	Mead 1968	symmetrisch
Die Handlungstheorie	Habermas 1981	symmetrisch
Die Lasswell-Formel	Lasswell 1948	asymmetrisch

Tabelle 11: Überblick über die bekanntesten Kommunikationstheorien und -
modelle
(eigene Darstellung)

Die in Tabelle 11 gezeigten Theorien und Modelle lassen sich hinsichtlich der Beziehung zwischen den Teilnehmern in symmetrisch oder asymmetrisch unterscheiden. Den asymmetrischen Theorien oder Modellen gehören die Lasswell-Formel (Lasswell 1948)[272], das Sender-Empfänger-Modell (Shannon & Weaver 1949) und das Westley & Maclean-Modell (Westley & Machlean 1957)[273] an, in denen der Kommunikationsprozess einseitig verläuft. Den symmetrischen gehören das Riley & Riley-Modell (Riley & Riley 1959), das Dialogmodell (Prakke 1968), der symbolische Interaktionismus (Mead 1968) und die Handlungstheorie (Habermas 1981) an. Da eine interaktive Kommunikation eine symmetrische Beziehung zwischen den Teilnehmern voraussetzt, werden im Folgenden diese entsprechenden Theorien und Modelle untersucht.

Darüber hinaus wird die Unternehmenskommunikation häufig im Rahmen des Marketings diskutiert.[274] Es werden daher hier zwei Modelle aus dem Marketing untersucht: ein im Marketing eingesetztes allgemeines Kommunikationsmodell und das AIDA-Modell[275].

---

[271] Vgl. Merten 2000, 165.
[272] Die Lasswell-Formel behandelt den Kommunikationsprozess als ‚Einbahnstrasse'(vgl. Schultz 1971, 94).
[273] Dieses Modell wird in der Nachrichtentransformation verwendet, in der die Rezipienten trotz ihrer Feedback-Prozesse als Empfänger der Informationen betrachtet werden (vgl. Buckart 2002, 494f.).
[274] Vgl. Bruhn 1997, 45ff.; Bruhn 2002, 171ff.; Kotler et al. 2003, 1113f.
[275] AIDA ist die Abkürzung für ‚Attention-Interest-Desire-Action'.

6.1.2 Das Riley & Riley-Modell (Riley & Riley 1959)

In dem Modell von Riley & Riley steht die soziale Verbindung der Kommunikationspartner im Mittelpunkt. Die Beziehung zwischen dem Kommunikator und dem Rezipienten basiert auf den sozialen Gruppen, denen beide angehören (vgl. Abb. 17).

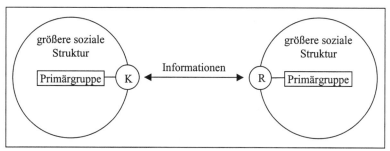

Abb. 17: Das Riley & Riley-Modell
(in Anlehnung an Riley & Riley 1959, aus Buckart 2002, 497)

Die Aussage des Modells ist, dass sowohl der Kommunikator (K in Abb. 17) als auch der Rezipient (R in Abb. 17) jeweils Mitglied einer sozialen Gruppe sind, die das Kommunikationsverhalten beeinflusst. In der Kommunikation vertreten der Kommunikator und der Rezipient ihre Primärgruppen im Rahmen einer größeren sozialen Struktur. Unter Primärgruppen sind die Gruppen zu verstehen, „deren Mitglieder häufig in direkten persönlichen Beziehungen zueinander stehen (Familie, Freundeskreis, Arbeitskollegen u.ä.), die sich infolgedessen gegenseitig stark beeinflussen und so relativ ähnliche Wertvorstellungen und Normen ausbilden". [276] Das bedeutet, dass die Übertragung der Informationen, die Art der selektiven Wahrnehmung, das Speichern einer Information sowie die Reaktion des Rezipienten schon vorab durch gruppenspezifische Wertbindungen sowie Regeln der Primärgruppe vorgegeben sind.[277]

Ausgehend von diesem Modell gehört jede Zielgruppe der Unternehmenskommunikation einer bestimmten Primärgruppe an, und die Kommunikation muss daher auf die jeweilige soziale Struktur der Zielgruppen bezogen werden. Infolgedessen ist es ein wesentlicher Punkt für eine erfolgreiche interaktive Unternehmenskommunikation, in der die wechselseitige Informationsübertragung stattfindet, die Charakteristika bzw. Eigenschaft der Zielgruppe sorgfältig zu ermitteln.

---

[276] Buckart 2002, 497.
[277] Vgl. Merten 1977, 23.

6.1.3 Das Dialogmodell (Prakke 1968)

Im Dialogmodell werden der Kommunikator und der Rezipient als Partner in einem Kommunikationsprozess betrachtet.[278] In diesem Modell entsteht eine Kommunikation zwischen dem Kommunikator und dem Rezipienten, wenn eine Mitteilungs- und Verstehenshandlung zwischen beiden Kommunikationspartnern vollzogen wird. Diese Mitteilungs- und Verstehenshandlungen müssen sich aufeinander beziehen, damit sich der Kommunikator und der Rezipient gegenseitig verständigen können.[279]

Prakke (1968, 99f) differenziert die Inhalte einer Kommunikation in Information (I), Kommentar (K) und Unterhaltung (U) (vgl. Abb. 18). In diesem Modell wird betont, dass die beiden Partner im Wechsel ihre I,K,U über einen Kanal[280] austauschen. Für eine wechselseitige Verständigung wird ein gemeinsames Zeichensystem[281] vorausgesetzt, auf dessen Basis der Rezipient die Aussage des Kommunikators sinngemäß erfassen kann. Der gesamte Kommunikationsprozess ist in ein umfassendes soziokulturelles System (skS in Abb. 18)[282] eingebettet.

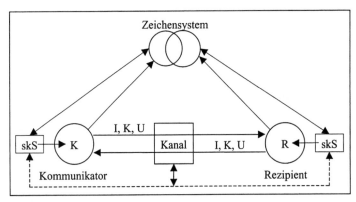

Abb. 18: Das Dialogmodell
(in Anlehnung an Prakke 1968, 101)

---

[278] Vgl. Prakke 1968, 100.

[279] Vgl. Lischka 2000, 36.

[280] Kanal ist der Sammelbegriff für die Netzwerke der personalen und medialen Kommunikationsprozesse (vgl. Prakke 1968, 101).

[281] Das Zeichensystem ist ein Allgemeinbegriff, der Sprache, Gestik, Mimik, klang- und bildliche Darstellungsmöglichkeiten umfasst (vgl. ebenda, 101).

[282] Ein soziokulturelles System umfasst alle Variablen aus dem politischen, sozialen und kulturellen Bereich einer Gesellschaft, die mit dem Kommunikationssystem verbunden sind, d.h. dieses beeinflussen und von ihm beeinflusst werden (vgl. ebenda, 101).

Auf Basis des Dialogmodells von Prakke stellen Peppers & Rogers (1993, 212ff.) vier Kriterien für einen erfolgreichen Dialog vor:

- Der Rezipient muss am Dialog teilnehmen können: Die Voraussetzung für einen Dialog ist, dass der Kommunikator dem Rezipienten die Teilnahme ermöglicht.

- Der Rezipient muss am Dialog teilnehmen wollen: Eine wesentliche Voraussetzung für einen Dialog ist, dass der Rezipient für einen Dialog motiviert ist. Der Rezipient tritt nur dann in einen Dialog, wenn das Dialogthema für ihn von Interesse ist.

- Der Kommunikator und der Rezipient können den Dialog nicht kontrollieren: Im Gegensatz zu Monologen kann ein Dialog weder durch den Kommunikator noch durch den Rezipienten vollständig kontrolliert werden. Ein Dialog wird vielmehr durch die Dialoginhalte gesteuert; Kommunikator und Rezipient können lediglich versuchen, diese zu beeinflussen.

- Der Dialog sollte für Kommunikator und Rezipienten verhaltenswirksam ausgelegt sein: Dialoge können Kenntnisse, Einstellungen, Verhaltensabsichten sowie das Verhalten des Kommunikators und auch des Rezipienten beeinflussen. Das Resultat eines Dialogs kann sein, dass der Kommunikator auf die vom Rezipienten geäußerten Bedürfnisse eingeht und sein Verhalten entsprechend anpasst. Demzufolge sollte der Kommunikator bereit sein, die Dialoginhalte sowie sein Verhalten gegenüber jedem einzelnen Rezipienten individuell zu gestalten. Analog gilt dieses auch für das Verhalten des Rezipienten, der die Dialoginhalte entsprechend anpassen sollte.

Folgende Schlussfolgerungen können aus dem Dialogmodell für eine interaktive Unternehmenskommunikation gezogen werden:

- *Motivation der Zielgruppen:* Die Zielgruppen der Unternehmenskommunikation sollten für die Kommunikation motiviert sein. Dies setzt Informationen voraus, die die Zielgruppen interessieren.

- *Teilnahmemöglichkeit für Zielgruppen an der Kommunikation:* Die Zielgruppen sollten als Kommunikationspartner betrachtet werden und daher die Möglichkeit der Teilnahme an der Kommunikation haben.

- *Verhaltenswirksam ausgelegtes Ziel:* Das Ziel der Kommunikation sollte sowohl für Unternehmen auch als für Zielgruppen verhaltenswirksam ausgelegt sein.

6.1.4 Der symbolische Interaktionismus (Mead 1968)

Der symbolische Interaktionismus von Mead geht davon aus, dass der Mensch nicht nur in einer natürlichen, sondern auch in einer symbolischen Umwelt lebt.[283] Demzufolge kann die Kommunikation als ein Prozess betrachtet werden, in dem Menschen mit Hilfe von verbalen und nonverbalen Symbolen[284] ihre Aussagen wechselseitig vermitteln, d.h. der Einsatz von Symbolen wird als Kern der Kommunikation betrachtet.

Der Erfolg der Kommunikation hängt von einer gegenseitigen Ausrichtung bzw. Orientierung an dem jeweiligen Kommunikationspartner ab.[285] Diese gegenseitige Ausrichtung der Kommunikation an dem anderen ist ein wesentlicher Bestandteil des Kommunikationsprozesses aus Sicht der symbolisch-interaktionistischen Theorie, da ohne diese gegenseitige Ausrichtung die mit den Symbolen vermittelten Informationen nicht sinngemäß interpretiert werden können.[286]

Es werden hierbei die Rollenwechsel der Kommunikationspartner ebenfalls betrachtet, da eine interaktive Kommunikation Rollenwechsel beinhaltet.[287] Die symbolisch-interaktionistische Sichtweise des Kommunikationsprozesses geht davon aus, dass die vorgenommenen Interpretationen der kommunikativen Aktivitäten jeweils auf persönlichen Erfahrungen und Erkenntnissen basieren,[288]

---

[283] Vgl. Mead 1968, 171. Der Ausdruck ‚symbolisch' nimmt nicht nur auf eine bestimmte Möglichkeit des Gebrauchs medialer Ausdrucksformen Bezug, sondern mit dem Begriff ‚Symbol' wird zugleich auch eine bestimmte Art von Zeichen angesprochen. Ein Zeichen entspricht hierbei generell einer materiellen Erscheinung, der eine Bedeutung zugeordnet ist (Burkart 2002, 432). Zum Begriff von Zeichen vgl. u.a. Klaus & Buhr 1972, 1175; Menne 1973, 12.

[284] „So setzt allein schon der Umstand, dass wir in der Lage sind, einen bestimmten Bestandteil unserer Umwelt als „Stuhl" zu klassifizieren, entweder die Angehörigkeit oder wenigstens die Kenntnis dieses Kulturkreises voraus: Wir müssen erfahren haben, wie andere Menschen im Hinblick auf ein derartiges Objekt handelten (nämlich: durch darauf sitzen) und dadurch für uns dessen Bedeutung definieren. Erst im Erfahrung machen, dass man mit einem Stuhl so etwas wie körperliche Bequemlichkeit verbindet oder auch die Möglichkeit zur Verrichtung gewisser Tätigkeiten, die am besten im Sitzen ausgeführt werden usw., erst infolge derartiger Erfahrungen sind wir ja in der Lage, das Objekt „Stuhl" aus der natürlichen Umwelt auszugrenzen und mit Bedeutungen zu belegen, es ist für uns zu einem „Symbol" geworden." (Buckart 2002, 156).

[285] Vgl. Burkart 2002, 432f.

[286] Vgl. ebenda, 433.

[287] Vgl. ebenda, 433.

[288] Vgl. Merten 1977, 64.

die zugleich auch Ursachen für Verständigungsbarrieren sein und Missverständnisse aufkommen lassen können.[289]

Die Schlussfolgerungen aus dem symbolischen Interaktionsmuss für eine interaktive Unternehmenskommunikation können wie folgt zusammengefasst werden:

- *Gegenseitige Ausrichtung:* Der Kommunikator (das Unternehmen) und die Zielgruppen sollen sich aneinander orientieren, d.h. nicht nur die Zielgruppen der Unternehmenskommunikation sollen vom Unternehmen zielgruppenspezifisch in die Kommunikation miteinbezogen werden, sondern es sollen auch die Ziele des Unternehmens von den Zielgruppen berücksichtigt und in die Kommunikation mit einbezogen werden.

- *Betrachtung der unterschiedlichen Eigenschaften der Zielgruppen:* Die individuellen Erfahrungen und Erkenntnisse der Zielgruppen sollten betrachtet werden, weil die Eigenschaften der Zielgruppen die Interpretation der Symbole wesentlich beeinflussen.

6.1.5 Die Handlungstheorie (Habermas 1981)

Im Sinne einer sprachlichen Verständigung bezeichnet Habermas Kommunikation als „den Mechanismus zur Handlungskoordinierung, der die Handlungspläne und die Zwecktätigkeiten der Beteiligten zur Interaktion zusammenfügt".[290] Habermas unterscheidet vier verschiedene Handlungsmodelle: das normative, das dramaturgische, das strategische und das kommunikative Handlungsmodell.

- Das normative Handlungsmodell
  In diesem Modell wird die Sprache als ein Medium betrachtet, mit dessen Unterstützung eine Gruppe ihren Konsens über kulturelle Werte bestätigt. Der Konsens ergibt sich allerdings nicht aus einer Diskussion über neue Inhalte, sondern in bezug auf einen bestehenden normativen Rahmen.[291] Die Kommunikationspartner wiederholen lediglich ihr bestehendes Einverständnis innerhalb ihrer sozialen Gruppe.[292]

- Das dramaturgische Handlungsmodell
  In diesem Modell wird Sprache dagegen als ein Medium der Selbstinszenierung des Sprechers verwendet.[293] Die Kommunikationsteilnehmer sind

---

[289] Vgl. Burkart 2002, 435.
[290] Habermas 1987, 143.
[291] Vgl. Habermas 1987, 142.
[292] Vgl. ebenda, 143.
[293] Vgl. ebenda, 142.

für einander ein Publikum, vor dessen Augen sie sich jeweils darstellen.[294] Die Teilnehmer beabsichtigen, sich nicht über bestimmte Themen zu verständigen, sondern ihre eigenen Auffassungen zu präsentieren.

- Das strategische Handlungsmodell
  In diesem Modell ist Sprache nur eines von mehreren Mitteln zur Realisierung von Handlungen. Mit Hilfe dieser Mittel wirken die am individuellen Erfolg orientierten Kommunikationspartner aufeinander ein, „um den Gegenspieler zu veranlassen, die im eigenen Interesse erwünschten Meinungen und Ansichten zu bilden oder zu fassen".[295]

- Das kommunikative Handlungsmodell
  Das kommunikative Handlungsmodell hat die gegenseitige Verständigung der Handlungspartner in Rahmen einer Diskussion zum Ziel. Kommunikatives Handeln setzt daher zwingend voraus, dass die Kommunikationspartner die Realisierung ihrer jeweiligen Handlungspläne im Rahmen einer gemeinsamen Diskussion einvernehmlich betreiben.[296]

Von den vier Handlungsmodellen ist das kommunikative Handlungsmodell für eine interaktive Unternehmenskommunikation relevant, weil der Konsens, der auf gegenseitiger Verständigung basiert, in der Diskussion zwischen den Teilnehmern erzielt wird.

Für eine erfolgreiche kommunikative Handlung ist es erforderlich, dass der Kommunikator die Informationen, die er vermitteln möchte, in einer Art und Weise ausdrückt, die für den Rezipienten verständlich ist.[297] Falls die Informationen zwar legitim und richtig gemeint sind, für den Rezipienten aber unverständlich dargestellt werden, ist keine gegenseitige Verständigung zu erwarten.[298] Die Schlussfolgerung der Handlungstheorie von Habermas für eine interaktive Unternehmenskommunikation ist wie folgt zu fassen:

- *Gegenseitige Verständigung:* Eine interaktive Unternehmenskommunikation sollte darauf abzielen, dass zwischen dem Unternehmen und seinen Zielgruppen eine gegenseitige Verständigung erfolgt. Dazu sollten v.a. die Informationen richtig sein und zielgruppenspezifisch verwendet werden. Es sollte geprüft werden, wie eine Information von den Zielgruppen interpretiert wird, um sicher zu stellen, das Absicht der Informationsvermittlung und Interpretation der Information beim Empfänger übereinstimmen.

---

[294] Vgl. Habermas 1986a, 580.
[295] Habermas 1987, 142.
[296] Vgl. Habermas 1986a, 589.
[297] Vgl. ebenda, 598f.; Habermas 1986b, 436.
[298] Vgl. Mesterharm 2001, 66.

6.1.6 Allgemeines Kommunikationsmodell im Marketing

Verkaufen und Werbung sind wesentliche Bestandteile des Marketings.[299] Trotzdem gibt es für den Begriff Marketing keine einheitliche Definition in der Wissenschaft.[300] Eine generelle Interpretation des Marketings betrachtet die Befriedigung von Käuferwünschen. In diesem Sinne stellten Kotler et al. folgende Definition auf: „Marketing ist ein Prozess im Wirtschafts- und Sozialgefüge, durch die Einzelpersonen und Gruppen ihre Bedürfnisse und Wünsche befriedigen, indem sie Produkte und andere Dinge von Wert erzeugen, anbieten und miteinander austauschen".[301] Das Ziel des Marketings ist daher, dass die Unternehmen die Kunden und ihre Bedürfnisse derart gut verstehen, dass die daraus entwickelten Produkte und weiteren Leistungen ihren Wünschen entsprechen. Da alle Unternehmensaktivitäten die Erfordernisse des Absatzmarktes und die dauerhafte Befriedigung der Kundenbedürfnisse berücksichtigen müssen,[302] wird Marketing als „marktorientiertes Führungskonzept" verstanden, das als „Leitkonzept des Managements im Sinne eines gelebten Unternehmenswertes"[303] fungiert.

Die Bedürfnisse sowie Wünsche von Kunden können mit Hilfe der Kommunikation bzw. der Marktforschung im Markt ermittelt werden. Der Markt bedeutet hierbei die Gesamtheit von Anbietern und Nachfragern, die für eine bestimmte Produktklasse Transaktionen vornehmen wollen.[304] Abbildung 19 zeigt eine Kommunikation zwischen Unternehmen (Anbieter) und Kunden bzw. zukünftigen Kunden.

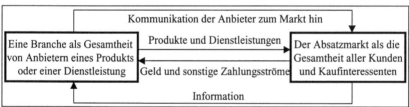

Abb. 19: Allgemeines Kommunikationsmodell im Marketing
(in Anlehnung an Kotler et al. 2003, 44.)

---

[299] Vgl. Kotler et al. 2003, 39.

[300] Vgl. Meffert 1991, 29.

[301] Kotler et al. 2003, 38.

[302] Vgl. Wagner 1998, 90.

[303] Meffert 1994, 4.

[304] Der Begriff Markt bezieht sich ursprünglich auf den Platz, auf dem sich die Leute trafen, um Güter zu tauschen, wie zum Beispiel der zentrale Marktplatz im Dorf oder in einer kleinen Stadt (vgl. Kotler et al. 2003, 44).

Unternehmen hängen nicht nur davon ab, dass sie über die von ihnen angebotenen Güter und Dienstleistungen an die Zielgruppen berichten. Sie brauchen, um langfristig erfolgreich zu sein, auch Informationen über die Präferenzen der Zielgruppen. Diese Informationen erhalten sie als Rückmeldung von diesen Zielgruppen. Mit vielen dieser Zielgruppen stehen sie natürlich außerdem in einem materiellen Austauschverhältnis. Sie tauschen, abgesehen vom Spezialfall des Tauschhandels, Produkte und Dienstleistungen gegen Zahlungsmittel. Die Schritte der Kommunikation aus Sicht des Marketings lassen sich wie folgt kurz zusammenfassen:[305]

- Identifizierung der Zielgruppen

  In der ersten Phase werden die Zielgruppen der Kommunikation und ihre Bedürfnisse und Wünsche identifiziert. Sie können Einzelpersonen, Gruppen oder die allgemeine Öffentlichkeit sein. Je nachdem, an welche Zielgruppe der Kommunikator sich richtet, soll er darüber entscheiden, wie er mit den verschiedenen Zielgruppen kommunizieren möchte.

- Festlegung der Ziele der Kommunikation

  Nachdem die Zielgruppen definiert sind, legt der Kommunikator fest, welche Reaktionen von den Gruppen gewünscht werden, wobei der Kauf des Produktes oder der Leistung im Vordergrund steht.

- Anbieten der Information

  Mit den festgelegten Zielen kann der Kommunikator eine Strategie finden, wie die Informationen angeboten werden. Hierzu kann aus dem Marketingbereich das AIDA-Modell[306] herangezogen werden, das aus dem angelsächsischen Marketing kommt.

- Festlegung der Medien

  Der Kommunikator wählt nun seine Kommunikationskanäle aus. Zu den wichtigen Medien zählen Druckmedien (z.B. Zeitungen, Zeitschriften), elektronische Medien (z.B. Fernseher, Internet-Website) und Medien im öffentlichen Raum (z.B. Schaufensterdekorationen, Werbung in Bussen, Plakatsäulen).

- Feedback aufnehmen

  Wenn die Informationen gesendet wurden, sollte der Kommunikator versuchen, die Wirkung der Aktivitäten bei der Zielgruppe in Erfahrung zu bringen.

---

[305] Vgl. Kotler et al. 2003, 851ff.
[306] Siehe Abschnitt 6.1.7.

Die Schlussfolgerungen aus dem allgemeinen Kommunikationsmodell des Marketings für eine interaktive Unternehmenskommunikation lassen sich wie folgt zusammenfassen:

- *Zielgruppenspezifische Ziele, Informationen und Kommunikationsinstrumente:* Die Ziele der interaktiven Unternehmenskommunikation sollten zielgruppenspezifisch festgelegt und die Informationen und Kommunikationsinstrumente zielgruppenspezifisch angelegt werden. Die Informationsbedürfnisse der Zielgruppen sollten mit (Markt-) Forschung ermittelt werden und die Informationsbereitstellung dann „kundengerecht" maßgeschneidert werden.

- *Zielgruppenspezifische Wahrnehmung der Rückmeldung von Zielgruppen:* Die Rückmeldungen von Zielgruppen sollten vom Unternehmen zielgruppenspezifisch wahrgenommen werden.

6.1.7 Das AIDA-Modell

Menschen beginnen Objekte erst dann wahrzunehmen, wenn etwas ihre Aufmerksamkeit und Interesse erregt. Hierfür ist das AIDA-Modell von Relevanz. Mit dem Akronym AIDA wird das Grundsystem der menschlichen Kommunikation bezeichnet, wobei A für ‚Attraction (Aufmerksamkeit)', I für ‚Interest (Interesse)', D für ‚Desire (Wunsch)' und A für ‚Action (Handlung)' steht. Nachdem eine Werbebotschaft ansprechend (attractive) wirkt und bei dem Betrachter oder Zuhörer Interesse geweckt hat (interest), soll ein Kaufwunsch entstehen (Desire), der dann in einer Kaufhandlung (Action) des angepriesenen Produktes mündet.

Das AIDA-Modell kann auch auf die interaktive Unternehmenskommunikation bezogen werden, wobei A für ‚Attraction (Aufmerksamkeit hinsichtlich der Informationen)', I für ‚Interest (Interesse)', D für ‚Desire (Wunsch zur Kommunikation)' und A für ‚Action (Teilnahme an der Kommunikation)' stehen können. Im Hinblick auf die Ausgestaltung einer internetunterstützten Unternehmenskommunikation kann die Bedeutung des AIDA-Ansatzes anschaulich demonstriert werden. In der ersten Phase der Kommunikation im Internet sollte die Website eines Unternehmens die Aufmerksamkeit der Besucher auf sich ziehen, indem sie für die Besucher neue Informationen bereitstellt und eine Werbung für die Website gemacht wird. Damit sollte das Interesse an Informationen auf der Website geweckt werden, um zu einer Teilnahme an einer Kommunikation zu motivieren. Mit dem Anklicken der Informationen initiieren sie die Kommunikation mit dem Unternehmen.

Die Schlussfolgerungen des AIDA-Modells für eine interaktive Unternehmenskommunikation sind wie folgt zu fassen:

- *Interesse weckende Information*: Die Informationen sollten regelmäßig aktualisiert und angepasst werden, damit die Besucher der Website auf die Informationen aufmerksam werden.
- *Zielgruppenspezifische Information:* Die Informationen sollten zielgruppen-gerecht sein, um das Interesse der Zielgruppen zu wecken.
- *Teilnahmemöglichkeit an der Kommunikation:* Die Zielgruppen der Unter-nehmenskommunikation sollten eine Teilnahmemöglichkeit haben.

6.1.8 Schlussfolgerungen für eine interaktive Unternehmenskommunikation

Aus den in Abschnitt 6.1 diskutierten Theorien und Modelle lassen sich einige Schlussfolgerungen für eine interaktive Unternehmenskommunikation ziehen (vgl. auch Tabelle 12).

Bezug	Schlussfolgerungen	Theorien & Modelle
Ziel	Zielgruppenspezifische Ziele	- Das Kommunikationsmodell im Marketing
	Verhaltenswirksam ausgelegte Ziele	- Das Dialogmodell
Information	Zielgruppenspezifische Information	- Die Handlungstheorie - Das Kommunikationsmodell im Marketing - Das AIDA-Modell
	Interesse weckende Information	- Das AIDA-Modell
	Korrektheit der Information	- Die Handlungstheorie
Kommuni-kations-instrumente	Zielgruppenspezifische Kommunikationsinstrumente	- Das Kommunikationsmodell im Marketing
	Rückmeldungsmöglichkeit	- Das Dialogmodell, - Das AIDA-Modell
	Zielgruppenspezifische Wahrnehmung der Rückmeldung von Zielgruppen	- Das Kommunikationsmodell im Marketing
Betrachtung der Zielgruppen	Motivation der Zielgruppen	- Das Dialogmodell
	Berücksichtigung der Eigenschaft der Zielgruppen	- Das Riley & Riley-Modell
	Berücksichtigung der Unterschiedlichkeit des Verständnisses von Zielgruppen	- Der symbolische-Interaktionismus
	Gegenseitige Verständigung	- Das Handlungsmodell
	Gegenseitige Ausrichtung	- Der symbolische Interaktionismus

Tabelle 12: Zusammenstellung der Schlussfolgerungen aus den Theorien & Modellen für eine interaktive Unternehmenskommunikation (eigene Darstellung)

Diese Schlussfolgerungen aus den relevanten Theorien und Modellen für eine interaktive Unternehmenskommunikation können den Bereichen Ziele, Informationen, Kommunikationsinstrumente und die Betrachtung der Zielgruppen zugeordnet werden.

Bezüglich der Ziele einer interaktiven Unternehmenskommunikation sollten diese zielgruppenspezifisch und verhaltenswirksam ausgelegt werden.[307]

Hinsichtlich der Informationen im Rahmen einer interaktiven Unternehmenskommunikation sollten diese richtig und zielgruppenspezifisch sein und das Interesse der Zielgruppen wecken.

In bezug auf die Kommunikationsinstrumente sollten zielgruppenspezifische Instrumente verwendet werden, und die Zielgruppen sollten auf diesem Wege eine Rückmeldungsmöglichkeit haben, damit ihre Rückmeldungen zielgruppenspezifisch wahrgenommen werden können.

Bezogen auf die Zielgruppen einer interaktiven Unternehmenskommunikation sollten diese zu einer Kommunikation motiviert werden. Die Eigenschaften sowie die unterschiedliche Verständnisse der Zielgruppen sollten berücksichtigt werden, um sich aneinander auszurichten und verständigen zu können.

Abbildung 20 zeigt die Phasen einer interaktiven Unternehmenskommunikation und ihre wesentlichen Aspekte, die auf den Schlussfolgerungen der Theorien und Modelle basieren.

- *Beziehungsphase:* In dieser Phase werden die Kommunikationsziele zielgruppenspezifisch festgelegt und verhaltenswirksam ausgelegt. Angesichts der ausgewählten Zielgruppen und der damit verbundenen Zielsetzungen werden Informationen angeboten, die die Zielgruppen möglichst interessieren, damit das Unternehmen als Kommunikationspartner für Zielgruppen ansprechbar wird und somit eine gute Beziehung aufgebaut werden kann.[308]

- *Verhaltensphase:* Die Zielgruppen für die Kommunikation werden dann motiviert, und ihnen wird eine Rückmeldungsmöglichkeit angeboten. Bei der Verarbeitung der Ansprüche der Zielgruppen sollten die Rückmeldungen (Ansprüche) zielgruppenspezifisch ausgewertet werden, um die Unterschiedlichkeit der Eigenschaften der Zielgruppen zu erkennen. Diese Unterschiede müssen dann bei der Aktualisierung der Information berücksichtigt werden.

---

[307] Vgl. Stakeholder-Kompass der Unternehmenskommunikation in Abschnitt 2.1.2.
[308] Vgl. auch Abschnitt 2.2.1.

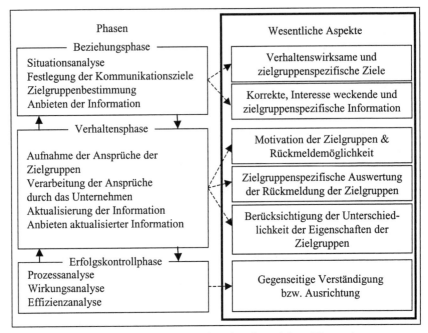

Abb. 20: Phasen und wesentliche Aspekte einer interaktiven Unternehmenskommunikation
(eigene Darstellung)

- *Erfolgskontrollphase:* Hier werden Prozess-, Wirkungs- und Effizienzanalysen durchgeführt. In der Prozessanalyse wird untersucht, ob der Prozess
der Kommunikation gegenseitig, d.h. auf die Zielvorstellungen des jeweiligen Gegenübers, ausgerichtet war. Die Wirkungsanalyse zeigt, ob die
Unternehmenskommunikation das Ziel der Verständigung aller Beteiligten
erreicht hat. Die Effizienzanalyse offenbart, mit welchem Ziel-Mittelver-
hältnis das Ziel der Unternehmenskommunikation erreicht wurde.

Im nächsten Abschnitt werden Kriterien einer interaktiven Unternehmenskommunikation im Internet erläutert.

6.2 Kriterien einer interaktiven Unternehmenskommunikation im Internet

In diesem Abschnitt werden Kriterien einer interaktiven Unternehmenskommunikation im Internet untersucht. Die Relevanz des Internets für die Unternehmenskommunikation wird zunächst als Ausgangslage in Abschnitt 6.2.1 diskutiert. Um die Kriterien einer interaktiven Unternehmenskommunikation im

Internet zu entwickeln, ist es zunächst erforderlich, die Vorteile des Internets für die Kommunikation vorzustellen (vgl. Abschnitt 6.2.2). Abschnitt 6.2.3 setzt die drei Kommunikationsphasen mit den Vorteilen des Internets miteinander in Beziehung und leitet hieraus die Kriterien einer internetunterstützten interaktiven Unternehmenskommunikation ab.

6.2.1 Relevanz des Internets für die Unternehmenskommunikation

Der Einstieg von Unternehmen ins Internet ist heute in verschiedenen betrieblichen Funktionsbereichen wie dem Einkauf, dem Marketing, dem Verkauf und dem Kundenmanagement zu beobachten.[309] Das Internet ist demnach zu einem wichtigen Medium für die Unternehmenskommunikation geworden. Der Hintergrund dafür liegt v. a. an zwei Trends, nämlich dem zunehmenden Wettbewerb und der Forderung einer zielgruppenspezifischen Unternehmenskommunikation seitens der Zielgruppen:[310]

- *Der zunehmende Wettbewerb:* Durch den zunehmenden Wettbewerbsdruck verändern sich die Märkte. Unternehmen von ehemals unterschiedlichen Industrien treten ggf. miteinander in Konkurrenz, z.B. bieten Stahlkonzerne auch Endgeräte der Telekommunikation an.[311] Die erfolgreiche Beteiligung am Produktwettbewerb in sich verändernden Märkten setzt die Fähigkeit der Unternehmen voraus, flexibel und schnell in unterschiedlichen Märkten zu agieren und unterschiedliche Kooperationsformen mit Stakeholdern eingehen und steuern zu können.[312] In diesem Sinne wird der Produktwettbewerb in vielen Branchen von einem Kommunikationswettbewerb ergänzt.[313]

- *Die Forderung einer zielgruppenspezifischen Kommunikation:* Jede der Zielgruppen der Unternehmenskommunikation besitzt unterschiedliche Informationsbedürfnisse.[314]

- Eine zielgruppenspezifische Aufbereitung der Informationen und zusätzliche Darstellungselemente werden daher im Wettbewerb immer wichtiger.[315] Die heute verwendeten Informationstechnologien haben zum Ziel,

---

[309] Vgl. Fetterman 1997; Paschkewitz-Kloß 1999.
[310] Vgl. Von Werder et al. 2002, 397.
[311] Vgl. Hofstetter 1999, 6.
[312] Vgl. Brettreich-Teichmann & Wiedmann 1999, 1f.
[313] Vgl. Zorn 1991, 53; Bruhn 1995, 5ff.. Vgl. auch Abschnitt 3.1.2.
[314] Vgl. Abschnitt 2.1.2.
[315] Vgl. Hofstetter 1999, 5.

Informationen für verschiedene Zielgruppen einfach und schnell bereitstellen zu können.[316]

Die Nutzung von Internetdiensten[317] zur Unternehmenskommunikation wird mittelfristig die Wettbewerbsfähigkeit von Unternehmens maßgeblich mitbestimmen und ist deshalb unbedingt systematisch zu managen,[318] da durch die Unternehmenskommunikation auf Basis des Internets zugleich viele Zielgruppen erreicht und deren Bedürfnisse relativ individuell befriedigt werden können.[319]

Im nächsten Abschnitt werden anschließend die Vorteile des Internets für die Unternehmenskommunikation vertieft erläutert.

6.2.2 Vorteile des Internets für die Kommunikation

Seitdem das Internet als ein Kommunikationsinstrument verwendet wird, werden dessen Vorteile für verschiedene Bereiche (z.b. Marketing[320], PR[321]) diskutiert.[322] Die wesentlichen Vorteile des Internets sind v.a. die Möglichkeit zur Interaktivität[323], Selektivität und Globalität:[324]

- *Interaktivität:* Im Sinne eines wechselseitigen Kommunikationsprozesses kann die Interaktivität des Internets als die Möglichkeit gekennzeichnet werden, dass der Internetnutzer wahlweise die Rolle des Empfängers oder des Senders einnehmen kann. Obwohl die konventionellen Massenmedien Interaktion aufweisen (z.b. sog. Call-ins bei Radio- oder Fernsehsendungen), gilt Interaktivität allgemein als wichtigstes Merkmal des Inter-

---

[316] Vgl. Gluschke 1999, 1. Zu diesen Zielgruppen gehören typischerweise Kunden, Lieferanten, Geschäftsstellen, Außendienstler, externe Mitarbeiter.

[317] Unter Internet-Dienste versteht man all jene Software-Werkzeuge, ,welche die Kommunikation mit anderen Internet-Teilnehmern, die Nutzung von Informationsressourcen im Internet und das Anbieten von Informationen über das Internet ermöglichen' (Hansen 1996, 384). Dazu zählen Basis-, Transaktions-, Informations- und Kommunikationsdienste. Vgl. Meyer 1997, 136 und Reim 1999, 1; Rössler 1998, 36; Itter 1999, 7ff.

[318] Vgl. Gluschke 1999, 3.

[319] Vgl. Paschkewitz-Kloß 1999, 10; Behrens 2001, 161.

[320] Vgl. z.B. Fritz 2001; Busch et al. 2001 sowie Fantapié Altobelli & Sander 2001.

[321] Vgl. z.B. Phillips 2001; Herbst 2001; Iburg & Oplesch 2001.

[322] Die grundsätzlichen Vorteile des Internets stellen Interaktivität, Dialogfähigkeit, Multimedialität, Globalität, Verringerung von Streuverlusten, Erreichung spezifischer Zielgruppen, Individualisierung von Angeboten, Zeitunabhängigkeit, Flexibilität und Aktualität dar (vgl. Brüne 2002, 424; Buckart 2002, 373ff.; Pavlik 1998, 137ff.; Fritz 2001, 150; Fantapié Altobelli & Sander 2001, 25).

[323] Zu den Gesichtspunkten von Interaktivitäten siehe Abschnitt 6.1.1.

[324] Vgl. Frosch-Wilke Raith 2002, 3; Kleinsteuber & Hagen 1998, 68; Peter & Karck 1999, 237.

nets.[325] Die Qualität der Interaktivität des Internets ist von den Komponenten Benutzerfreundlichkeit, der Anzahl der Handlungsoptionen und der Geschwindigkeit abhängig.[326] Für eine internetunterstützte Unternehmenskommunikation ist es daher von Bedeutung, die Vorstellungen der Nutzer von Interaktivität möglichst genau zu kennen.[327]

- *Selektivität:* Unter Selektion kann man denjenigen Aspekt des Nutzungsprozesses begreifen, bei dem „vor dem Hintergrund begrenzter Ressourcen die eingehende bzw. aufgenommene Informationsmenge auf ein erträgliches, nützliches oder angenehmes Maß für die Weiterverwendung reduziert wird".[328] Für den individuellen Internetnutzer bedeutet dies, dass Links im Internet nichts anders als Optionen bzw. Alternativen für Selektionsentscheidungen darstellen.[329] In diesem Sinne liegt eine ‚Pull-Struktur' vor, d.h. die Informationen im Internet kommen nicht wie von selbst auf ihr Publikum zu, sondern sie müssen aus dem Angebot gezielt herausgeholt (angeklickt) werden.[330]

- *Globalität:* Durch das Internet wird der globale Zugriff von Millionen von Internetnutzern auf dieselben Informationen zur selben Zeit ermöglicht. Das bedeutet, dass eine Kommunikation über räumliche sowie zeitliche Grenzen hinweg stattfinden kann. Informations- und Kommunikationsangebote aufgrund vernetzter Computer, die potentiell jedem zugänglich und damit öffentlich sind, sind die Voraussetzung für die Globalität als internetspezifisches Merkmal.

Auf Basis der Vorteile des Internets wird im nächsten Abschnitt untersucht, welche Aspekte für eine interaktive Unternehmenskommunikation im Internet berücksichtigt werden müssen.

6.2.3 Kriterien einer interaktiven Unternehmenskommunikation im Internet

In den vorangegangenen Abschnitten wurden der Prozess der Unternehmenskommunikation (vgl. 2.1.4) und die Eigenschaften einer interaktiven Unternehmenskommunikation (vgl. 6.1.8) erläutert. Anschließend wurden die drei wesentlichen Vorteile des Internets für eine Unternehmenskommunikation, nämlich

---

[325] Vgl. Kleinsteuber & Hagen 1998, 68.

[326] Vgl. Thomas 1997, 29.

[327] Internetnutzer verknüpfen Interaktivität mit den positiv besetzten Begriffen wie Dialog, Gleichberechtigung, Aktivität, Flexibilität und Gemeinsamkeit (vgl. Friedländer 1999, 91).

[328] Wirth & Schweiger 1999, 46.

[329] Vgl. Buckart 2002, 374f.

[330] Die traditionellen Massenmedien sind demgegenüber durch eine ‚Push-Struktur' gekennzeichnet (vgl. Buckart 2002, 374 und Weinberg 2002, 252f.).

Interaktivität, Selektivität und Globalität (vgl. 6.2.2) beleuchtet. Auf der Basis dieser Erkenntnisse wird in diesem Abschnitt weitergehend untersucht, welche Kriterien für eine interaktive Unternehmenskommunikation im Internet wichtig sind, wobei die drei Phasen der Unternehmenskommunikation (vgl. 2.2) als Ausgangspunkt verwendet werden.

Abbildung 21 zeigt die Schritte der Beziehungsphase der interaktiven Unternehmenskommunikation im Internet, die durch die Vorteile des Internets für die Kommunikation unterstützt werden sollten.

Beziehungsphase der interaktiven Unternehmenskommunikation im Internet
• Situationsanalyse
• Festlegung der verhaltenswirksamen und zielgruppenspezifischen Kommunikations- ziele
• Zielgruppenbestimmung
• Anbieten der richtigen, Interesse weckenden und zielgruppenspezifischen Information

Interaktivität	*Selektivität*	*Globalität*

Abb. 21: Beziehungsphase der interaktiven Unternehmenskommunikation im Internet

- *Situationsanalyse:* Durch Benchmarking der Websites der Wettbewerber und das Monitoring der Stakeholder (wie z.B. Kunden, NGOs, Medien, usw.) kann die Ausgangslage des Unternehmens besser identifiziert werden.

- *Festlegung verhaltenswirksamer und zielgruppenspezifischer Kommunikationsziele:* Durch die Interaktivität und Selektivität des Internets können die Kommunikationsziele zielgruppenspezifisch und verhaltenswirksam ausgelegt werden.

- *Zielgruppenbestimmung:* Wegen der Globalität des Internets hat das Unternehmen mehr Spielraum als durch klassische Kommunikationsinstrumente, die Zielgruppen auszuwählen. Da jeder zugreifen kann, besteht aber die Gefahr, dass die falschen (d.h. auf andere Zielgruppen ausgerichtete) Informationen gelesen werden.

- *Anbieten der richtigen, Interesse weckenden und zielgruppenspezifischen Information:* Trotz der Selektivität des Internets klicken die Zielgruppen die Informationen nicht an, falls die angebotenen Informationen für sie nicht von Interesse sind. Um die Interaktivität des Internets optimal zu nutzen, sollten die Informationen zielgruppenspezifisch sein und Zielgruppen sollten erkennen können, welche Informationsangebote für sie von besonderem Interesse sein dürften.

Die Kriterien der interaktiven Unternehmenskommunikation im Internet bezüglich der Beziehungsphase können wie folgt abgeleitet werden (vgl. Tabelle 13).

Phase	Kriterien
Beziehungs-phase	- *Zielsetzung des Benchmarkings und Monitorings*: Wurde das Ziel für das Benchmarking der Wettbewerber und für das Monitoring der Stakeholder zur Identifikation der Ausgangslage des Unternehmens entsprechend gesetzt? - *Sorgfältiges Benchmarking und Monitoring der Stakeholder*: Wurde das Benchmarking der Wettbewerber und das Monitoring der Stakeholder sorgfältig durchgeführt? - *Zielgruppenspezifische und* verhaltenswirksam *ausgelegte Ziele*: Sind die Kommunikationsziele zielgruppenspezifisch und verhaltenswirksam ausgelegt? - *Auswahl der Zielgruppen entsprechend des globalen Charakters des Internets*: Trägt die Auswahl der Zielgruppen dem globalen Charakter des Internets Rechnung? - *Richtige Informationen*: Sind die Informationen korrekt? - *Zielgruppenspezifische Informationen*: Sind die Informationen zielgruppenspezifisch? - *An den Interessen der* Zielgruppen *ausgerichtete Informationen*: Entsprechen die angebotenen Informationen den Interessen der Zielgruppen?

Tabelle 13: Kriterien der interaktiven Unternehmenskommunikation im Internet bezüglich der Beziehungsphase

Die Schritte der Verhaltensphase der interaktiven Unternehmenskommunikation im Internet, die durch die Vorteile des Internets für die Kommunikation unterstützt werden können, zeigt Abbildung 22.

Verhaltensphase der interaktiven Unternehmenskommunikation im Internet
- Aufnahme der Ansprüche der Zielgruppen durch Rückmeldungsmöglichkeiten
- Zielgruppenspezifisches Verarbeiten der Rückmeldung der Zielgruppen
- Berücksichtigung der Unterschiedlichkeit der Eigenschaften bzw. des Verständnisses der Zielgruppen bei der Überlegung, welche Informationen in Zukunft angeboten werden
- Anbieten aktualisierter Information

Interaktivität   *Selektivität*   *Globalität*

Abb. 22: Verhaltensphase der interaktiven Unternehmenskommunikation im Internet

- *Aufnahme der Ansprüche der Zielgruppen durch Rückmeldungsmöglichkeiten:* Die Ansprüche der Zielgruppen hinsichtlich der Unternehmensinformationen sollten durch das Unternehmen aufgenommen werden. Damit die Ansprüche der Zielgruppen deutlich werden, müssen diese für die Kommunikation motiviert werden und eine Rückmeldungsmöglichkeit haben. Diese Motivation sowie die Möglichkeit einer Rückmeldung können durch die Interaktivität des Internets unterstützt werden.

- *Zielgruppenspezifische Wahrnehmung der Rückmeldung von Zielgruppen durch das Unternehmen:* Mit der Unterstützung der Selektivität des Internets können die Rückmeldungen von Zielgruppen zielgruppenspezifisch wahrgenommen werden.

- *Berücksichtigung der Unterschiedlichkeit der Eigenschaften bzw. des Verständnisses der Zielgruppen bei der Überlegung, welche Informationen in Zukunft angeboten werden:* Die Unterschiedlichkeit der Eigenschaft bzw. des Verständnisses von Zielgruppen kann durch Interaktivität und Selektivität des Internets ermittelt werden (z.B. durch das Monitoring der Nachfragen der unterschiedlichen Zielgruppen auf der Website des Unternehmens sowie die statistische Auswertung der Besuche der Website und der bevorzugten Links).

- *Anbieten der aktualisierten Information:* Die aktualisierten Informationen werden auf der Website veröffentlicht.

Tabelle 14 zeigt die Kriterien der interaktiven Unternehmenskommunikation im Internet in der Verhaltensphase.

Phase	Kriterien
Verhaltens-phase	- *Motivation durch Website*: Können die Informationen auf der Website die Zielgruppen motivieren? - *Rückmeldungsmöglichkeit für Zielgruppen*: Haben die Zielgruppen eine Rückmeldungsmöglichkeit? - *Zielgruppenspezifisches Verarbeiten der Rückmeldung*: Wurden die Rückmeldungen von Zielgruppen zielgruppenspezifisch wahrgenommen? - *Berücksichtigung des unterschiedlichen Charakters der Zielgruppen*: Ist die Unterschiedlichkeit der Eigenschaften sowie des Verständnisses der Zielgruppen beim zukünftigen Informationsangebot berücksichtigt? - *Anbieten der aktualisierten Informationen*: Wurden die aktualisierten Informationen erneut angeboten? - *Wiederholung der Schritte im Kreislauf*: Wurden alle Schritte in der Verhaltensphase wiederholt?

Tabelle 14: Kriterien der interaktiven Unternehmenskommunikation im Internet in der Verhaltensphase

Abbildung 23 zeigt die Schritte der Erfolgskontrollphase der interaktiven Unternehmenskommunikation im Internet, die durch die Vorteile des Internets für die Kommunikation unterstützt werden können.

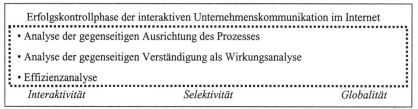

Abb. 23: Erfolgskontrollphase der interaktiven Unternehmenskommunikation im Internet

- *Analyse der gegenseitigen Ausrichtung des Prozesses:* Der Prozess der interaktiven Unternehmenskommunikation darf nicht einseitig (vom Unternehmen zu den Zielgruppen), sondern muss wechselseitig ausgerichtet sein. Bei der Prozessanalyse sollte daher untersucht werden, inwieweit im Kommunikationsprozess diese gegenseitige Ausrichtung verwirklicht worden ist.

- *Analyse der gegenseitigen Verständigung als Wirkungsanalyse:* Eine interaktive Unternehmenskommunikation ist erfolgreich, wenn die Zielgruppen über die Präferenzen des Unternehmens und das Unternehmen über die Präferenzen der Zielgruppen verständigt worden sind. Es muss daher analysiert werden, ob und inwieweit dieses Kommunikationsziel bei allen beteiligten Gruppen erreicht worden ist.

- *Effizienzanalyse:* Auf der Basis der Prozess- und Wirkungsanalyse erfolgt die Effizienzanalyse.

Tabelle 15 zeigt die Kriterien der interaktiven Unternehmenskommunikation im Internet bezüglich der Erfolgskontrollphase.

Phase	Kriterien
Erfolgs-kontroll-phase	- *Gegenseitige Ausrichtung des Kommunikationsprozesses*: Ist der Kommunikationsprozess gegenseitig ausgerichtet worden? - *Erhöhung des Verständnisses von Unternehmen gegenüber den Zielgruppen*: Kann das Unternehmen nach der Kommunikation die Zielgruppen besser verstehen? - *Effizienz der Kommunikation*: Ist die Kommunikation effizient?

Tabelle 15: Kriterien der interaktiven Unternehmenskommunikation im Internet bezüglich der Erfolgskontrollphase

6.3 Fazit

In diesem Kapitel wurde dargelegt, welche Ansätze für einen theoretischen Rahmen einer interaktiven Unternehmenskommunikation herangezogen werden können. Die Auswahl der relevanten Theorien und Modelle erfolgte anhand der symmetrischen Beziehung zwischen den Kommunikationsteilnehmern,[331] da eine interaktive Kommunikation eine symmetrische Beziehung zwischen den Kommunikationsteilnehmern voraussetzt. Aus sechs unterschiedlichen Theorien und Modellen wurden die Schlussfolgerungen für eine interaktive Unternehmenskommunikation gezogen und diese wurden anschließend als Eigenschaften einer interaktiven Unternehmenskommunikation adaptiert.[332]

Aufgrund der wesentlichen Vorteile des Internets für die Kommunikation und der Eigenschaften einer interaktiven Unternehmenskommunikation wurden die Kriterien einer interaktiven Unternehmenskommunikation im Internet entwickelt (vgl. Tabellen 13, 14, 15). Mit den hier entwickelten Kriterien zeigt diese Studie erste theoretische Ansatzpunkte für eine erfolgreiche interaktive Unternehmenskommunikation im Internet auf.

Im nächsten Kapitel werden weitere Ansätze und ihre Schlussfolgerungen für die Konzeption der interaktiven Nachhaltigkeitsberichterstattung erörtert.

---

[331] Siehe Abschnitt 6.1.1.
[332] Siehe Abb. 20.

7 Ansätze guter interaktiver Nachhaltigkeitsberichterstattung

7.1 Bestehende Ansätze zur interaktiven Nachhaltigkeitsberichterstattung

In diesem Abschnitt werden die Stakeholder-Berichterstattung (7.1.1) und die internetbasierte Nachhaltigkeitsberichterstattung (7.1.2) als wesentliche Bausteine einer interaktiven Nachhaltigkeitsberichterstattung diskutiert.

7.1.1 Stakeholder-Berichterstattung

Die Stakeholder-Berichterstattung ist ein Ansatz der dialogorientierten Berichterstattung, der von Ernst & Young in Zusammenarbeit mit KPMG, PriceWaterhouseCoopers und The House of Mandag Morgen 1999 vorgestellt wurde.[333] Dieser Ansatz bezieht sich auf die Integration der Stakeholder-Dialoge in die Berichterstattung von Unternehmen, um den Nutzen für Unternehmen und Stakeholder zu erhöhen. Durch den Einbezug von Stakeholdern in die Berichterstattung können Unternehmen ihren Stakeholdern mehr Offenheit zeigen und eine höheren Glaubwürdigkeit erreichen.[334]

Eine Stakeholder-Berichterstattung basiert auf den regelmäßigen Dialogen mit den Stakeholdern im Laufe der Berichterstattung. Durch die Dialoge wird geprüft, ob oder inwieweit die Strategien und Vorstellungen der Unternehmen in der Berichterstattung den Erwartungen und Interessen kritischer Stakeholder entsprechen, die hohe Organisations- und Durchführungsfähigkeit besitzen.[335] Auf diese Weise können die Stakeholderbeziehungen verbessert werden.

Die Stakeholder-Berichterstattung erfolgt in den drei Schritten ‚Vorbereitung‘, ‚Einbeziehung‘ und ‚Kommunikation‘. Tabelle 16 verdeutlicht diese Schritte und deren Maßnahmen.

Im ersten Schritt der Stakeholder-Berichterstattung ‚Vorbereitung‘ werden die Grundlagen für die weitere Vorgehensweise geschaffen. Diese werden durch folgende Punkte gewährleistet:

- *Entscheidung der Unternehmensleitung für einen Bericht:* Die Erstellung eines Stakeholder-Berichts wird von der Unternehmensleitung entschieden, wobei erklärt werden muss, ob sie mit der Offenlegung der internen Informationen einverstanden ist und inwieweit sie die Umsetzung des Konzepts unterstützt.

- *Benennung eines Teams:* Ein Team wird zusammengestellt, das die erforderlichen Fähigkeiten für die Berichterstattung besitzt. Das Team trägt

---

[333] Vgl. Ernst & Young et al. 1999.
[334] Vgl. Abschnitt 4.3.1.
[335] Vgl. Schaltegger 1999.

die Verantwortung für den ganzen Prozess der Berichterstattung u.a. für die Dialoge mit den Stakeholdern.

- *Zielsetzung und Verteilung der Mittel:* Die Ziele, die mit den Stakeholder-Dialogen und der Berichterstattung erreicht werden sollen, werden festgelegt und die Mittel auf die erforderlichen Einsatzbereiche verteilt.

- *Bereitstellung von Mitarbeiterkapazitäten:* Nicht nur das Management und das Team der Stakeholder-Berichterstattung sondern auch alle Mitarbeiter sollten bereit sein, sich für die Stakeholder-Berichterstattung zur Verfügung zu stellen und einen Beitrag zu leisten.

Schritte	Maßnahmen
Vorbereitung	- Entscheidung der Unternehmensleitung für einen Bericht - Benennung eines Teams - Zielsetzung und Verteilung der Mittel - Bereitstellung von Mitarbeiterkapazitäten
Einbeziehung	- Überprüfung der Ziele, Prioritäten und Strategien des Unternehmensmanagements - Identifizierung kritischer Stakeholder - Durchführung der Stakeholder-Dialoge - Festlegung der Leistungsindikatoren
Kommunikation	- Reflektion des Berichts - Planen und Budetieren von Verbesserungen - Verifizierung des Berichts - Veröffentlichung des Berichts - Stakeholderkonsultationen über weitere Entwicklungen

Tabelle 16: Schritte und Maßnahmen der Stakeholder-Berichterstattung (in Anlehnung an Ernst & Young et al. 1999, 5)

Der zweite Schritt der Stakeholder-Berichterstattung wird als ,Einbeziehung' bezeichnet. Dieser Schritt besteht aus folgenden Maßnahmen:

- *Überprüfung der Ziele, Prioritäten und Strategien des Unternehmensmanagements:* Bevor die Stakeholder aktiv in die Berichterstattung einbezogen werden, überprüft das Team zunächst die Ziele, Prioritäten und Strategien des Managements, um die kritischen Stakeholder auszuwählen.

- *Identifizieren kritischer Stakeholder:*[336] Die kritischen Stakeholder des Unternehmens werden identifiziert und diejenigen ausgewählt, die mit Dialogen in die Berichterstattung einbezogen werden. Grundsätzlich sollten alle kritische Stakeholder einbezogen werden, obwohl gewisse Stakeholder

---

[336] Zur Identifikation von kritischen Stakeholdern vgl. Schaltegger 1999; Schaltegger et al. 2003, 168.

sich nicht einbeziehen lassen wollen, evtl. einige nicht direkt im Berichterstattungsprozess beteiligt sein können.

- *Durchführung der Stakeholder-Dialoge:* Die Stakeholder-Dialoge können
auf verschiedene Arten und Weisen stattfinden. Hierzu zählen z.b. Befragungen, persönliche Interviews, Dialog-Treffen, Stakeholder-Foren [337]
usw., in denen die Erwartungen und Interessen ermittelt werden.

- *Festlegung der Leistungsindikatoren:* Anhand der Erwartungen und Interessen der kritischen Stakeholder werden Leistungsindikatoren festgelegt.
Diese sollten nachvollziehbar sein und möglichst ins Managementsystem
integriert werden.

Die ,Kommunikation' ist der dritte Schritt der Stakeholder-Berichterstattung.
Dieser Schritt beginnt mit der Reflektion des Berichts und schließt mit der
Stakeholderkonsultation.

- *Reflektion des Berichts:* Die Ausgangslage des dritten Schritts der Stakeholder-Berichterstattung betrifft die Reflektion des Berichts. Es muss geprüft werden, ob die Leistungen den Erwartungen der Stakeholder entsprechen, da der Bericht nicht nur die Ergebnisse der Stakeholder-Dialoge
beinhalten, sondern den Erwartungen der kritischen Stakeholdern, auch der
im Berichterstattungsprozess nicht involvierten, entsprechen sollte.

- *Planen und Budgetieren für Verbesserungen:* Für die folgenden Berichter-
stattungen werden die Verbesserungsansätze ermittelt und die dafür erforderlichen Planungen sowie Budgets erstellt.

- *Verifizierung des Berichts:* Durch externe Verifizierungen wird die Glaubwürdigkeit des Stakeholder-Berichts erhöht.

- *Veröffentlichung des Berichts:* Nun wird der Stakeholder-Bericht veröffentlicht. Der Bericht sollte v.a. die Ergebnisse der Stakeholder-Dialoge und der
Reflektion beinhalten.

- *Stakeholderkonsultation über weitere Entwicklungen:* Auf Basis des Berichts werden die Rückmeldungen der Stakeholder entgegengenommen, die
nicht im Rahmen der Stakeholder-Dialoge erhalten wurden. Diese Konsul-
tation ist nicht nur für die weitere Entwicklung der folgenden Stakeholder-
Berichterstattung sondern auch für den Erfolg des Unternehmens von
großer Bedeutung, der u.a. auch von den nicht im Berichterstattungsprozess
involvierten kritischen Stakeholdern abhängt.

---

[337] Vgl. http://www.euapps3.shell.com/TellShell.

Die Durchführung der Stakeholder-Dialoge für die Berichterstattung kann mit Internettechnologien unterstützt werden. Im nächsten Abschnitt wird daher auf die internetunterstützte Nachhaltigkeitsberichterstattung eingegangen.

7.1.2 Internetunterstützte Nachhaltigkeitsberichterstattung

Der Ansatz der internetunterstützten Nachhaltigkeitsberichterstattung von Isenmann et al.[338] beruht auf den Unterstützungspotenzialen des Internets für die Berichterstattung von Unternehmen (vgl. Tabelle 17).

Bezug	Potenziale			
Zweck	Steuerung von Ressourcen	Information für Zielgruppen	Kommunikation mit Zielgruppen	Transaktion mit Zielgruppen
Prozess	Rationalisierung		Zielgruppenorientierung	
	Verwaltung von Berichtsbestand-teilen	Erstellung von Berichten	Verteilung von Berichten	Präsentation von Berichten
Inhalt	Nachhaltigkeitsbericht		Zusatzinformation	
	Zielgruppen-spezifische Auswahl	Themenauswahl, Berichtsarchiv	Intern: z.B. Umweltabteilung	Extern: z.B. Börsenkurs, Rankingergebnis
Darstellung	Online-/Offline-Verfügbarkeit	Nutzerführung (Interaktivität)	Hypermedialität	Erweiterte Kommunikation

Tabelle 17: Unterstützungspotenziale des Internets zur Nachhaltigkeitsberichterstattung (in Anlehnung an Isenmann et al. 2001, 822; vgl. auch Lenz 2004, 153ff.)

Die zweck- und prozessbezogenen Unterstützungspotenziale repräsentieren die Unternehmenssicht und zielen primär auf eine Rationalisierung der Berichterstattung ab, während die inhalts- und darstellungsbezogenen Unterstützungspotenziale sich überwiegend auf die Nutzersicht der Zielgruppen beziehen.[339] Eine effiziente Erstellung, Verwaltung und Verteilung von Nachhaltigkeitsberichten werden von den zweck- und prozessbezogenen Unterstützungspotenzialen sichergestellt. Inhalt- und darstellungsbezogene Unterstützungspotenziale bestehen aus der Interaktivität, der Hypermedialität, der Schnelligkeit, der Aktualität sowie der räumlichen und zeitlichen Verfügbarkeit.

Auf Basis der oben genannten Unterstützungspotenziale kann eine internetunterstützte Nachhaltigkeitsberichterstattung wie folgt charakterisiert werden (vgl. Abb. 24):

---

[338] Vgl. Isenmann et al. 2001.
[339] Vgl. Isenmann et al. 2001, 822.

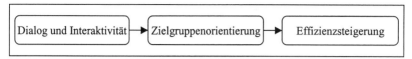

Abb. 24: Charakteristika des Internets für eine Berichterstattung
(vgl. Isenmann 2003, 7; ECC 2002a, 6)

- *Dialog und Interaktivität:* Das grundliegende Potenzial des Internets für eine Berichterstattung liegt im Vergleich zu Printmedien in der Möglichkeit von Dialogen bzw. einer interaktiven Kommunikation.[340]

- *Zielgruppenorientierung:* Indem die Interaktivität und der Online-Dialog zwischen Unternehmen und Zielgruppen mit der Unterstützung des Internets gesteigert werden, eröffnen sich neue Gestaltungschancen der Zielgruppenorientierung. Die Erwartungen der Stakeholder können unmittelbar untersucht werden und in eine zielgruppenorientierte Berichterstattung einfließen.[341]

- *Effizienzsteigerung:* Eine zielgruppenorientierte Berichterstattung im Internet kann die Effizienz der Berichterstattung steigern. Darüber hinaus ermöglicht das Internet eine Berichterstattung basierend auf kompatiblen Dateiformaten und führt so zu Einsparungen von Kosten, zu einer Beschleunigung der Abläufe und einer Optimierung des Personaleinsatzes.

Auf Basis der Charakteristika der internetunterstützten Nachhaltigkeitsberichterstattung werden die Kernaspekte der internetunterstützten Nachhaltigkeitsberichterstattung von Isenmann (2003) abgebildet. Diese Elemente sind der technische Nutzen, die Zielgruppenorientierung und die formale Verknüpfung von Informationen (vgl. Abb. 25).[342]

- *Technischer Nutzen:* Der technische Nutzen des Internets für die Nachhaltigkeitsberichterstattung basiert zum einem auf dem ‚Web Content Management‘ und zum anderen auf dem ‚Web Mining‘. Das ‚Web Content Management‘ bezieht sich auf eine effiziente Verwaltung der Inhalte und Berichterstellung sowie auf deren Verteilung und Präsentation.[343] Hierzu gehört die derzeit neue Auszeichnungssprache wie eXtensible Markup Lan-

---

[340] Vgl. auch ACCA 2001, 9ff.; Jones & Walton 1999; Shepherd et al. 2001, 308; Wheeler & Elkington 2001.

[341] Vgl. das Modul „Kommunikation" im Öko-Controlling Konzept in Schaltegger & Sturm 1995; Schaltegger & Sturm 1998.

[342] Vgl. Isenmann 2003.

[343] Vgl. Isenmann 2003, 8f.

guage (XML), mit der die Inhalte, Dokumentenstrukturen[344] und Layouts ohne aufwendige Konvertierung der zugrunde liegenden Dokumentenbasen verwaltet werden können. Das ‚Web Mining' beinhaltet eine indirekte Beobachtung des Nutzerverhaltens im Internet, bspw. die von den Zielgruppen aufgerufenen Internet-Seiten, deren durchschnittliche Nutzungsdauer und Navigationstendenzen.[345] Hiermit können die Präferenzen der Zielgruppen sowie deren Nutzerverhalten (wie z.B. bevorzugte Inhalte) ermittelt werden.

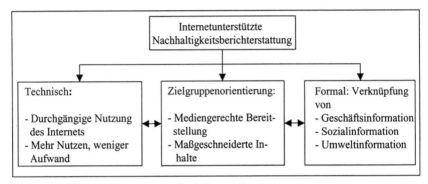

Abb. 25: Internetbasierte Nachhaltigkeitsberichterstattung
(in Anlehnung an Isenmann 2003, 8)

- *Zielgruppenorientierung:* Die Ermittlung der Informationsbedürfnisse der Zielgruppen über die technischen Unterstützungen des Internets sind die Ausgangslage für eine Verbesserung der Zielgruppenorientierung einer internetbasierten Nachhaltigkeitsberichterstattung. Obwohl eine persönliche Kommunikation grundsätzlich über das Gespräch von Angesicht zu Angesicht erfolgt, [346] kann diese Zielgruppenorientierung durch eine personalisierte sowie eine interaktive Nachhaltigkeitsberichterstattung im Internet trotzdem unterstützt werden, sofern eine personalisierte Behandlung der Zielgruppen im Internet abgesichert wird. Das Internet ermöglicht eine personalisierte Nachhaltigkeitsberichterstattung, indem die spezifischen Informationsbedürfnisse, die heterogenen Präferenzen und die per-

---

[344] BiOR (Lehrstuhl für Betriebsinformatik und Operations Research an der Universität Kaiserslautern) hat Dokumentenstrukturen in Form von XML-basierten DTDs (Document Type Definitions) entwickelt. Mit Hilfe dieser Dokumentenstrukturen kann die Berichterstattung automatisiert werden. Vgl. Isenmann 2003, 8f.

[345] Vgl. Isenmann 2003, 11.

[346] Vgl. Reichertz 2002, 18f.

sönlichen Wünsche der Zielgruppen durch entsprechende „Stylesheets"[347] berücksichtigt werden. Hiermit werden maßgeschneiderte Berichte erstellt, die ausschließlich die von Zielgruppen gewünschten Inhalte enthalten.[348] Außerdem wird die Zielgruppenorientierung durch die Interaktivität und den Dialog zwischen den berichterstattenden Unternehmen und den Zielgruppen im Internet wesentlich gefördert. Internet-Dienste [349] wie z.B. Newsgroups[350] und E-Mail ermöglichen eine synchrone interaktive Kommunikation zwischen Unternehmen und Zielgruppen, indem Fragen individuell gestellt bzw. Diskussion durchgeführt werden können.[351]

- *Formale Verknüpfung von Informationen:* Das Internet ermöglicht eine verknüpfte Berichterstattung. Diese Verknüpfung entsteht erstens durch die Offenlegung von Umweltinformationen in Geschäftsberichten sowie von Geschäftsinformationen in Umweltberichten. Zum zweiten können separate Geschäfts-, Sozial- und Umweltberichte per Hyperlinks verknüpft werden. Drittens können die verschiedenen Berichte in Form *eines* Berichts erstellt werden.

7.2 Schlussfolgerungen für eine gute interaktive Nachhaltigkeitsberichterstattung

In diesem Abschnitt werden Schlussfolgerungen aus den beiden Ansätzen für eine gute interaktive Nachhaltigkeitsberichterstattung gezogen.

7.2.1 Stakeholderberichterstattung

Aus dem Ansatz der Stakeholder-Berichterstattung wurden für eine interaktive Nachhaltigkeitsberichterstattung die Impulse gegeben, dass Stakeholder-Dialoge parallel zur Berichterstellung (vgl. die Phase ‚Einbeziehen' von Stakeholder-Berichterstattung) durchgeführt und berücksichtigt werden sollten. Daraus kann

---

[347] Stylesheet ist eine Layout-Datei, die Informationen über Formatvorlage einer Website umfasst. Dies ermöglicht die Differenzierung der Struktur und Layout in Markup Language z.B. HTML und XML.

[348] Es wäre auch denkbar, dass sich die Wünsche der Zielgruppen rasch ändern, was wiederum eine neue Beobachtung der bevorzugten Informationen von Zielgruppen über z.B. Web Mining benötigt.

[349] Zu Internet-Diensten vgl. auch Reim 1999, 2; Meyer 1997, 133ff.; Rössler 1998, 36 und Itter 1999, 7ff.

[350] Eine Newsgroup unterscheidet sich von einer elektronischen Mailing-List darin, dass sie eine öffentliche Kommunikationsplattform darstellt. Das bedeutet, dass alle Beiträge auf einem Newsserver zentral abgespeichert werden und allen Teilnehmern zugänglich sind (vgl. Meyer 1997, 138).

[351] Vgl. Isenmann & Lenz 2001, 105f.

ein größerer Nutzen für die berichtenden Unternehmen und deren Stakeholder resultieren. Tabelle 18 zeigt die Elemente, mit denen die Dialoge erfolgreich und zweckmäßig in die interaktive Nachhaltigkeitsberichterstattung integriert werden können.

Phase	Wichtigste Elemente
Vorbereiten der Dialoge	- Überprüfen der Ziele, Prioritäten und Strategien des Unternehmensmanagements - Identifizieren der kritischen Stakeholder
Führen der Dialoge	- Identifizieren der Erwartungen von kritischen Stakeholdern und der Erfolgsfaktoren - Gegenseitiges Verständigen mit den Stakeholdern
Nachbereiten der Dialoge	- Reflektion der Ergebnisse

Tabelle 18: Elemente einer erfolgreichen Integration der Stakeholder-Dialoge in die Nachhaltigkeitsberichterstattung
(eigene Darstellung)

Vor den Dialogen sollten die Ziele, Prioritäten und Strategien des Unternehmensmanagements überprüft werden. Dies führt dazu, dass die kritischen Stakeholder den Zielen und Prioritäten des Unternehmensmanagements entsprechend identifiziert werden können. Während der Dialoge sollten die Unternehmen versuchen, die Erwartungen der kritischen Stakeholder zu identifizieren. Es genügt jedoch nicht, die Stakeholder zu Dialogen einzuladen, nur um ihre Erwartungen bzw. Ansprüche (z.B. Anfragen, Beschwerden und Komplimente) zu erfahren. Die Dialoge haben das Ziel, sich gegenseitig auszutauschen, d.h. dass Unternehmen auch versuchen sollten, ein gemeinsames Verständnis mit den Stakeholdern für den Rahmen der Berichterstattung (Umfang der Informationen usw.) aufzubauen. Nach den Dialogen werden die Ergebnisse reflektiert, um weitere Ansätze zur Verbesserung der Nachhaltigkeitsberichterstattung zu erhalten.

Im nächsten Abschnitt werden Schlussfolgerungen aus der internetunterstützten Berichterstattung zur Entwicklung einer interaktiven Nachhaltigkeitsberichterstattung erörtert.

7.2.2 Internetunterstützte Nachhaltigkeitsberichterstattung

Der Ansatz der internetunterstützten Nachhaltigkeitsberichterstattung zeigt, dass Internettechnologien eine interaktive Nachhaltigkeitsberichterstattung wesentlich unterstützen können, indem sie

- neue technologische Möglichkeiten für die kontinuierliche Registrierung der Erwartungen der Zielgruppen (z.B. durch Web Mining) nutzen,

128

- Dialoge zwischen berichtenden Unternehmen und ihren Zielgruppen (z.B. per Internet-Diensten) ermöglichen sowie

- diese Punkte für eine zielgruppenorientierte bzw. personalisierte Berichterstattung aufgreifen.

Die besondere Eignung der internetunterstützten Nachhaltigkeitsberichterstattung für eine interaktive Nachhaltigkeitsberichterstattung ergibt sich daraus, dass durch das Internet eine synchrone Kommunikation ohne räumliche Grenzen ermöglicht wird, so dass das Konzept der Stakeholder-Berichterstattung zusammen mit dem Konzept der internetunterstützten Nachhaltigkeitsberichterstattung ins Konzept der interaktiven Nachhaltigkeitsberichterstattung integriert werden kann. Das heißt, dass die Identifikation der Erwartungen von kritischen Stakeholdern sowie die Durchführung und die Ergebnisse von Dialogen können durch eine synchrone Kommunikation im Internet gewährleistet werden.

Im nächsten Kapitel wird dann auf das Konzept einer interaktiven Nachhaltigkeitsberichterstattung eingegangen.

8 Konzept einer interaktiven Nachhaltigkeitsberichterstattung

In Kapitel 6 und 7 wurden drei Ansätze für ein Konzept einer interaktiven Nachhaltigkeitsberichterstattung diskutiert. Die grundlegende Idee war, dass die Konzeption einer interaktiven Nachhaltigkeitsberichterstattung auf den Phasen und Eigenschaften der interaktiven Unternehmenskommunikation beruht. Nach der Auswertung der Ansätze einer Stakeholder-Berichterstattung und einer internetunterstützten Nachhaltigkeitsberichterstattung wird nun das erarbeitete Konzept dargestellt. Im Folgenden werden die Charakteristika des Konzepts einer interaktiven Nachhaltigkeitsberichterstattung (8.1) und die Phasen einer interaktiven Nachhaltigkeitsberichterstattung (8.2) erläutert. Im Anschluss an einer empirischen Untersuchung des Potenzials einer interaktiven Nachhaltigkeitsberichterstattung (8.3) werden die Grenzen des Konzepts (8.4) diskutiert.

8.1 Charakteristika des Konzepts

Das Konzept einer interaktiven Nachhaltigkeitsberichterstattung unterscheidet sich von der konventionellen Berichterstattung durch folgende Charakteristika (vgl. Abb. 26):

Aspekte	Konventionelle Berichterstattung	Interaktive Berichterstattung	Methode
Ziel	Überzeugung der Zielgruppen	Gegenseitige Verständigung	Dialoge/ Internet
Formal	Informationsvermittlung	Dialogorientierte Kommunikation	Internet
Bericht	Bericht als Kommunikationsinput	Bericht als Kommunikationsoutput	Dialoge
Einfluss	Dominanz von Unternehmen	Zielgruppenorientierung	Dialoge/ Internet
Behandlung	Gruppenbehandlung	Individuelle Behandlung	Internet
Vorgang	Push-Prinzip	Pull-Möglichkeit	Internet

Abb. 26: Von der konventionellen zur interaktiven Nachhaltigkeitsberichterstattung (eigene Darstellung)

- *Von der Überzeugung der Zielgruppen zur gegenseitigen Verständigung:* Mit der konventionellen Nachhaltigkeitsberichterstattung versuchen Unternehmen vor allem, ihre Reputation aufzubauen und zu sichern (vgl. Abb. 14), indem sie ihre Nachhaltigkeitsberichte überzeugend gestalten. Mit der interaktiven Nachhaltigkeitsberichterstattung streben Unternehmen dagegen nach einer gegenseitigen Verständigung mit ihren Zielgruppen, um mehr Transparenz in der Berichterstattung sowie eine enge Kooperation mit den Zielgruppen zu schaffen.[352] Um eine gegenseitige Verständigung zwischen den berichterstattenden Unternehmen und ihren Zielgruppen im Internet zu ermöglichen, sollten Möglichkeiten dafür gegeben werden, dass sich die Zielgruppen auf den Internetseiten der berichtenden Unternehmen in Bezug auf mögliche Fragen informieren können.

- *Von der Informationsvermittlung zur Dialogorientierten Kommunikation:* Konventionellerweise fokussiert eine Nachhaltigkeitsberichterstattung auf die Informationsvermittlung, die von den Unternehmen zu den Zielgruppen einseitig fließt. Hierbei besteht ein geringer Spielraum für Zielgruppen, sich in den Prozess der Berichterstattung einzubringen. Die einzige Möglichkeit für Stakeholder, die ihre Meinungen zur Berichterstattung äußern möchten, ist ihre Rückmeldung erst nach der Veröffentlichung der Berichte. Im Gegensatz dazu setzt eine interaktive Nachhaltigkeitsberichterstattung eine dialogorientierte Kommunikation zwischen den Unternehmen und Zielgruppen voraus, so dass eine Partizipation von Stakeholdern schon während des Berichterstattungsprozesses ermöglicht werden kann. Das Konzept einer interaktiven Nachhaltigkeitsberichterstattung impliziert, dass die Vorbereitung der Berichterstattung selbst einen Kommunikationscharakter enthält. Eine dialogorientierte Kommunikation im Internet kann mittels Kommunikationsinstrumenten des Internets (wie z.B. E-Mail, Forum) unterstützt werden.

- *Funktion des Berichts - vom Input für die zum Output der Kommunikation:* Ein Nachhaltigkeitsbericht wird bei der konventionellen Nachhaltigkeitsberichterstattung als Input für die Nachhaltigkeitskommunikation betrachtet. Die zugrunde liegende Idee dafür ist, dass die Zielgruppen erst nach der Wahrnehmung der Informationen der Nachhaltigkeitsberichte in die Kommunikation eintreten. Dagegen spielt ein Nachhaltigkeitsbericht in einer interaktiven Nachhaltigkeitsberichterstattung eine Rolle als Kommunikationsoutput bzw. -throughput, indem im Rahmen der Berichterstattung zwischen den Unternehmen und Zielgruppen mehr kommuniziert wird. Um den

---

[352] In diesem Kontext betonen Hunt und Grunig „Organizations that communicate well with the publics with whom they have relationships know what to expect form those publics, and the publics know what to expect from them. They may not always agree or have a friendly relationship, but they do understand one another – and achieving understanding is the major objective of public relations." (Hunt & Grunig 1994, 5).

Kommunikationsgrad zwischen dem Unternehmen und seinen Stakeholdern vor der Erstellung des Berichts zu ermitteln, können die Indikatoren des GRI Leitfadens in Bezug auf das Stakeholder-Engagement berücksichtigt werden.

- *Von der Dominanz von Unternehmen zur Zielgruppenorientierung:* Bei der konventionellen Berichterstattung werden alle Elemente der Nachhaltigkeitsberichterstattung (wie z.B. Themen, Indikatoren) vom berichtenden Unternehmen als der dominante Kommunikator festgelegt. Bei einer interaktiven Nachhaltigkeitsberichterstattung stehen die Zielgruppen nicht mehr am Rande, sondern spielen als Akteure eine größere Rolle als vorher, indem sich die Berichterstattung an den Zielgruppen orientiert. Die Gestaltung der Berichterstattung wird anhand der Erwartungen und Verständnisse der Zielgruppen mitbestimmt. Die Zielgruppen können so ihre Bedürfnisse äußern, dazu entsprechende Informationen oder Informationskategorien, Indikatoren usw. erstellen lassen und darauf zugreifen, z.B. Herunterladen oder Empfang der Informationen per E-Mail (Pull-Möglichkeit).

- *Von der Gruppenbehandlung zur Individuellen Behandlung:* Während die herkömmliche Nachhaltigkeitsberichterstattung alle Zielgruppen zusammen als eine Gruppe behandelt, werden diese bei einer interaktiven Nachhaltigkeitsberichterstattung individuell behandelt, d.h. dass jede individuelle Zielgruppe wird mit der Berichterstattung spezifisch angesprochen. Interaktivität umfasst die Beziehung zwischen dem Unternehmen und jeder individuellen Zielgruppe.

- *Vom Push-Prinzip zur Pull-Möglichkeit:* Bei der konventionellen Berichterstattung werden die Informationen primär vor dem Hintergrund der Bedürfnisse der berichtenden Unternehmen festgelegt und veröffentlicht (Push-Prinzip). Hierbei haben die Bedürfnisse der Zielgruppen eine nachrangige Bedeutung. Dagegen bietet eine interaktive Nachhaltigkeitsberichterstattung mehr Spielräume für Zielgruppen, an ein Unternehmen heranzutreten und nach ausgewählten Informationen zu fragen. Die Zielgruppen können so ihre Bedürfnisse äußern, dazu entsprechende Informationen oder Informationskategorien, Indikatoren usw. erstellen lassen und darauf zugreifen, z.B. Herunterladen oder Empfang der Informationen per E-Mail (Pull-Möglichkeit).

Durch die oben genannten sechs Charakteristika einer interaktiven Nachhaltigkeitsberichterstattung (gegenseitige Verständigung, dialogorientierte Kommunikation, Bericht als Kommunikationsoutput, Zielgruppenorientierung, individuelle Behandlung und Pull-Möglichkeit) kann die Glaubwürdigkeit der Nachhaltigkeitsberichterstattung erhöht werden. Dies basiert darauf, dass die Glaubwürdigkeit der Unternehmenskommunikation grundsätzlich durch eine persönliche Kommunikation gesichert und solche persönliche Kommunikation im Rahmen einer interaktiven Nachhaltigkeitsberichterstattung ermöglicht werden kann.

Die sechs Charakteristika des Konzepts einer interaktiven Nachhaltigkeitsberichterstattung können zwei unterschiedlichen Charaktertypen zugeordnet werden: dem Kommunikationscharakter und dem Personalisierungscharakter (vgl. Abb. 27):

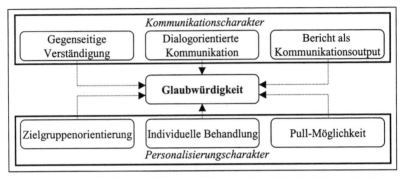

Abb. 27: Kommunikations- und Personalisierungscharakter des Konzepts einer interaktiven Nachhaltigkeitsberichterstattung
(eigene Darstellung)

- *Kommunikationscharakter:* Eine interaktive Berichterstattung stellt einen Kommunikationsprozess dar. Daher werden die Merkmale der gegenseitigen Verständigung, der dialogorientierten Kommunikation und des Berichts als Kommunikationsoutput der ersten Gruppe des Kommunikationscharakters zugeordnet.

- *Personalisierungscharakter:* Eine interaktive Berichterstattung stellt eine personalisierte Beziehung her. In dieser Gruppe werden die Zielgruppenorientierung, die individuelle Behandlung und die Pull-Möglichkeit beinhaltet. Durch den Personalisierungscharakter kann die Glaubwürdigkeit der interaktiven Nachhaltigkeitsberichterstattung erhöht werden.

Auf Basis der oben entwickelten Charakteristika des Konzepts einer interaktiven Nachhaltigkeitsberichterstattung werden im nächsten Abschnitt die Phasen einer interaktiven Nachhaltigkeitsberichterstattung dargelegt.

8.2 Phasen einer interaktiven Nachhaltigkeitsberichterstattung

In Abschnitt 6.2.3 wurden die Phasen der interaktiven Unternehmenskommunikation erläutert. In diesem Abschnitt erfolgt nun deren Zuordnung und Weiterentwicklung zu den Phasen einer interaktiven Nachhaltigkeitsberichterstattung. Dabei werden drei Phasen, die Beziehungs-, Verhaltens- und Erfolgskontrollphase, unterschieden (vgl. Tabelle 19).

Phase	Teilschritte
Beziehungsphase	- Situationsanalyse - Zielgruppenbestimmung - Identifikation der Erwartungen der Zielgruppen - Festlegung zielgruppenspezifischer Ziele der Nachhaltigkeitsberichterstattung - Anbieten der korrekten, Interesse weckenden und zielgruppenspezifischen Informationen
Verhaltensphase	- Aufnahme der Ansprüche der Zielgruppen durch Rückmeldemöglichkeiten - Zielgruppenspezifisches Verarbeiten der Rückmeldung von Zielgruppen durch das Unternehmen - Aktualisierung der Information bezogen auf die unterschiedlichen Eigenschaften bzw. Verständnisse der Zielgruppen - Anbieten aktualisierter Informationen in Nachhaltigkeitsberichten
Erfolgskontrollphase	- Prozess-, Wirkungs- und Effizienzanalyse der gegenseitigen Verständigung bzw. Ausrichtung - Durchführen der Stakeholderkonsultation

Tabelle 19: Phasen einer interaktiven Nachhaltigkeitsberichterstattung (eigene Darstellung)

8.2.1 Beziehungsphase

Die Beziehungsphase einer interaktiven Nachhaltigkeitsberichterstattung umfasst die Planung und Vorbereitung der interaktiven Berichterstattung mit folgenden Teilschritten:

- *Situationsanalyse:* In der ersten Phase einer interaktiven Nachhaltigkeitsberichterstattung wird das Beziehungsgeflecht im gesellschaftspolitischen Umfeld des Unternehmens sorgfältig untersucht. Der Zweck der Situationsanalyse ist, dass das Unternehmen seinen eigenen Entwicklungsstand bei der Nachhaltigkeitsberichterstattung aufnimmt, sich mit den Konkurrenten vergleicht und sich mit den Anforderungen beschäftigt. Die Situation eines Unternehmens umfasst die unternehmensinterne und unternehmensexterne Situation. Zur internen Situation in Bezug auf eine Nachhaltigkeitsberichterstattung gehören z.B. die Erfahrungen mit der Unternehmensberichterstattung, der Stand des eigenen Nachhaltigkeitsmanagements, die Bereitschaft der Unternehmensleitung sowie der Mitarbeiter zur engen Kooperation für eine Nachhaltigkeitsberichterstattung usw. Durch die externe Situationsanalyse wird u.a. erkannt, welche Anforderungen an die Nachhaltigkeitsberichterstattung gestellt werden und wie sich die Konkurrenzfirmen dazu verhalten. Die Situationsanalyse kann mit Hilfe unternehmensinterner Kommunikation, Themenanalysen und Wettbewerbsanalysen durchgeführt werden.

- *Zielgruppenbestimmung:* Anschließend werden die Zielgruppen der Nachhaltigkeitsberichterstattung festgelegt. Die Zielgruppen werden zumeist aus den kritischen Stakeholdern (vgl. Abschnitt 2.3.1) ausgewählt, da die Kommunikation mit ihnen eine höhere Bedeutung für den Unternehmenserfolg hat. Eine unsorgfältige oder eine fehlerhafte Zielgruppendefinition hat negative Auswirkungen auf die interaktive Nachhaltigkeitsberichterstattung, weil die ausgewählten Zielgruppen im Prozess der interaktiven Nachhaltigkeitsberichterstattung als Hauptakteure eine wichtige Rolle spielen und die erarbeiteten Informationen, die auf ihre Erwartungen fokussieren, veröffentlicht werden. Die Zielgruppen können z.B. durch eine Stakeholderanalyse[353] bestimmt werden.

- *Identifikation der Erwartungen der Zielgruppen:* Wenn die Zielgruppen der Nachhaltigkeitsberichterstattung festgelegt sind, sollten deren Erwartungen erforscht werden. Hierbei ist zu beachten, dass die Erwartungen der Zielgruppen nicht nur thematisch, sondern auch in bezug auf den (zeitlichen und regionalen) Umfang sehr unterschiedlich ausgeprägt sein können. Um die Erwartungen von verschiedenen Zielgruppen zu erfüllen, müssen für jede identifizierte Erwartung Strategien entwickelt werden. Hierfür kann das Konzept des Quality Function Deployment (QFD) Systems[354], das sich auf eine kundenorientierte Produktentwicklung bezieht, verwendet werden.[355]

- *Festlegung der zielgruppenspezifischen Ziele der Nachhaltigkeitsberichterstattung:* Außer den grundlegenden Zielen der Nachhaltigkeitsberichterstattung (vgl. Abb. 14) werden bei der interaktiven Nachhaltigkeitsberichterstattung zudem zielgruppenspezifische Ziele festgelegt, die auf den Erwartungen der Zielgruppen und den dafür entworfenen Strategien basieren. Diese Ziele können sowohl auf die Vermittlung der Informationen als auch auf die Einbeziehung spezifischer Zielgruppen fokussiert werden.

- *Anbieten der richtigen, Interesse weckenden und zielgruppenspezifischen Informationen:* Im letzten Schritt der Beziehungsphase werden die Informationen den Zielgruppen zur Verfügung gestellt. Das bedeutet weniger die Erstellung eines Nachhaltigkeitsberichts, sondern mehr die Darstellung der

---

[353] Zur politisch-ökonomischen Stakeholderanalyse vgl. Schaltegger 1999.
[354] Zum Konzept QFD System vgl. u.a. Besterfield et al. 1994, 260ff. und Abschnitt 4.2.1.
[355] Vgl. Abschnitt 4.2.1.

Informationen für einen Dialog mit den Zielgruppen. Da dieser Schritt die Einbeziehung der Zielgruppen in die Berichterstattung umfasst, sollten die Informationen richtig, Interesse weckend und zielgruppenspezifisch sein.

8.2.2 Verhaltensphase

Die Verhaltensphase der interaktiven Nachhaltigkeitsberichterstattung umfasst eine dialogorientierte Kommunikation zwischen den Unternehmen und Zielgruppen mit folgenden Teilschritten:

- *Aufnahme der Ansprüche der Zielgruppen durch Rückmeldemöglichkeiten:* Die Verhaltensphase der interaktiven Nachhaltigkeitsberichterstattung beginnt mit der Aufnahme der Ansprüche von Zielgruppen in Dialogen, wobei eine gegenseitige Verständigung über den Rahmen der Berichterstattung erzielt wird. Zielgruppen sollten daher für die Teilnahme an Dialogen motiviert sein.

- *Zielgruppenspezifisches Verarbeiten der Rückmeldungen der Zielgruppen durch das Unternehmen:* Die Rückmeldungen der Zielgruppen werden zielgruppenspezifisch verarbeitet. Die Rückmeldungen werden in Bezug auf die unterschiedlichen Merkmale der Stakeholder und in Bezug auf die Ziele, Prioritäten und Strategien des Unternehmensmanagements untersucht.

- *Aktualisierung der Information bezogen auf die unterschiedlichen Eigenschaften bzw. Verständnisse der Zielgruppen:* Die Informationen über die unterschiedlichen Eigenschaften und Verständnisse der Zielgruppen werden überarbeitet und mit den Resultaten, die sich aus der Verarbeitung der Rückmeldungen von Zielgruppen ergeben haben, aktualisiert.

- *Anbieten aktualisierter Informationen in Nachhaltigkeitsberichten:* Die aktualisierten Informationen werden im Nachhaltigkeitsbericht aufgenommen.

8.2.3 Erfolgskontrollphase

Die Erfolgskontrollphase einer interaktiven Nachhaltigkeitsberichterstattung bezieht sich primär auf die Analyse der Interaktivität der Berichterstattung in folgenden Teilschritten:

- *Prozess-, Wirkungs- und Effizienzanalyse der gegenseitigen Verständigung bzw. Ausrichtung:* Eine interaktive Nachhaltigkeitsberichterstattung strebt nach einer gegenseitigen Verständigung und Ausrichtung der Unternehmen an den Zielgruppen (vgl. Abb. 27). Die Erreichung dieses Ziels wird mit den Prozess-, Wirkungs- und Effizienzanalysen untersucht.

- *Durchführen der Stakeholderkonsultation:* Am Ende der interaktiven Nachhaltigkeitsberichterstattung werden Stakeholderkonsultationen durchgeführt, mit denen Verbesserungsansätze zur Nachhaltigkeitsberichterstattung ermittelt werden können.

8.3 Empirische Untersuchung des Potenzials einer interaktiven Nachhaltigkeitsberichterstattung

In diesem Abschnitt wird das Potential einer interaktiven Nachhaltigkeitsberichterstattung untersucht. Hierfür werden ein Untersuchungskonzept (8.3.1) entwickelt und anschließend die Ergebnisse (8.3.2) dargestellt und diskutiert.

8.3.1 Untersuchungskonzept

Das Untersuchungskonzept besteht aus der Fragestellung der Untersuchung (8.3.1.1), dem Untersuchungsdesign (8.3.1.2) und der Auswahl der Kriterien (8.3.1.3).

8.3.1.1 Fragestellung der Untersuchung

Ziel dieser in Abschnitt 8.3 zusammengefassten Untersuchung ist die Untersuchung des Potenzials einer interaktiven Nachhaltigkeitsberichterstattung. Das Konzept einer interaktiven Nachhaltigkeitsberichterstattung zielt darauf ab, die Glaubwürdigkeit von Nachhaltigkeitsberichten zu erhöhen (vgl. Abb. 27). Die Nachhaltigkeitsberichte, die im Rahmen der interaktiven Nachhaltigkeitsberichterstattung publiziert werden, sollten daher eine gute Qualität aufweisen. Insofern ist es erforderlich, zu prüfen, welcher Zusammenhang zwischen einer interaktiven Nachhaltigkeitsberichterstattung und der Qualität der Nachhaltigkeitsberichte besteht.

8.3.1.2 Untersuchungsdesign

Es bestehen vier methodische Möglichkeiten, um den Zusammenhang zwischen einer interaktiven Nachhaltigkeitsberichterstattung und der Qualität der Nachhaltigkeitsberichte zu überprüfen (vgl. Tabelle 20).

Ansatz	Methodische Möglichkeit
Anwendung	Erstellung der Berichte: Befragung der Berichterstattenden
	Verwendung der Berichte: Leserbefragung
ex-post Analyse	Eigene Betrachtung: Analyse der Nachhaltigkeitsberichte
	Betrachtung durch Analysten: Untersuchung einer von Analysten durchgeführten Rankinganalyse von Nachhaltigkeitsberichten

Tabelle 20: Methodische Möglichkeiten zur Untersuchung des Zusammenhangs zwischen einer interaktiven Nachhaltigkeitsberichterstattung und der Qualität der Nachhaltigkeitsberichte (eigene Darstellung)

Diese vier Möglichkeiten beinhalten zwei unterschiedliche Ansätze. Zum einen kann die Untersuchung im Rahmen der Anwendung einer Nachhaltigkeitsberichterstattung durchgeführt werden, indem die Berichterstattenden sowie ihre Leser befragt werden. Zum anderen kann die Untersuchung im Rahmen einer ex-post Analyse durchgeführt werden. Hierfür können die Nachhaltigkeitsberichte direkt oder anhand von Rankinganalysen, die von Analysten bereits durchgeführt wurden, untersucht werden:

- *Befragung der Berichterstattenden:* Es können relevante Akteure im Unternehmen (z.B. Nachhaltigkeitsbeauftragte, Nachhaltigkeitsverantwortliche) nach ihren Einschätzungen und Erfahrungen direkt befragt werden. Dieses Vorgehen birgt den Vorteil, dass nicht publizierte und inoffizielle Informationen berücksichtigt und ggf. direkt nachgefragt werden können. Dennoch besteht die Gefahr, dass sich die Personen bei solchen Anfragen zurückhaltend verhalten, um ihre Stellen zu sichern, da eine Infragestellung des Nutzens der Berichterstattung zu einer Streichung entsprechender Stelle(n) führen könnte.[356]

- *Leserbefragung:* Zweitens kann eine Leserbefragung durchgeführt werden, wie die Leser die Qualität der interaktiven Nachhaltigkeitsberichte einschätzen. Durch diese Methodik können zielgruppenspezifische Einschätzungen gewonnen werden. Sie ist jedoch schwer durchzuführen, da noch wenige Unternehmen ihre Berichte nach dem Konzept einer interaktiven Nachhaltigkeitsberichterstattung erstellt haben.

- *Analyse der Nachhaltigkeitsberichte:* Zum dritten können Nachhaltigkeitsberichte direkt analysiert werden, um den Zusammenhang zwischen dem Konzept einer interaktiven Nachhaltigkeitsberichterstattung und der Qualität der Nachhaltigkeitsberichte zu ermitteln. Hierfür wurden bereits entsprechende Kriterien in dieser Arbeit entwickelt. Dennoch wäre dessen Erarbeitung umfangreicher und es würde den Rahmen dieser Arbeit sprengen.

- *Untersuchung einer von Analysten durchgeführten Rankinganalyse von Nachhaltigkeitsberichten:* Zum vierten können bereits erstellte Rankinganalysen der Nachhaltigkeitsberichte herangezogen werden. Ergibt sich ein positiver Zusammenhang zwischen den guten Leistungen anhand der für interaktive Nachhaltigkeitsberichterstattung relevanten Kriterien und guten Rankingergebnissen, kann daraus abgeleitet werden, dass zwischen einer interaktiven Nachhaltigkeitsberichterstattung und der Qualität der Nachhaltigkeitsberichte ein positiver Zusammenhang besteht. Hiermit kann das Potenzial einer interaktiven Nachhaltigkeitsberichterstattung bewertet werden.

---

[356] Vgl. Hroch & Schaltegger 2001, 7f.

Im Vergleich zu den ersten drei Untersuchungsmethodiken ist die letzte Methodik objektiver, weil die Qualität der Berichte von Externen beurteilt wird und die Beurteilung unabhängig von der hier vorgestellten Konzeption der interaktiven Nachhaltigkeitsberichterstattung erfolgt(e). Aus diesem Grund wird für die Untersuchung die vierte Methodik gewählt. Als eine anerkannte Rankinganalyse wurde die im Jahr 2002 weltweit durchgeführte Rankinganalyse von SustainAbility & UNEP[357] gewählt. Der Hintergrund dafür ist, dass diese in der Serie von ‚Benchmark Surveys' im November 2002 durchgeführten Rankinganalyse die aktuellste internationale Analyse zur Qualität von Nachhaltigkeitsberichten von Unternehmen (sowohl in Papierformat als auch im Internet) darstellt.[358] Im Rahmen dieser Rankinganalyse wurden weltweit 235 Nachhaltigkeitsberichte anhand von 49 Kriterien (vgl. Tabelle 44 im Anhang) bewertet, um die 50 besten Berichte (vgl. Tabelle 45 im Anhang) zu ermitteln.

Für die Untersuchung des Zusammenhangs zwischen einer interaktiven Nachhaltigkeitsberichterstattung und der Qualität der Nachhaltigkeitsberichte kann eine Korrelationsanalyse zwischen den Gesamtpunkten und den Teilpunkten aufgrund der Kriterien, die für das Konzept einer interaktiven Nachhaltigkeitsberichterstattung relevant sind, verwendet werden. Eine Korrelationsanalyse erlaubt aber keine Interpretation, dass zwischen beiden Faktoren ein Abhängigkeitsverhältnis besteht.

8.3.1.3 Auswahl der Kriterien

Die Rankinganalyse von SustainAbility & UNEP 2002 beurteilt die Qualität der Nachhaltigkeitsberichte von Unternehmen. Hierfür wurden vier Themenbereiche mit 49 Kriterien verwendet (vgl. Tabelle 44 im Anhang). Für jedes Kriterium erfolgte eine Bewertung auf einer Skala von 0 („keine entsprechende Information") bis 4 („sehr ausführliche Information").[359]

Um die Korrelationsanalyse zwischen den Gesamtpunkten und den Teilpunkten aufgrund der relevanten Kriterien für das Konzept einer interaktiven Nachhaltigkeitsberichterstattung, durchzuführen, wurden zunächst aus den gesamten Kriterien die dem Konzept einer interaktiven Nachhaltigkeitsberichterstattung entsprechenden Kriterien ausgewählt (vgl. Tabelle 21).

---

[357] Vgl. SustainAbility & UNEP 2002.

[358] Vgl. www.sustainability.com.

[359] Für die gesamte Bewertungsskala vgl. SustainAbility 2003, 5f.

Bereich	Kriterien der Interaktivität
Kontext und Einsatz	Einbindung der Zielgruppen in die Identifikation der Leistungsindikatoren
Qualität des Managements	Bemessen der Nachhaltigkeitsleistung
	Einfluss von Kunden
Zugänglichkeit und Verifizierung	Leitbild der Berichterstattung
	Verifizierungsmechanismus
	Verarbeiten der Prioritäten von Zielgruppen
	Zugänglichkeit der Information
	Zugänglichkeit des Designs

Tabelle 21: Ausgewählte Kriterien der Interaktivität aus den gesamten Kriterien der Rankinganalyse von SustainAbility & UENP 2002 (eigene Darstellung)

Aus folgenden Gründen wurden die Kriterien der Interaktivität ausgewählt:

- *Einbindung der Zielgruppen in die Identifikation der Leistungsindikatoren:* Mit diesem Kriterium wurden bei der Rankinganalyse von SustainAbility & UNEP 2002 folgende Punkte bewertet: Identifikation der Stakeholder, Darstellung der durchgeführten Stakeholderdialoge, Darstellung der Erwartungen von Zielgruppen und Hinweise zu weiteren Stakeholderkonsultationen. Dies bedeutet, dass wesentliche Aspekte des Konzepts einer interaktiven Nachhaltigkeitsberichterstattung durch dieses Kriterium abgedeckt werden.[360]

- *Bemessen der Nachhaltigkeitsleistung:* Bei diesem Kriterium handelt es sich um die Untersuchung, wie die Unternehmen die Methodik zur Messung ihrer Nachhaltigkeitsleistung festgelegt haben. Hierbei legte die Rankinganalyse von SustainAbility & UNEP 2002 den Fokus auf die Analyse, inwieweit die Stakeholder für die Entscheidung der Bemessungsmethoden involviert wurden. Dieser Aspekt entspricht auch den Anforderungen des Konzepts einer interaktiven Nachhaltigkeitsberichterstattung.[361]

- *Einfluss von Kunden:* Dieses Kriterium fokussiert darauf, inwieweit die Unternehmen angestrebt haben, die Prioritäten ihrer Kunden zu identifizieren und diese Identifikation der Prioritäten weiter in die Nachhaltigkeitsstrategie und Nachhaltigkeitsberichterstattung zu integrieren. Das Erkennen der Prioritäten von Kunden ist ein Element des Konzepts einer interaktiven Nachhaltigkeitsberichterstattung.[362]

---

[360] Vgl. Abb. 27 sowie Abschnitt 8.1.
[361] Vgl. Abb. 27 sowie Abschnitt 8.1.
[362] Vgl. Abschnitt 8.2.1 sowie 8.1.2.

- *Leitbild der Berichterstattung:* Welchen Zweck haben die Unternehmen bei der Nachhaltigkeitsberichterstattung genannt? Wie haben sie die Themen und Methoden (einschließlich des Internets) festgelegt? Welche Auswirkungen hat das Leitbild auf die gesamten Berichterstattungsprozesse? Auf diese Fragen bezieht sich das Kriterium des Leitbilds der Berichterstattung. Da für eine interaktive Nachhaltigkeitsberichterstattung eine klare Darstellung des Leitbilds der Berichterstattung von großer Bedeutung ist, ist das Kriterium aufgenommen worden.

- *Verifizierungsmechanismus:* Die Relevanz sowie der Wert der Stakeholderkommentare, Verifizierungsstatements und die darauf aufbauende Bereitschaft des Unternehmens die Berichterstattung zu verbessern werden mit diesem Kriterium abgedeckt. Es ist somit für das Konzept einer interaktiven Nachhaltigkeitsberichterstattung relevant.[363]

- *Verarbeiten der Prioritäten der Zielgruppen:* Dieses Kriterium umfasst folgende Punkte: Die Darstellung der identifizierten Priorität von Stakeholdern und die Auswirkung der Analyse der Priorität von Stakeholdern auf die Managementsysteme. Dies ist ein bedeutendes Kriterium für eine interaktive Nachhaltigkeitsberichterstattung.[364]

- *Zugänglichkeit der Information:* Dieses Kriterium wurde überwiegend für die Bewertung des Einsatzes von Internettechnologien für die Nachhaltigkeitsberichterstattung angewandt, die benutzerfreundliche Elemente (z.B. Auswahl der Sprache, Hyperlink zur vertieften Information) anbieten. Diese Zugänglichkeit der Informationen im Internet ist für das Konzept einer interaktiven Nachhaltigkeitsberichterstattung sehr relevant.[365]

- *Zugänglichkeit des Designs:* Die Zugänglichkeit des Designs ist dadurch gekennzeichnet, dass der Nachhaltigkeitsbericht graphische bzw. tabellarische Darstellungen beinhaltet, die das Interesse der Zielgruppen wecken und zum Verständnis beitragen können. Für das Konzept einer interaktiven Nachhaltigkeitsberichterstattung sind die Interesse weckenden Informationen von großer Bedeutung.[366] Insofern wird das Kriterium zu den Kriterien der ‚Interaktivität' herangezogen.

Im nächsten Abschnitt werden die Ergebnisse der Korrelationsanalyse zwischen den Gesamtpunkten und Teilpunkten der ‚Interaktivität' dargestellt, um den Zusammenhang zwischen der Qualität der Nachhaltigkeitsberichte und dem Konzept einer interaktiven Nachhaltigkeitsberichterstattung zu ermitteln.

---

[363] Vgl. Abschnitt 8.2.3.
[364] Vgl. Abschnitt 8.2.2.
[365] Vgl. Tabelle 19 bzw. Abschnitt 8.2.1.
[366] Vgl. Tabelle 19 bzw. Abschnitt 8.2.1.

8.3.2 Ergebnisse der Untersuchung

Abbildung 28 zeigt das Ergebnis der Korrelationsanalyse[367] zwischen den Gesamtpunkten und Teilpunkten der ‚Interaktivität' anhand von 50 Nachhaltigkeitsberichten der Rankingliste von SustainAbility & UNEP. Die Gesamtpunkte sind die Punktzahlen für die 50 Unternehmen, die aufgrund der 49 Kriterien der Rankinganalyse von SustainAbility & UNEP vergeben wurden. Die Teilpunkte der ‚Interaktivität' beziehen sich auf die Punktzahlen, die diese 50 Unternehmen anhand der in Abschnitt 8.3.1 ausgewählten Kriterien der Interaktivität erhalten haben (vgl. Tabelle 46 im Anhang).

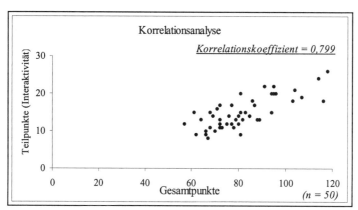

Abb. 28: Ergebnis der Korrelationsanalyse
(eigene Darstellung)

Der Korrelationskoeffizient beträgt 0,799, d.h. zwischen den Teilergebnissen anhand der für das Konzept einer interaktiven Nachhaltigkeitsberichterstattung relevanten Kriterien und den Gesamtpunkten der Analyse von 50 Nachhaltigkeitsberichten besteht ein starker positiver Zusammenhang. Es kann daher davon ausgegangen werden, dass Unternehmen, die im Rahmen ihrer Nachhaltigkeitsberichterstattung den interaktiven Kriterien besonders Rechnung getragen haben, in der Rankinganalyse von SustainAbility & UNEP 2002 für die Qualität ihrer Nachhaltigkeitsberichte gute Ergebnisse erhielten.

Aus diesen Ergebnissen kann abgeleitet werden, dass eine interaktive Nachhaltigkeitsberichterstattung ein großes Potenzial zur Erhöhung der Qualität der Berichte hat. Es ist jedoch zu diskutieren, welche Grenzen hinsichtlich des Kon-

---

[367] Unter der Verwendung von Korrelationskoeffizient nach Spearman (vgl. Bühl & Zöfel 2000, 322f.).

zepts einer interaktiven Nachhaltigkeitsberichterstattung bestehen. Im nächsten Abschnitt wird daher auf die Grenzen des Konzepts eingegangen.

8.4 Grenzen des Konzepts

Die wesentlichen Elemente des Konzepts einer interaktiven Nachhaltigkeitsberichterstattung sind die kontinuierlichen Dialoge mit den Zielgruppen im Rahmen der Berichterstattung und die Nutzung der Elemente der internetgestützten Kommunikation (vgl. Abschnitt 8.1). Daher können die Grenzen des Konzepts einer interaktiven Nachhaltigkeitsberichterstattung diesbezüglich erörtert werden. Tabelle 22 fasst die Grenzen des Konzepts einer interaktiven Nachhaltigkeitsberichterstattung zusammen.

Bezug	Grenzen
Dialoge	- Bereitschaft von Zielgruppen für Dialoge - Miteinbeziehen kritischer Stakeholder in Dialoge - Dialoge als „off the record"
Internettechnologie	- Missbrauch von Internettechnologie - Zurückhaltung der Zielgruppen gegenüber Interaktion - Problem des Datenschutzes

Tabelle 22: Grenzen des Konzepts einer interaktiven Nachhaltigkeitsberichterstattung
(eigene Darstellung)

Eine interaktive Berichterstattung setzt kontinuierliche Dialoge zwischen den berichtenden Unternehmen und ihren Zielgruppen voraus, die sowohl nach der Veröffentlichung der Berichte als auch während der Berichterstellung durchgeführt werden sollten. Um solche Dialoge beidseitig nutzenstiftend zu führen, sollten nicht nur die Unternehmensvertreter sondern auch die Zielgruppen die Bereitschaft zeigen, ernsthaft an den Dialogen teilzunehmen. Bezüglich der Bereitschaft von Zielgruppen stellt sich die Frage, ob sie sich in Dialoge mit den berichtenden Unternehmen miteinbeziehen lassen.[368] Wie in Abschnitt 4.3.2 erwähnt, sind einige Stakeholder, die die Glaubwürdigkeit des Unternehmens grundsätzlich als sehr niedrig einschätzen, eher zurückhaltend, enge Beziehungen mit diesem Unternehmen aufzubauen.[369] Um diese Probleme zu bewältigen, sollten Unternehmen versuchen, mit ihren Stakeholdern langfristige Kooperation aufzubauen.

---

[368] Vgl. Zadek & Raynard 2002, 9.
[369] Vgl. Schaltegger et al. 2003, 168.

Es ist auch schwer vorzustellen, dass ein Unternehmen all seine kritischen Stakeholder überhaupt zu Dialogen einladen kann, da komplizierte Verhältnisse zwischen einem Unternehmen und seinen Stakeholdern in derselben Branche vorliegen können. Diese resultieren aus Überscheidungen der Stakeholdergruppen, d.h. Individuen gehören zu mehreren Stakeholdergruppen und wollen nicht mehrfach in Dialoge eintreten. Ein möglicher Ansatz hierfür besteht darin, dass für unterschiedliche Stakeholder differenzierte Dialoge offeriert werden.

Außerdem tendieren die meisten Unternehmen dazu, die Dialogprozesse mit den kritischen Stakeholdern nicht zu veröffentlichen („off the record").[370] Aber aufgrund der erforderlichen Transparenz sollten Inhalte bzw. Ergebnisse der Dialoge so weit wie möglich veröffentlicht werden, denn ohne Veröffentlichung können die Beteiligten nicht erkennen, welcher gegenseitige Nutzen hier erzielt wurde.

Darüber hinaus besteht die Grenze der interaktiven Berichterstattung in Defiziten, dem Missbrauch von Internettechnologien und dem Problem des Datenschutzes. Z.B. kann das Nutzerverhalten im Internet (z.B. die Navigationstendenzen und die Nutzungsdauer) mit dem ‚Web Mining' von Webmanagern indirekt beobachtet und ausgewertet werden. Diese Technologie kann jedoch unabsichtliches Fehlverhalten nicht von beabsichtigten unterscheiden. Zudem kann auf die Ernsthaftigkeit von Feedbacks oder Antworten auf Befragungen nicht immer vertraut werden. Im schlimmsten Fall kann eine Person im Forum im Internet mit absichtlich negativen Meinungsäußerungen andere Nutzer negativ beeinflussen. Es sollte daher für die Webpräsenzen und die Beobachtung des Nutzerverhaltens mit aktuellsten IT-Infrastrukturen ausgestattet werden.

Auch besteht bei gewissen Stakeholdern ein Reaktionsverhalten gegenüber Interaktion (z.B. Teilnahme an Befragungen, Freigabe der Daten), da sie möglichst anonym agieren wollen. Auf der einen Seite sollten Leute ihre persönlichen Daten freigeben, um individuell behandelt werden zu können. Auf der anderen Seite wollen die Leute gerade an Unternehmen ihre Daten nicht ausgeben, weil sie Angst haben, dass ihre Daten für anderen Zweck benutzt werden.

8.5 Fazit

In diesem Kapitel wurde das Konzept einer interaktiven Nachhaltigkeitsberichterstattung erarbeitet. Die Charakteristika des Konzepts einer interaktiven Nachhaltigkeitsberichterstattung sind gegenseitige Verständigung, dialogorientierte Kommunikation, Bericht als Kommunikationsoutput, Zielgruppenorientierung, individuelle Behandlung und Pull-Möglichkeit, die zur Erhöhung der

---

[370] Vgl. Pleon Kohtes Klewes 2004.

Glaubwürdigkeit der Nachhaltigkeitsberichte beitragen sollten. Um das Potenzial einer interaktiven Nachhaltigkeitsberichterstattung zu überprüfen, wurde anschließend Korrelationsanalyse anhand von 50 Nachhaltigkeitsberichten der Rankingliste von SustainAbility & UNEP vorgenommen (vgl. Abschnitt 8.3.1). Hierbei wurde ndie 49 Kriterien der originalen Rankinganalyse von Sustain-Ability & UNEP ausgewählten Kriterien der Interaktivität gegenübergestellt. Die Ergebnisse der Untersuchung verdeutlichen, dass zwischen der interaktiven Nachhaltigkeitsberichterstattung und der Qualität der Nachhaltigkeitsberichte ein stark positiver Zusammenhang besteht. Jedoch hat das Konzept einer interaktiven Nachhaltigkeitsberichterstattung Grenzen. Diese beziehen sich zum einen auf die Bereitschaft der Zielgruppen an einer Teilnahme an den Dialogen mit den berichterstattenden Unternehmen und zum anderen auf Defizite sowie Missbrauch der Internettechnologien.

Teil III: Analyse der Internetnutzung von den GF 500 Unternehmen für ihre Nachhaltigkeitsberichterstattung

9 Entwicklung und Darstellung des Analysekonzepts

9.1 Zielsetzung der Analyse

Hauptziel der Analyse ist es, den aktuellen Stand der Entwicklung im Bereich der internetgestützten Nachhaltigkeitsberichterstattung von großen Unternehmen abzubilden. Dafür ist die Untersuchung des Verhaltens der Global Fortune 500 Unternehmen[371] besonders geeignet, da diese eine sehr große Bandbreite unterschiedlicher Merkmale aufweisen und über verschiedene Kontinente sowie Branchen verteilt sind, wodurch ein Vergleich zwischen den Unternehmen aus unterschiedlichen Kontinenten, Branchen sowie mit unterschiedlichen Umsatzgrößen ermöglicht wird.

Die Fragestellungen der Analyse sind somit:

- Wie viele Unternehmen der GF 500 stellen ihre Umweltinformationen und/oder sozialen Informationen auf ihren eigenen Internetseiten zur Verfügung?

- Wie nutzen sie die Elemente der interaktiven Nachhaltigkeitsberichterstattung im Internet?

Für die Analyse werden Kriterien eingesetzt, die aus den sechs Kategorien des in Teil II entwickelten Konzepts für eine interaktive Nachhaltigkeitsberichterstattung abgeleitet werden. Die Ergebnisse der Untersuchung werden zusätzlich in Bezug zu den Kontinenten, Branchen und Umsatzgrößen gesetzt, um die Zusammenhänge zwischen der Nutzung der Elemente der interaktiven Nachhaltigkeitsberichterstattung im Internet und den unterschiedlichen GF 500 Unternehmen herzustellen.

Als Ausgangpunkte werden folgende Hypothesen aufgestellt und geprüft:

---

[371] Das amerikanische Wirtschaftsmagazin Fortune erfasst jährlich die Liste der weltweit größten Unternehmen auf Basis ihrer Umsätze. Die in dieser Arbeit verwendete Liste wurde 2003 erstellt (vgl. http://www.fortune.com).

- *Hypothese 1 – Unternehmen der IKT-Branche nutzen mehr Elemente der interaktiven Berichterstattung im Internet als andere Branchen.*

  In Kapitel 3 wurden verschiedene Epochen der Unternehmenskommunikation vorgestellt. Vermutlich ist die Telekommunikationsbranche vor allem in der 6. Periode der Unternehmenskommunikation (d.h. in der Phase einer interaktiven Kommunikation) gewachsen. Zudem besitzen die Unternehmen der IKT-Branche eine bessere technische Ausstattung sowie ein größeres Know-how hierfür als andere Branchen. In diesem Sinne kann davon ausgegangen werden, dass sie mehr Elemente der interaktiven Berichterstattung im Internet nutzen als andere Branchen.

- *Hypothese 2 - Je umsatzstärker ein Unternehmen ist, desto mehr werden Umweltinformationen sowie soziale Informationen im Internet zur Verfügung gestellt.*

  Wie in Abschnitt 3.2.3 sowie 4.1.1 erläutert, liegt das übergeordnete Ziel der Nachhaltigkeitsberichterstattung in der Erhöhung der Unternehmensreputation. Das Reputationsmanagement wird aber im Allgemeinen von großen Unternehmen thematisiert.[372] In diesem Sinne kann davon ausgegangen werden, dass Unternehmen mit größeren Umsätzen nach einer guten Nachhaltigkeitsberichterstattung streben.

- *Hypothese 3 - Unternehmen der Produktions-, Energie- oder Transportbranche streben nach einer vermehrten Vermittlung von Umweltinformationen im Internet als andere Branchen.*

  Die Produktions-, Energie- und Transportbranchen werden häufig als die größten Umweltsünder betrachtet. Dieser Auffassung treten sie entgegen, indem sie vermehrt Umweltinformationen im Internet zur Verfügung stellen.

- *Hypothese 4 - Der Grad der Einbeziehung der Stakeholder in die Berichterstattungsprozesse bei den Unternehmen, die anhand des GRI Leitfadens ihre Berichte erstellen, ist deutlich höher als bei den übrigen Unternehmen.*

  Der GRI Leitfaden fordert die Unternehmen bei der Erarbeitung ihrer Nachhaltigkeitsberichte auf, ihre Stakeholder in die Berichterstattungsprozesse einzubeziehen, um die Transparenz und Glaubwürdigkeit der Berichte zu erhöhen.[373] In diesem Kontext ist zu erwarten, dass der Grad der Einbeziehung der Stakeholder in die Berichterstattung bei den Nachhaltigkeitsberichten, die anhand des GRI Leitfadens erstellt wurden, deutlich höher ist als bei den übrigen Unternehmen.

---

[372] Vgl. Fombrun & Wiedmann 2001a, 60; Schwalbach 2001.
[373] Vgl. GRI 2002, 42.

- *Hypothese 5 – Die Möglichkeit des Herunterladens von Informationen bzw. Berichten wird von mehr als der Hälfte der GF 500 Unternehmen, die im Internet ihre nachhaltigkeitsrelevanten Informationen präsentieren, angeboten.*

Eines der einfachsten technischen Elemente der Internetunterstützung ist die Bereitstellung von Informationen oder Berichten in Form eines Downloads, das mit geringem Aufwand installiert werden kann. Der überwiegende Teil der GF 500 Unternehmen sollte diese Möglichkeit nutzen.

- *Hypothese 6 – Es gibt einen positiven Zusammenhang zwischen der Umsatzgröße der Unternehmen und der Nutzung der Elemente der interaktiven Nachhaltigkeitsberichterstattung im Internet.*

Für die Unternehmenskommunikation bzw. die Nachhaltigkeitsberichterstattung im Internet bedarf es zusätzlicher Kapazitäten. Daher ist es denkbar, dass die umsatzstärkeren Unternehmen eher die notwendigen Ressourcen zur Verfügung stellen, eine interaktive Nachhaltigkeitsberichterstattung im Internet zu betreiben.

Im nächsten Abschnitt wird das Untersuchungsdesign vorgestellt.

9.2 Untersuchungsdesign

In diesem Abschnitt werden der Untersuchungsgegenstand (9.2.1) und die Untersuchungskriterien (9.2.2) dargestellt.

9.2.1 Untersuchungsgegenstand

Der Untersuchungsgegenstand der dieser Arbeit zugrunde liegenden Analyse sind die Internetseiten zum Nachhaltigkeitsbereich der GF 500 Unternehmen.[374] Als Einstieg werden ihre statistischen Angaben in Bezug auf ihre Unternehmensgrößen, Kontinenten- und Branchenverteilung vorgestellt.

- *Unternehmensgröße:* Die GF 500 Unternehmen werden anhand ihrer Umsatzgröße in vier Gruppen klassifiziert, um die Verhältnisse zwischen Umsatzgrößen und Interaktivität der Nachhaltigkeitsberichterstattung zu erforschen. Mehr als die Hälfte der GF 500 Unternehmen haben einen geringeren Umsatz als 20 Mrd. Euro, während die Umsätze von 5,8% der GF

---

[374] Die Liste von GF 500 Unternehmen bezieht sich nicht auf die verschiedenen Tochterfirmen von Unternehmen, sondern es handelt sich um die einzelnen Konzerne. Daher wurden auch in dieser Studie nicht die Webseiten von Tochterfirmen oder Standorten, sondern die repräsentativen Webseiten der Konzerne untersucht.

500 Unternehmen 50 Mrd. Euro überschreiten. Der Mittelwert der Umsatzgröße der GF 500 Unternehmen beträgt 21,9 Mrd. Euro (vgl. Abb. 29).[375]

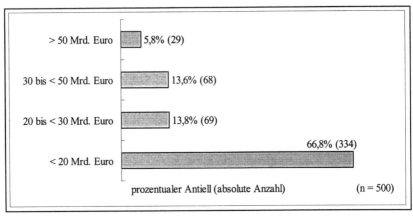

Abb. 29: Umsatzverteilung der GF 500 Unternehmen
(eigene Darstellung)

- *Branchenverteilung:* Das Fortune Magazin hat insgesamt 56 Branchen detailliert aufgeführt, denen die GF 500 Unternehmen zugeordnet sind (vgl. Tabelle 47 sowie 48 im Anhang). Diese Branchen werden nun sieben Branchengruppen zugeordnet, um die Analyse zu vereinfachen. Die finanzielle Dienstleistungsbranche (23,4%), Handel & Dienstleistungsbranche (21,8%) und Produktionsbranche (21,4%) sind diejenigen, in denen die meisten Unternehmen tätig sind. Der Anteil der Energie- (12,6%), Transport- (9,0%) und IKT-Branche (8,6%) liegt deutlich darunter. Weitere 16 Unternehmen sind der Gruppe ‚anderen Branchen' zugeordnet (vgl. Abb. 30).

---

[375] Die Betrachtung der Umsätze orientiert sich an der Erhebung des Fortune Magazins. Die Umsätze in US Dollar wurden anhand des Wechselkurses von 1 USD = 0,79669€ (Stand 31.12.2003) in Euro umgerechnet. Allerdings wären gegebenenfalls andere Angaben wie Mitarbeiteranzahl oder Marktanteil aussagekräftiger in Bezug auf die Unternehmensgröße.

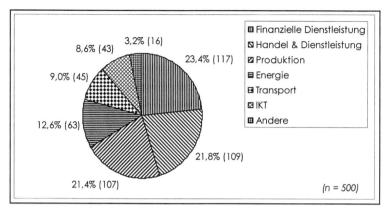

Abb. 30: Branchenverteilung der GF 500 Unternehmen

- *Kontinentesverteilung:* Die GF 500 Unternehmen werden den Kontinenten, auf denen ihre Hauptsitze liegen, zugeordnet. Es ergeben sich die vier Kontinentesgruppen Amerika, Europa, Asien und die übrige Welt (vgl. Abb. 31 sowie Tabelle 49 in Anhang). 42,4% der GF 500 Unternehmen liegen in Amerika (wie Brasilien, Kanada, Mexiko und den USA). Weitere 33,2% sind aus Europa (wie Deutschland, Großbritannien, Frankreich, Spanien usw.), während 23,2% in Asien[376] angesiedelt sind. Weitere sechs Unternehmen sind der ‚übrigen Welt' zugeordnet.

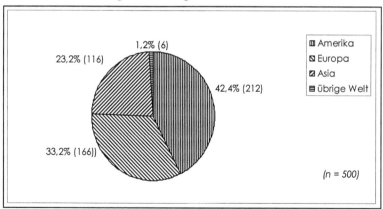

Abb. 31: Kontinentesverteilung der GF 500 Unternehmen

---

[376] Drei Viertel aus dieser Gruppe sind wiederum japanische Unternehmen.

Von den insgesamt 500 Firmen stellen 16 Unternehmen ihre Webseiten nicht auf Englisch zur Verfügung.[377] Entsprechend beziehen sich die Ergebnisse in Abschnitt 10.1 auf die Auswertung von 484 englischsprachige Unternehmenswebseiten der GF 500.

Im nächsten Abschnitt werden die für die Analyse aufgestellten Kriterien näher erläutert.

9.2.2 Darstellung der Kriterien

Die Kriterien der Analyse orientieren sich vorrangig an den Elementen einer internetgestützten Nachhaltigkeitsberichterstattung, die hauptsächlich aus den technischen Möglichkeiten des Internets für eine interaktive Kommunikation bestehen. In diesem Sinne können die Kriterien aus den derzeitigen technischen Möglichkeiten des Internets ausgewählt werden.[378] Tabelle 23 zeigt den Charakter sowie die entsprechende Kategorie aus dem Konzept der interaktiven Nachhaltigkeitsberichterstattung.

Charakter	Kategorie
Kommunikationscharakter	Gegenseitige Verständigung (GV) Dialogorientierte Kommunikation (DK) Bericht als Kommunikationsoutput (BK)
Personalisierungscharakter	Zielgruppenorientierung (ZO) Individuelle Behandlung (IB) Pull-Möglichkeit (PM)

Tabelle 23: Charakter und Kategorien der interaktiven Nachhaltigkeitsberichterstattung (vgl. Abb. 27)

Um eine gegenseitige Verständigung zwischen den berichterstattenden Unternehmen und ihren Zielgruppen im Internet zu ermöglichen, sollten Möglichkeiten dafür gegeben werden, dass sich die Zielgruppen auf den Internetseiten der berichtenden Unternehmen in Bezug auf mögliche Fragen informieren können. Hierfür sind ein Glossar, FAQs (Frequently Asked Questions), interne sowie externe Links zu Nachhaltigkeitsthemen, kontextsensitive Suchmaschinen und aktuelle Nachrichten im Web geeignet (vgl. Tabelle 24):

---

[377] Stand Juli & August 2004.
[378] Vgl. Abschnitt 6.2.2.

Kategorie	Kriterien
	Glossar
	FAQs
Gegenseitige	Interne Links zu Nachhaltigkeitsthemen
Verständigung (GV)	Externe Links zu Nachhaltigkeitsthemen
	Kontextsensitive Suchmaschinen
	Aktuelle Nachrichten im Web

Tabelle 24: Kriterien für die Analyse - Kategorie ‚Gegenseitige Verständigung'
(eigene Darstellung)

- *Glossar:* Manche Fachbegriffe wie z.B. Ökoeffizienz sind nicht für alle Leser der Nachhaltigkeitsberichte bekannt. Wenn solche Begriffe nicht deutlich erläutert sind, können die Leser kaum oder nur schwer nachvollziehen, was die Berichte aussagen. Ein Glossar mit vollständigen Erklärungen der Fachbegriffe sowie der Abkürzungen trägt zum Verständnis bei.

- *FAQs:* FAQs geben eine Übersicht häufig gestellter Fragen mit den entsprechenden Antworten. Sie sollen neuen Lesern eine erste Orientierung bieten und vermeiden, dass dieselben grundlegenden Fragen immer wieder beantwortet werden. FAQs sind nicht immer im Frage-Antwortstil formuliert. Zuweilen werden auch einleitende Informationen und Tipps als FAQ bezeichnet.

- *Interne Links* zu *Nachhaltigkeitsthemen:* Mit den intern verlinkten Seiten zu Nachhaltigkeitsthemen auf jeder Webseite können die Nutzer (User) auf relevante Informationen einfach zugreifen und somit schneller ein besseres Verständnis erwerben.

- *Externe Links zu Nachhaltigkeitsthemen:* Nicht nur intern, sondern auch extern verlinkte relevante Informationen geben den Lesern die Möglichkeit, sich vertieft zu informieren und thematisch zu verständigen.

- *Aktuelle Nachrichten im Web:* Die Aktualität von Informationen im Internet ist ein entscheidender Faktor für eine webbasierte Kommunikation. Gerade nachhaltigkeitsrelevante Informationen im Internet sollten möglichst aktuell sein, damit den Lesern vermittelt wird, dass sich die Unternehmen um die Information der Zielgruppen bemühen.

Eine dialogorientierte Kommunikation im Internet kann mittels Kommunikationsinstrumenten des Internets (wie z.B. E-Mail, Forum, Newsgroups) unterstützt werden. Daher werden für die Kategorie ‚Dialogorientierte Kommunikation' insgesamt fünf Kriterien verwendet (vgl. Tabelle 25):

Kategorie	Kriterien
Dialogorientierte Kommunikation (DK)	E-Mail Adresse
	Kontakt-Nr.
	Online-Befragungen
	Darstellung der Ergebnisse von Befragung
	Forum

Tabelle 25: Kriterien für die Analyse - Kategorie ‚Dialogorientierte Kommunikation'
(eigene Darstellung)

- *E-Mail Adresse:* Mit einer E-Mail können die Leser die Unternehmen kostengünstig jederzeit erreichen, um weitere Fragen zu stellen oder Anmerkungen bezüglich der Informationen im Internet zu geben. Dafür sollten E-Mail Adressen von Abteilungen oder Beauftragten angeboten werden, die für die Nachhaltigkeitsberichterstattung bzw. das -management zuständig sind.

- *Kontakt-Nr.:* Eine Kontakt-Nr. (z.B. Telefon-Nr. oder Fax-Nr.) ist für weitere Dialoge mit den Zielgruppen geeignet.

- *Online-Befragungen:* Unternehmen können im Internet Fragebogen publizieren, um die Zufriedenheit der Zielgruppen bezüglich der Informationen oder Wünsche bzw. Anmerkungen zu erhalten.

- *Darstellung der Ergebnisse von Befragungen:* Um die Transparenz zu erhöhen und den Wert der Befragungen zu signalisieren, sollen die Ergebnisse von Befragungen dargestellt werden. Es sollte auch deutlich werden, dass die Unternehmen die Ergebnisse der Befragungen für die weitere Entwicklung der Nachhaltigkeitsberichterstattung im Internet aufgenommen haben.

- *Forum:* Mittels eines Forums können die Leser ihre Meinungen über die Informationen sowie über die Aktivitäten des Unternehmens äußern und zur Diskussion stellen. Dies öffnet den Unternehmen und Zielgruppen eine hervorragende Gelegenheit, gezielt über Themen zu diskutieren. Voraussetzung dafür ist, dass die Leser und die Unternehmen ernsthaft an den Dialogen teilnehmen.

Für die Kategorie ‚Bericht als Kommunikationsoutput' bietet das Internet keine technologischen Möglichkeiten. Hierfür wurden daher ausnahmsweise inhaltbezogene Kriterien gewählt, um den Kommunikationsgrad zwischen dem Unternehmen und seinen Stakeholdern vor der Erstellung des Berichts zu ermitteln. Die Kriterien für diese Kategorie werden aus dem GRI Leitfaden 2002 in Bezug auf das Stakeholder-Engagement abgeleitet (vgl. Tabelle 26).[379]

Kategorie	Kriterien
Bericht als Kommunikations output (BK)	Grundlagen zur Identifikation und Auswahl bedeutender Stakeholder
	Ansätze für Stakeholderkonsultationen (Häufigkeit nach Form und Stakeholdern)
	Art der durch Stakeholderkonsultationen generierten Informationen
	Verwendung der Informationen, die aus der Einbindung von Stakeholdern resultieren

Tabelle 26: Kriterien für die Analyse - Kategorie ‚Bericht als Kommunikationsoutput'
(eigene Darstellung)

Die Kategorie ‚Zielgruppenorientierung' beinhaltet 12 Kriterien (vgl. Tabelle 27). Die Zielgruppenorientierung in der Berichterstattung im Internet umfasst im engeren Sinne das Anbieten der zielgruppendifferenzierten Informationen. Im weiteren Sinne können benutzerfreundliche Funktionen (wie z.B. druckfreundliche Seiten, Video/Audio) der Zielgruppenorientierung zugeordnet werden, da solche Funktionen zum einen eine weitere Verwendung der Informationen von Zielgruppen unterstützt. Zum anderen können die Unternehmen durch diese Funktionen eine höhere Aufmerksamkeit ihrer Zielgruppen gewinnen.

Kategorie	Kriterien
Zielgruppen-orientierung (ZO)	Zielgruppendifferenzierte Zuordnung der Informationen
	Berichte in html
	Anwendung des GRI Index in html
	Index (alphabetisch)
	Adds on Favoriten
	Erklärung mit Mouse-On
	Bereitstellung des Materials als PPT (Präsentationsdatei)
	Druckfreundliche Seiten
	Tabelle als Excel-Dateien
	Video/Audio
	Realread
	Vergrößerung von Grafiken

Tabelle 27: Kriterien für die Analyse - Kategorie ‚Zielgruppenorientierung'
(eigene Darstellung)

---

[379] Vgl. GRI 2002, 42.

- *Zielgruppendifferenzierte Zuordnung der Informationen:* Der Kern der Zielgruppenorientierung liegt in der zielgruppendifferenzierten Zuordnung der
Informationen.[380] Je nach Zielgruppe und ihren unterschiedlichen Wünschen
können die Informationen gruppiert werden. Beispielsweise können Unternehmen für die Finanzmarktakteure vor allem die Verhältnisse zwischen
Unweltleistungen und dem Shareholder Value darstellen, um zu zeigen, wie
ihre Umweltleistungen den Shareholder Value beeinflussen.[381]

- *Berichte in html:* Ist ein Nachhaltigkeitsbericht in html kodiert, kann einfacher auf die gewünschte Webseite zugegriffen werden.

- *Anwendung des GRI Index in html:* Ein wesentliches Ziel des GRI Leitfadens liegt in der Erhöhung der Vergleichbarkeit von Nachhaltigkeitsberichten.[382] Hierfür spielt der GRI Index eine große Rolle. Sind die Berichte
im Internet anhand des GRI Index, dargestellt, können die Benutzer der
Webseiten nicht nur auf die verlinkten Informationen rasch zugreifen, sondern sie können auch ohne großen Aufwand die Informationen verschiedener Webseiten vergleichen.

- *Index (alphabetisch):* Eine andere Variante des GRI Index ist die Anwendung eines alphabetischen Index zum Inhalt des Berichts.

- *Adds on Favoriten:* Mit der „Adds on Favoriten" Funktion kann der Leser
die Webseiten bei seinem Browserprogramm unter Favoriten einfacher ein-
fügen und so die Adressen im Browser zu speichern. Hiermit können Unternehmen ihre Zielgruppen motivieren, um die Webseiten weiter zu
besuchen.

- *Erklärung mit Mouse-On:* Damit die Leser für sie fremde Fachbegriffe der
Nachhaltigkeitsberichte schnell verstehen, können Unternehmen die
Funktion ‚Erklärung mit Mouse-On' einsetzen. Berührt der Leser mit der
Mouse den entsprechenden Fachbegriff, so öffnet sich ein Pop-Up-Fenster
mit der Erläuterung des Begriffs.

- *Bereitstellung des Materials als PPT (Präsentationsdatei):* Für eine weitere
Verwendung der Informationen für Zielgruppen können Unternehmen die
relevanten Informationen in Präsentationsdateien packen und anbieten.

- *Druckfreundliche Seiten: Einige* Leser haben ein Interesse an den Informationen in Papierform. Hierfür sollten Unternehmen ihre Informationen in

---

[380] Vgl. Stakeholder-Kompass der Unternehmenskommunikation in Abschnitt 2.1.2.
[381] Zum Konzept der Environmental Shareholder Value vgl. Schaltegger & Figge 1997;
Schaltegger & Figge 2000.
[382] Vgl. GRI 2002, 29.

der Form anbieten, dass die Texte ohne Veränderung der Druckereinstellungen ausdruckbar sind.

- *Tabelle als Excel-Dateien:* Im Gegensatz zu den in html kodierten statistischen Angaben bieten Excel-Dateien der statischen Angaben die Möglichkeit für weitere Anwendungen der Daten (wie z.B. interne Präsentationen & Diskussionen, Bewertungen der Leistungen von Unternehmen anhand einer eigenen Methodik).
- *Video/Audio:* Analog zum Nutzen der Präsentationsdateien bieten Video/Audio-Dateien den Zielgruppen große Anwendungspotenziale.
- *Realread:* Dies ist eine relativ neue Technik im Internet. Mit dieser Funktion sieht das Umblättern annähernd echt aus.[383]
- *Vergrößerung von Grafiken:* Durch die Vergrößerungsmöglichkeit der Grafiken werden diese intensiver betrachtet.

Die Kategorie ‚Individuelle Behandlung' umfasst die zwei Kriterien Mailinglisten sowie Personalisierung durch Log-In/Log-Out (vgl. Tabelle 28).

Kategorie	Kriterien
Individuelle Behandlung (IB)	Mailinglisten
	Personalisierung durch Log-In/Log-Out

Tabelle 28: Kriterien für die Analyse - Kategorie ‚Dialogorientierte Kommunikation'
(eigene Darstellung)

- *Mailinglisten:* Unternehmen können Mailinglisten erstellen, um ihre Zielgruppen regelmäßig zu informieren. Zielgruppen, die in die Mailinglisten aufgenommen wurden, können sowohl anonym als auch nicht-anonym behandelt werden.
- *Personalisierung durch Log-In/Log-Out:* Die Log-In/Log-Out Funktion ist für eine individuelle Behandlung der Zielgruppen besonders geeignet, weil sie ein personalisiertes Anbieten der Informationen ermöglicht. Zielgruppen müssen eingeloggt sein, um auf bestimmte Informationen zugreifen zu können, wofür Angaben der Person (z.B. Land, Beruf) erforderlich sind. Manche möchten nicht, ihre persönlichen Daten im Internet freigeben. Als Gegenleistung können sie aber die gewünschten detaillierten Informationen erhalten und werden als Kunden individuell behandelt.

Die Kategorie ‚Pull-Möglichkeit' besteht aus fünf Kriterien. Mit der Pull-Möglichkeit können die User die gewünschten Informationen direkt erhalten.

---

[383] Vgl. http://www.realread.com.

Dies geschieht per Herunterladen der Berichte, Bestellung einer Druckversion oder Shopping-Cart (vgl. Tabelle 29).

Kategorie	Kriterien
Pull-Möglichkeit (PM)	Herunterladen eines ganzen Berichts
	Herunterladen einzelner Kapitel
	Herunterladen älterer Berichte
	Bestellmöglichkeit einer Druckversion (z.B. per E-Mail oder Faxabruf)
	Shopping-Cart für die Zusammenstellung von Informationen und Berichten

Tabelle 29: Kriterien für die Analyse - Kategorie ‚Pull-Möglichkeit' (eigene Darstellung)

- *Herunterladen von Berichten:* Zur weiteren Nutzung können die Nachhaltigkeitsberichte als Pdf, Zip oder Word-Dokument bereitgestellt werden. Berichte können als Ganzes oder Kapitelweise zum Download angeboten werden. Idealerweise sollten Unternehmen auch ältere Berichte anbieten.
- *Bestellmöglichkeit einer Druckversion:* Die Nachfrage nach einer Druckversion der Nachhaltigkeitsberichte kommt immer noch vor.[384] Dementsprechend stellen Unternehmen eine Druckversion ihrer Berichte auch zur Verfügung. Dafür besteht oft die Bestellmöglichkeit im Internet.
- *Shopping-Cart für die Zusammenstellung von Informationen und Berichten:* Mit dieser Funktion können die Informationen und Berichte, die die Nutzer interessieren, in einem virtuellen Wagen bzw. Warenkorb gesammelt und auf einmal heruntergeladen werden.

Es wurden in diesem Abschnitt 35 Kriterien für eine internetunterstützte Nachhaltigkeitsberichterstattung vorgestellt. Im nächsten Abschnitt werden die Ergebnisse der Analyse dargelegt, in der die GF 500 Unternehmen anhand der Kriterien untersucht wurden.

---

[384] Vgl. Morhardt et al. 2002.

10 Ergebnisse der Analyse

Anhand der Fragestellungen der Analyse werden die Ergebnisse in zwei Teilen dargelegt. Abschnitt 10.1 bezieht sich auf die Frage, wie viele Unternehmen der GF 500 ihre Umweltinformationen und/oder sozialen Informationen auf ihren eigenen Internetseiten zur Verfügung stellen. Die andere Frage, wie sie die Elemente der interaktiven Nachhaltigkeitsberichterstattung im Internet nutzen, wird in Abschnitt 10.2 beantwortet. Die Ergebnisse der Untersuchung der aufgestellten Hypothesen werden in Abschnitt 10.3 dargestellt. Im Anschluss werden die Gesamtergebnisse in Abschnitt 10.4 diskutiert.

10.1 Bereitstellung der Umweltinformationen und sozialen Informationen im Internet

In diesem Abschnitt werden die Ergebnisse der Analyse hinsichtlich der Bereitstellung von Umweltinformationen und sozialen Informationen im Internet von 484 der GF 500 Unternehmen, die englische Webseiten präsentieren, dargestellt. Zuerst wird das Informationsangebot der gesamten Unternehmen (10.1.1) dargelegt. Im Anschluss daran wird der Zusammenhang zwischen dem Informationsangebot und den Umsatzgrößen aufgezeigt (10.1.2). Darüber hinaus werden in den Abschnitten 10.1.3 und 10.1.4 das Informationsangebot in einen Kontext zu Branchen sowie Kontinenten gesetzt.

10.1.1 Informationsangebot der 484 Unternehmen

Von den 484 Unternehmen bieten 32,2% umweltrelevante und soziale Informationen (d.h. beide Informationsarten) im Internet an, während 36,0% weder Umweltinformationen noch soziale Informationen auf ihren Webseiten zur Verfügung stellen. Mehr als die Hälfte der 484 Unternehmen (53,1%) veröffentlichen ihre Umweltinformationen im Internet, während soziale Informationen nur von 43,2% der 484 Unternehmen angeboten werden. Die Prozentanteile der Unternehmen, die lediglich nur Umweltinformationen bzw. nur soziale Information im Internet anbieten, betragen 20,9% bzw. 11,0% (vgl. Abb. 32).

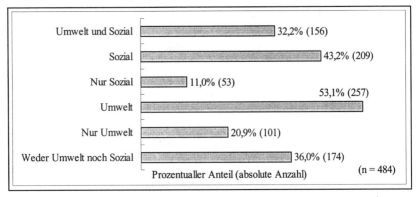

Abb. 32: Balkendiagramm der Informationsarten der GF 500 Unternehmen im
Internet
(eigene Darstellung)

Insgesamt 310 Unternehmen stellen entweder Umweltinformationen und/oder
soziale Informationen auf ihren Webseiten zu Verfügung (vgl. Abb. 33).

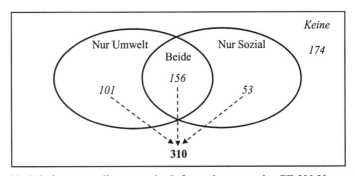

Abb. 33: Schnittmengendiagramm der Informationsarten der GF 500 Unternehmen
im Internet
(eigene Darstellung)

Daher bezieht sich die Analyse der Nutzung der Elemente der interaktiven
Nachhaltigkeitsberichterstattung der GF 500 Unternehmen im Internet auf die
Webpräsenzen der 310 Unternehmen. Im nächsten Abschnitt wird der Zusam-
menhang zwischen dem Informationsangebot und den Umsatzgrößen dargelegt.

10.1.2 Zusammenhang zwischen Informationsangebot und Umsatzgrößen

Abbildung 34 stellt den Zusammenhang zwischen dem Informationsangebot
und den Umsatzgrößen dar.

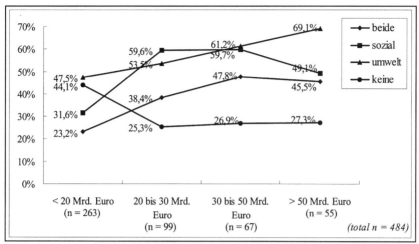

Abb. 34: Zusammenhang zwischen Informationsangebot und Umsatzgrößen (eigene Darstellung)

Abbildung 34 veranschaulicht, dass Unternehmen umso mehr Umweltinformationen präsentieren, je umsatzstärker sie sind. Interessanterweise bieten Unternehmen mit einem sehr hohen Umsatz weniger soziale Informationen auf ihren Seiten an als Unternehmen mit niedrigen Umsätzen. Dies führt dazu, dass der prozentuale Anteil von Unternehmen, die beide Informationsarten im Internet offerieren, in dieser Umsatzkategorie sinkt.

Tabelle 30 zeigt, welche Unternehmen dieser umsatzstärksten Gruppe Umweltinformationen, jedoch keine sozialen Informationen im Internet präsentieren.

Von den 13 Unternehmen, die nur Umweltinformationen im Internet präsentieren, sind sieben Unternehmen in Asien, fünf in Amerika und eines in Europa angesiedelt. Dies könnte eine Erklärung dafür sein, dass die geringe Anzahl von Unternehmen der umsatzstärksten Gruppe, die keine sozialen Informationen im Internet präsentieren, am geringen Interesse an sozialen Informationen von asiatischen und amerikanischen Unternehmen liegt. Ob die Unternehmen aus diesen Kontinentengruppen tatsächlich weniger soziale Informationen im Internet zur Verfügung stellen, wird im nächsten Abschnitt aufgezeigt.

Ranking	Unternehmen	Klassifikation	
		Branche	Kontinent
8	Toyota Motor	Transport	Asien
9	General Electric	Finanzielle Dienstleistung	Amerika
16	Nippon Telegraph & Telephone	IKT	Asien
19	Intl. Business Machines	IKT	Amerika
21	Siemens	Produktion	Europa
23	Marubeni	Handel & Dienstleistung	Asien
24	Verizon Communications	IKT	Amerika
26	Hitachi	Produktion	Asien
28	Honda Motor	Transport	Asien
30	Altria Group	Produktion	Amerika
34	Matsushita Electric Industrial	Produktion	Asien
36	ConocoPhillips	Energie	Amerika
41	Nissan Motor	Transport	Asien

Tabelle 30: Umsatzstarke Unternehmen, die nur Umweltinformationen im Web präsentieren

10.1.3 Zusammenhang zwischen Informationsangebot und Kontinenten

Der Zusammenhang zwischen dem Informationsangebot und den Kontinenten wird in Abbildung 35 dargestellt.

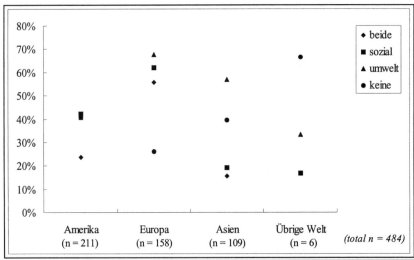

Kontinent		Amerika	Europa	Asien	Übrige Welt
Informations-	beide	23,7	55,5	15,6	16,7
art (%)	sozial	42,2	62,0	19,3	16,7
	umwelt	40,8	67,7	56,9	33,3
	keine	40,8	25,9	39,4	66,7

Abb. 35: Zusammenhang zwischen Informationsangebot und Kontinenten

Von den 484 untersuchten Unternehmen präsentieren die europäischen am häufigsten sowohl Umweltinformationen als auch soziale Informationen. Dieses kann daran liegen, dass die europäischen Unternehmen durch die Anforderungen der EMAS-Verordnung bereits Erfahrungen mit dem Umweltbericht gesammelt haben. Zudem ist die Nachhaltigkeitsberichterstattung von Unternehmen in einigen Ländern in Europa gesetzlich vorgeschrieben.[385] Ein hoher Anteil asiatischer Unternehmen (56,9%) weist Umweltinformationen aus, aber nur 19,3% von ihnen stellen soziale Informationen im Internet zur Verfügung. Dies verdeutlicht, dass die geringe Anzahl von Unternehmen der umsatzstärksten Gruppe, die keine sozialen Informationen im Internet präsentieren, auf asiatische Unternehmen zurückzuführen ist. Der Grund, warum asiatische Unternehmen wenig soziale Informationen im Internet zur Verfügung stellen, könnte darin liegen, dass die asiatischen Unternehmen von ihren Zielgruppen bisher selten aufgefordert wurden, ihre sozialen Informationen zu veröffentlichen oder die Unternehmen kein Interesse an einer solchen Veröffentlichung haben.

40,8% der amerikanischen Unternehmen stellen sowohl keine Umweltinformationen als auch keine sozialen Informationen auf Ihren Webseiten zur Verfügung. Dieses ist erstaunlich, da Amerika, insbesondere die USA, in der ersten Zeit zu den aktivsten Regionen der Nachhaltigkeitsberichterstattung gehört hat.[386]

Im nächsten Abschnitt wird auf den Zusammenhang zwischen dem Informationsangebot und den Branchen eingegangen.

10.1.4 Zusammenhang zwischen Informationsangebot und Branchen

Abbildung 36 stellt den Zusammenhang zwischen dem Informationsangebot und den Branchen dar.

Unternehmen der Produktionsbranche (77,7%), Energiebranche (74,2%) und Transportbranche (68,2%) stellen am häufigsten Umweltinformationen dar. Der Grund dafür wäre, dass die Umweltbelastung dieser Branchen hoch und die Erwartungen ihrer Zielgruppen an Umweltinformationen höher als in anderen Branchen sind. Unternehmen der finanziellen Dienstleistungsbranche (33,9%) und der Handel- & Dienstleistungsbranche (29,9%) stellen dagegen am wenigsten ihre Umweltinformationen im Internet zur Verfügung. Dieses könnte daran liegen, dass die Umweltbelastung sowie soziale Verantwortung dieser Branchen von ihren Zielgruppen als weniger wichtig betrachtet werden. Es kann auch sein, dass überhaupt keine relevanten Informationen in den Unternehmen vorhanden sind. Unternehmen der Produktionsbranche (42,7%) und Energie-

---

[385] Vgl. Fußnote 180.
[386] Vgl. ACCA 2004, 9.

branche (40,3%) schneiden in Bezug auf die Darstellung beider Informations-
arten gut ab. Mehr als die Hälfte der Unternehmen der Informations- und
Kommunikationstechnik (51,2%) stellen soziale Informationen ins Netz. Un-
ternehmen der finanziellen Dienstleistungsbranche (53,2%) und Handel- &
Dienstleistungsbranche (55,1%) stellen häufig dagegen keine sozialen und keine
Umweltinformationen im Internet zur Verfügung.

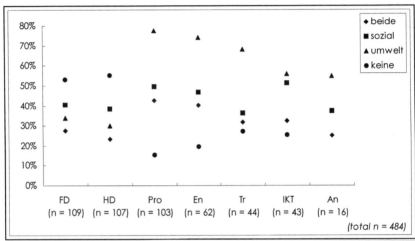

Branche		FD	HD	Pro	En	Tr	IKT	An
	beide	27,5	23,4	42,7	40,3	31,8	32,6	25,0
Informations-	sozial	40,4	38,3	49,5	46,8	36,4	51,2	37,5
art (%)	umwelt	33,9	29,9	77,7	74,2	68,2	55,8	55,0
	keine	53,2	55,1	15,5	19,4	27,3	25,6	37,5

FD: Finanzielle Dienstleistung, HD: Handel & Dienstleistung, Pro: Produktion, En: Energie, Tr:
Transport, An: Andere

Abb. 36: Zusammenhang zwischen Informationsangebot und Branchen
(eigene Darstellung)

Im nächsten Abschnitt werden die Ergebnisse der Untersuchung über die Nutzung der Elemente einer interaktiven Nachhaltigkeitsberichterstattung im Internet anhand von 310 Unternehmen diskutiert, die entweder Umweltinformationen,
soziale Informationen oder beide Arten im Internet präsentieren.

10.2 Nutzung der Elemente einer interaktiven Nachhaltigkeitsbericht-
erstattung im Internet

In diesem Abschnitt werden die Ergebnisse der Untersuchung über die Nutzung der Elemente einer interaktiven Nachhaltigkeitsberichterstattung im Internet von 310 Unternehmen in der Reihenfolge der sechs Kategorien des Konzepts

einer interaktiven Nachhaltigkeitsberichterstattung dargestellt. Tabelle 31 zeigt zunächst einen Überblick, wie viele Unternehmen die einzelnen Kriterien erfüllen.

Das von den meisten Unternehmen erfüllte Kriterium der 35 Kriterien ist das ‚Herunterladen eines ganzen Berichts', das auf den Webseiten von 178 Unternehmen (57,4%) angeboten wird. Die Kriterien ‚Herunterladen älterer Berichte' (117) sowie ‚Herunterladen einzelner Kapitel' (103) gehören auch zu den Kriterien, die von meisten Unternehmen erfüllt wurden. Das verdeutlicht, dass das Herunterladen von Berichten als Möglichkeit einer interaktiven Nachhaltigkeitsberichterstattung der GF 500 Unternehmen dominiert. Zudem stellen 134 Unternehmen ihre Berichte in html zur Verfügung, die mit Navigationsfunktionen und Link-Funktionen ausgestattet sind. Dagegen sind manche Kriterien der Kategorie ‚Zielgruppenorientierung' außer ‚Berichte in html' und ‚Druckfreundliche Seiten' von relativ wenigen Unternehmen umgesetzt. Das Niveau der Zielgruppenorientierung der Nachhaltigkeitsberichterstattung der GF 500 Unternehmen im Internet in Hinblick auf dem in Kapitel II entwickelten Konzept für eine interaktive Nachhaltigkeitsberichterstattung scheint sehr tief zu liegen.

Anzahl der Unternehmen	Prozent (von 310)	Kriterium	Kategorie[1]
178	57,4	Herunterladen eines ganzen Berichts	PM
134	43,2	Berichte in html	ZO
117	37,7	Herunterladen älterer Berichte	PM
107	34,5	Interne Link zu Nachhaltigkeitsthemen	GV
103	33,2	Herunterladen einzelner Kapitel	PM
95	30,6	E-Mail	DK
90	29,0	Externe Link zu Nachhaltigkeitsthemen	GV
63	20,3	Kontakt-Nr.	DK
56	18,1	Druckfreundliche Seiten	ZO
54	17,4	Aktuelle Nachrichten im Web	GV
39	12,6	Bestellmöglichkeit einer Druckversion (z.B. per E-Mail, Fax)	PM
34	11,0	Glossar	GV
31	10,0	Online-Befragungen	DK
30	9,7	Ansätze für Stakeholderkonsultationen (Häufigkeit nach Form und Stakeholdern)	BK
27	8,7	Grundlagen zur Identifikation und Auswahl bedeutender Stakeholder	BK
27	8,7	FAQs	GV
26	8,4	Kontextsensitive Suchmaschine	GV
23	7,4	Weiterleitung von Informationen per E-Mail	PM
23	7,4	Anwendung des GRI Index	ZO
21	6,8	Art der durch Stakeholderkonsultationen generierten Informationen	BK

15	4,8	Verwendung der Informationen, die aus der Einbindung von Stakeholdern resultieren	BK
15	4,8	Index (alphabetisch)	ZO
13	4,2	Video/Audio	ZO
11	3,5	Vergrößerung von Grafiken	ZO
11	3,5	Mailinglisten	IB
7	2,3	Realread	ZO
5	1,6	PPT (Präsentationsdatei)	ZO
4	1,3	Favoriten	ZO
3	1,0	Shopping-Cart für Auswahl von Informationen	PM
3	1,0	Zielgruppendifferenzierte Zuordnung der Informationen	ZO
2	0,6	Tabelle als Excel-Dateien	ZO
2	0,6	Erklärung mit Mouse-On	ZO
1	0,3	Personalisierung durch Log-In/Log-Out	IB
1	0,3	Forum	DK
1	0,3	Darstellung der Ergebnisse von Befragungen	DK

[1] GV: Gegenseitige Verständigung, DK: Dialogorientierte Kommunikation, BK: Bericht als Kommunikationsoutput, ZO: Zielgruppenorientierung, IB: Individuelle Behandlung, PM: Pull-Möglichkeit

Tabelle 31: Erfüllungsgrade der einzelnen Kriterien
(eigene Darstellung)

Der Erfüllungsgrad der untersuchten Webpräsenzen von 310 Unternehmen in den sechs Kategorien wird in den folgenden Abschnitten näher erläutert.

10.2.1 Kategorie ‚gegenseitige Verständigung'

In der Kategorie gegenseitige Verständigung wurden die sechs Kriterien ‚Glossar', ‚FAQs', ‚interne Links zu Nachhaltigkeitsthemen', ‚externe Links zu Nachhaltigkeitsthemen', ‚kontextsensitive Suchmaschinen' sowie ‚aktuelle Nachrichten im Web' untersucht. Abbildung 37 gibt einen Überblick, wie viele Webpräsenzen der untersuchten Unternehmen die sechs Kriterien der Kategorie Gegenseitige Verständigung umgesetzt haben.

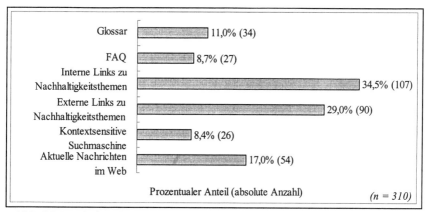

Abb. 37: Ergebnisse der Untersuchung der Webpräsenzen (Kategorie gegenseitige Verständigung)
(eigene Darstellung)

Das von den meisten Unternehmen erfüllte Kriterium in dieser Kategorie ist das der ‚internen Links zu Nachhaltigkeitsthemen' (34,5%). Am zweithäufigsten wird das der ‚externen Links zu Nachhaltigkeitsthemen' eingesetzt, die bei fast 30% der Webpräsenzen als Link-Sammlungen angeboten werden. Eine vorbildliche Sammlung von Links zu Nachhaltigkeitsthemen bietet die Webseite von Bayer (vgl. Abb. 38). Für die dargestellten Informationen sind relevante Links auf jeder Seite der Bayer Domain vorhanden, was bei den Webseiten von meisten Unternehmen nicht zu finden sind.

Abb. 38: Webpräsenz von Bayer als ein gutes Beispiel für das Anbieten der Links zu Nachhaltigkeitsthemen[387]

---

[387] http://www.bayer.com/about_bayer/social_responsibility/education_and_research/page7 06.htm.

167

Knapp ein Fünftel der untersuchten Webseiten weisen aktuelle Nachrichten aus. Auffällig dabei ist die Webseite von BASF. Dort befinden sich auf jeder Seite relevante aktuelle Nachrichten (vgl. Abb. 39, rechte Seite), somit das Interesse der Leser an aktuellen Nachrichten in Bezug auf dargestellte Informationen weiterhin geweckt werden. Dagegen bieten meiste Unternehmen aktuelle Nachrichten lediglich auf der ersten Seite der Webseiten an.

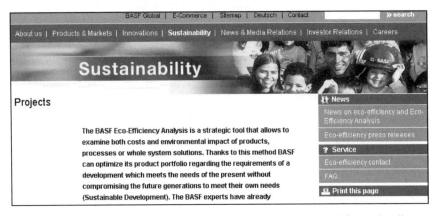

Abb. 39: Webpräsenz von BASF als ein gutes Beispiel für das Anbieten aktueller Nachrichten[388]

Ein ‚Glossar' und ‚FAQs' sind jeweils auf 11,0% sowie 8,7% der Webseiten bereitgestellt. Das Kriterium der ‚kontextsensitiven Suchmaschine' ist auf lediglich 8,4% der Webseiten vorhanden. Auffällig ist dabei aber die Webpräsenz von Shell, auf der auch pdf-Dateien in die Suche einbezogen werden.[389] Die meisten Kriterien in dieser Kategorie erfüllt die Webpräsenz des britischen Unternehmens Vodafone[390] aus der IKT-Branche. Bis auf eine ‚kontextsensitive Suchmaschine' bietet sie alle Möglichkeiten für eine gegenseitige Verständigung im Internet. Insgesamt 15 Unternehmen nutzen vier Kriterien und 36 Unternehmen drei Kriterien. Obwohl 147 Unternehmen keine Möglichkeiten hierzu anbieten, sind mehr als die Hälfte der untersuchten Unternehmen bezüglich der Elemente dieser Kategorie aktiv (vgl. Tabelle 32).[391]

---

[388] http://www.corporate.basf.com/en/sustainability/oekoeffizienz/projekte/?id=5DCBv5lx Rbcp1Oq.

[389] http://www.search.shell.com/cgi-bin/research.cgi

[390] http://www.vodafone.com

[391] Qualitätsunterschiede kann man aber nicht aus der Anzahl der erfüllten Kriterien ableiten.

Erfüllte Kriterien	6	5	4	3	2	1	0
Anzahl von Unternehmen	0	1	15	36	54	57	147
Prozent (aus 310 Unternehmen)	0,0	0,3	4,8	11,6	17,4	18,4	47,4

Tabelle 32: Erfüllungsgrade der Kategorie gegenseitige Verständigung

Es ist nun interessant zu untersuchen, wie die Erfüllungsgrade einzelner Kriterien in Bezug auf die Kontinenten- und Branchenverteilung sowie auf die Umsatzgrößen aussehen. Abbildung 40 zeigt zunächst den Erfüllungsgrad einzelner Kriterien nach Umsatz.

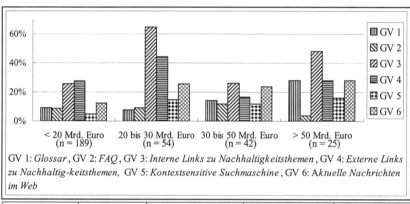

GV 1: *Glossar*, GV 2: *FAQ*, GV 3: *Interne Links zu Nachhaltigkeitsthemen*, GV 4: *Externe Links zu Nachhaltig-keitsthemen*, GV 5: *Kontextsensitive Suchmaschine*, GV 6: *Aktuelle Nachrichten im Web*

Umsatz		< 20 Mrd. Euro	20 bis 30 Mrd. Euro	30 bis 50 Mrd. Euro	> 50 Mrd. Euro
Erfüllungsgrad der Kriterien (%)	GV 1	9,0	7,4	14,3	28,0
	GV 2	8,5	9,3	11,9	4,0
	GV 3	25,9	64,8	26,2	48,0
	GV 4	27,5	44,4	16,7	28,0
	GV 5	4,8	14,8	11,9	16,0
	GV 6	12,2	25,9	23,8	28,0

Abb. 40: Verteilung des Erfüllungsgrads der Kriterien nach Umsatz (Kategorie gegenseitige Verständigung) (eigene Darstellung)

‚Interne Links zu Nachhaltigkeitsthemen' und ‚externe Links zu Nachhaltigkeitsthemen' sind diejenigen, die bei allen Umsatzgruppen am häufigsten eingesetzt werden. Auffällig ist dabei, dass das Kriterium ‚interne Links zu Nachhaltigkeitsthemen' von mehr als 60% der Unternehmen der Umsatzgruppe „< 20 Mrd. Euro" erfüllt wurden. Außerdem bieten etwa 30% der untersuchten Unternehmen der Umsatzstärksten Gruppe ‚Glossar' in ihren Webpräsenzen an.

Abbildung 41 zeigt die Zusammenhänge der einzelnen Kriterien der Kategorie gegenseitige Verständigung und der Branchenverteilung.

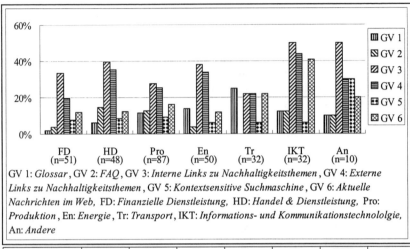

GV 1: *Glossar*, GV 2: *FAQ*, GV 3: *Interne Links zu Nachhaltigkeitsthemen*, GV 4: *Externe Links zu Nachhaltigkeitsthemen*, GV 5: *Kontextsensitive Suchmaschine*, GV 6: *Aktuelle Nachrichten im Web*, FD: *Finanzielle Dienstleistung*, HD: *Handel & Dienstleistung*, Pro: *Produktion*, En: *Energie*, Tr: *Transport*, IKT: *Informations- und Kommunikationstechnololgie*, An: *Andere*

Branche		FD	HD	Pro	En	Tr	IKT	An
	GV 1	2,0	6,3	11,5	14,0	25,0	12,5	10,0
	GV 2	3,9	14,6	12,6	4,0	0,0	12,5	10,0
Erfüllungsgrad der Kriterien (%)	GV 3	33,3	39,6	27,6	38,0	21,9	50,0	50,0
	GV 4	19,6	35,4	25,3	34,0	21,9	43,8	30,0
	GV 5	7,8	8,3	9,2	6,0	6,3	6,3	30,0
	GV 6	11,8	12,5	16,1	12,0	21,9	40,6	20,0

Abb. 41: Branchenverteilung des Erfüllungsgrads der Kriterien (Kategorie gegenseitige Verständigung)
(eigene Darstellung)

Der Erfüllungsgrad des Kriteriums ‚Glossar' ist bei meisten Branchen unter 20,0%, außer bei der Transportbranche (25,0%). Dagegen bietet kein Unternehmen der Transportbranche ‚FAQ' in Webpräsenzen. Interne sowie externe Links zu Nachhaltigkeitsthemen werden von der IKT-Branche am häufigsten angeboten (50,0% bzw. 43,8%). Danach kommen Handel & Dienstleistungsbranche (39,6% bzw. 35,4%) und Energiebranche (38,0% bzw. 34,0%).

Abbildung 42 zeigt die Verhältnisse zwischen den Ergebnissen der einzelnen Kriterien und der Kontinentesverteilung.

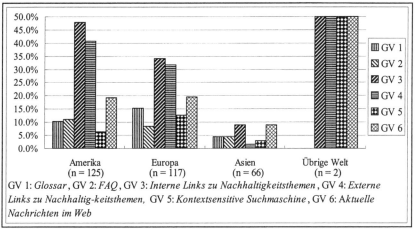

Kontinent		Amerika	Europa	Asien	Übrige Welt
Erfüllungsgrad der Kriterien (%)	GV 1	10,4	15,4	4,5	0,0
	GV 2	11,2	8,5	4,5	0,0
	GV 3	48,0	34,2	9,1	50,0
	GV 4	40,8	31,6	1,5	50,0
	GV 5	6,4	12,8	3,0	50,0
	GV 6	19,2	19,7	9,1	50,0

Abb. 42: Kontinentesverteilung des Erfüllungsgrads der Kriterien (Kategorie gegenseitige Verständigung) (eigene Darstellung)

Auffällig ist hierbei die niedrigen Erfüllungsgrade von asiatischen Unternehmen bei jedem Kriterium. Asiatische Unternehmen investieren in Hinblick auf die Kategorie ‚gegenseitige Verständigung' wesentlich weniger als Unternehmen in anderen Kontinenten. Dagegen liegen amerikanische Unternehmen bezüglich der Kriterien ‚interne Links zu Nachhaltigkeitsthemen' und ‚externe Links zu Nachhaltigkeitsthemen' weiter vorne. Es ist zu klären, ob die asiatischen Unternehmen die Elemente einer gegenseitigen Verständigung nicht anbieten wollen oder ob die Stakeholder in Asien kein Interesse daran haben oder ob diese Unternehmen für eine gegenseitige Verständigung andere Wege nutzen.

In diesem Abschnitt wurden die Ergebnisse der Untersuchung über die Nutzung der Elemente einer interaktiven Nachhaltigkeitsberichterstattung im Internet von 310 Unternehmen in Bezug auf die gegenseitige Verständigung dargestellt. Es ist bereits erwähnt, dass die gegenseitige Verständigung zwischen berichtenden Unternehmen und ihren Zielgruppen theoretisch zur interaktiven Nachhaltigkeitsberichterstattung somit auch zur Erhöhung der Glaubwürdigkeit der Nachhaltigkeitsberichte erheblich beitragen kann.[392] Die Erfüllungsgrade in dieser Kategorie zeigen, dass dieser Aspekt von 310 Unternehmen nicht viel wahrgenommen wurden.

Im nächsten Abschnitt werden die Ergebnisse der zweiten Kategorie dialogorientierte Kommunikation erläutert.

10.2.2 Kategorie ‚dialogorientierte Kommunikation'

In der Kategorie dialogorientierte Kommunikation wurden die fünf Kriterien ‚E-Mail-Adresse', 'Kontakt-Nr.', ‚Online-Befragungen', ‚Darstellung der Ergebnisse von Befragungen' sowie ‚Forum' untersucht. Abbildung 43 gibt einen Überblick, wie viele Webpräsenzen der untersuchten Unternehmen die Kriterien der Kategorie dialogorientierte Kommunikation aufweisen.

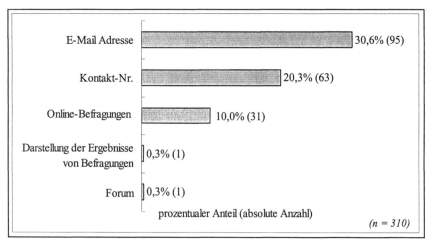

Abb. 43: Ergebnisse der Untersuchung der Webpräsenzen (Kategorie dialogorientierte Kommunikation) (eigene Darstellung)

Von den fünf Kriterien ist das Kriterium einer ‚E-Mail-Adresse' von den meisten Webpräsenzen eingerichtet worden (30,6%). Manche Unternehmen bieten lediglich eine repräsentative E-Mail Adresse an für Kontaktaufnahmen zur Berichterstattung. Einige Webseiten bieten die Möglichkeit, einen Ansprechpartner auszuwählen (z.B. BT[393] und LAFARGE[394]). Zusätzlich haben etwa ein

---

[392] Vgl. Abschnitt 6.1.5 und 8.1.
[393] http://www.btplc.com
[394] http://www.lafarge.com

Fünftel der Untersuchten Unternehmen auf ihren Webseiten eine Kontakt-Nummer. offeriert. Die Möglichkeit einer elektronischen Befragung wird von 10,0% der untersuchten Unternehmen wahrgenommen. Jedoch erfolgt eine Darstellung der Ergebnisse der Befragungen lediglich auf der Webseite von Bristol-Myers Squibb[395] (vgl. Abb. 44).

Sustainability 2010
Goals

Customer Information
Contractor Information
Supplier Information
Facility Information

Benchmark Information
Awards and Recognition

2004 Sustainability Report

Key Performance Indicators

Vision and Strategy

Profile

Governance Structure and Management Systems

Economic Performance

Environmental Performance

Social Performance

Integrated Performance

GRI Content Index

Verification

Bristol-Myers Squibb has a long tradition of open communication and cooperation with our stakeholders on environmental, social, and economic issues. This is a fundamental element of our Pledge. Incorporating the wisdom, concerns, and lessons of our stakeholders helps improve our management of the company.

In 2003, we received a total of 116 messages from the feedback section on our Web site. Of these, 74 messages related to EHS information and 42 addressed other topics. The feedback included requests for information on our EHS programs and performance; requests for copies of our sustainability report and material safety data sheets for our products; and comments on animal testing and other company activities.

2003 Feedback Requests from Sustainability Web Site

Requests for EHS Information	**74**
Sustainability report requests	56
Animal testing	14
Specific EHS/sustainability information requests	2
MSDSs	2
Requests Not Related to EHS	**42**
Sales attempts	8
Prescription discounts	1
Benchmarking survey/questionnaire requests	5
Product related	10
Drug safety issues	4

this Web site

More information is available on:
Stakeholder Engagement

Glossary
Links

Abb. 44: Beispiel für die Darstellung der Ergebnisse von Befragungen[396]

Zudem bietet nur Shell ein Internet-Forum für dialogorientierte Kommunikation an, das als ‚Tell Shell Forum'[397] seit Jahren bekannt ist. Die Unternehmen nutzen allenfalls drei Kriterien dieser Kategorie, und mehr als 60% der Unternehmen stellen nicht eines der Elemente einer dialogorientierten Kommunikation zur Verfügung (vgl. Tabelle 33).[398]

Erfüllte Kriterien	5	4	3	2	1	0
Anzahl von Unternehmen	0	0	12	49	57	192
Prozentualer Anteil (%)	0	0	3,9	15,8	18,4	61,9

Tabelle 33: Erfüllungsgrade der Kategorie dialogorientierte Kommunikation

---

[395] http://www.bms.com
[396] http://www.bms.com/static/ehs/sideba/data/dialog.html#survey
[397] http://www.euapps3.shell.com/TellShell
[398] Qualitätsunterschiede können aber nicht aus der Anzahl der erfüllten Kriterien abgeleitet werden.

Abbildung 45 zeigt die Erfüllungsgrade der Kriterien in der zweiten Kategorie bezogen auf die Umsatzverteilung auf. Hierbei werden die Kriterien ,Darstellung der Ergebnisse von Befragungen' sowie ,Forum' nicht aufgeführt, da wegen der niedrigeren Anzahl der diese Kriterien erfüllenden Unternehmen die Ergebnisse nicht aussagekräftig sind.

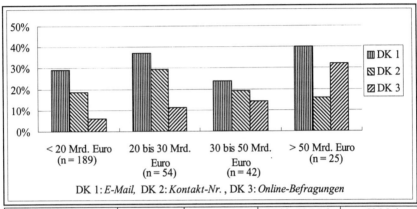

DK 1: *E-Mail,* DK 2: *Kontakt-Nr.* , DK 3: *Online-Befragungen*

Umsatz		< 20 Mrd. Euro	20 bis 30 Mrd. Euro	30 bis 50 Mrd. Euro	> 50 Mrd. Euro
Erfüllungs-grad der Kriterien (%)	DK 1	29,1	37,0	23,8	40,0
	DK 2	18,5	29,6	19,0	16,0
	DK 3	5,8	11,1	14,3	32,0

Abb. 45: Erfüllungsgrade der Kriterien nach Umsatz (Kategorie dialogorientierte Kommunikation
(eigene Darstellung)

Es zeichnet sich ab, dass je umsatzstärker die Unternehmen sind, desto mehr bieten sie Online-Befragungen im Internet an. Dennoch stellt nur ein Unternehmen die Ergebnisse der Befragungen im Internet dar (vgl. Abb. 43). Die Umsatzstärkste Gruppe bietet auch am häufigsten E-Mail an, während Kontakt-Nr. am häufigsten von der Umsatzgruppe „20 bis 30 Mrd. Euro" angeboten wird.

Abbildung 46 zeigt die Erfüllungsgrade der Kriterien nach Kontinenten in der Kategorie dialogorientierte Kommunikation auf.

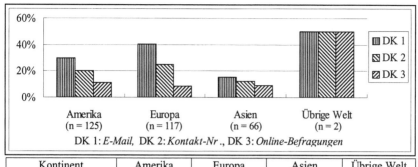

Kontinent		Amerika	Europa	Asien	Übrige Welt
Erfüllungs- grad der Kriterien (%)	DK 1	29,6	40,2	15,2	50,0
	DK 2	20,0	24,8	12,1	50,0
	DK 3	11,2	8,5	9,1	50,0

Abb. 46: Erfüllungsgrade der Kriterien nach Kontinenten (Kategorie dialogorientierte Kommunikation) (eigene Darstellung)

40% der europäischen Unternehmen bieten E-Mail-Adressen an. Der Prozentanteil der amerikanischen Unternehmen bei diesem Kriterium beträgt etwa 30%. Asiatische Unternehmen schneiden diesbezüglich schlecht ab (15,2%). Diese Tendenz zeigt sich auch in den Kriterien ‚Kontakt-Nr.' und ‚Online-Befragungen'. Auffällig ist hierbei, dass asiatische Unternehmen in der ersten Kategorie gegenseitige Verständigung auch nicht als aktive Unternehmen vertreten sind. Ob asiatische Unternehmen in allen Kategorien generell schlecht abschneiden, wird in den folgenden Abschnitten geklärt.

Abbildung 47 zeigt die Erfüllungsgrade der Kriterien nach Branchen in der zweiten Kategorie.

Für alle Kriterien dieser Kategorie schneiden die Unternehmen der IKT-Branche gut ab, wobei die Erfüllungsgrade jeweils 37,% betragen. Interessant ist hierbei, dass die IKT-Branche für die erste Kategorie gegenseitige Verständigung auch am aktivsten ist.

Die Ergebnisse der Untersuchung in dieser Kategorie zeigt, dass die dialogorientierte Kommunikation im Internet von untersuchten 310 Unternehmen vorwiegend über E-Mail (30,6%) erfolgen. Um mehr Interaktivität der Berichterstattung im Internet und damit auch die Glaubwürdigkeit der Berichte zu erlangen,[399] sollten Unternehmen weitere Elemente (wie z.B. Internet-Forum) für ihre Nachhaltigkeitsberichterstattung im Internet vorantreiben.

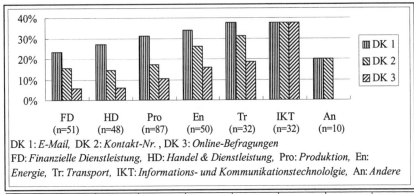

DK 1: *E-Mail,* DK 2: *Kontakt-Nr.* , DK 3: *Online-Befragungen*
FD: *Finanzielle Dienstleistung,* HD: *Handel & Dienstleistung,* Pro: *Produktion,* En:
Energie, Tr: *Transport,* IKT: *Informations- und Kommunikationstechnololgie,* An: *Andere*

Branche			FD	HD	Pro	En	Tr	IKT	An
Erfüllungs- grad der Kriterien (%)		DK 1	23,5	27,1	31,0	34,0	37,5	37,5	20,0
		DK 2	15,7	14,6	17,2	26,0	31,3	37,5	20,0
		DK 3	5,9	6,3	10,3	16,0	18,8	37,5	0,0

Abb. 47: Erfüllungsgrade der Kriterien nach Branchen (Kategorie dialogorientierte Kommunikation
(eigene Darstellung)

Im nächsten Abschnitt werden die Ergebnisse der dritten Kategorie Bericht als Kommunikationsoutput erläutert.

10.2.3 Kategorie ‚Bericht als Kommunikationsoutput'

In der Kategorie Bericht als Kommunikationsoutput wurden die vier Kriterien ‚Grundlagen zur Identifikation und Auswahl bedeutender Stakeholder', ‚Ansätze für Stakeholderkonsultationen (Häufigkeit nach Form und Stakeholdern)', ‚Art der durch Stakeholderkonsultationen generierten Informationen' sowie ‚Verwendung der Informationen, die aus der Einbindung von Stakeholdern resultieren' untersucht.[400] Abbildung 48 gibt einen Überblick, wie viele Webpräsen-

---

[399] Vgl. Abschnitt 6.1.3, 6.1.7 und 8.1.
[400] Ausnahmsweise umfassen die Kriterien dieser Kategorie inhaltliche Aspekte der Berichte bzw. Informationen im Internet. Von daher wurde untersucht, ob hierzu entsprechende Informationen in Webpräsenzen zu finden sind.

zen der untersuchten Webseiten die Kriterien der Kategorie Bericht als Kommunikationsoutput beinhalten.

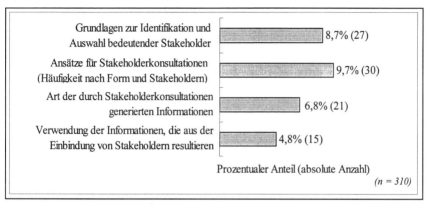

Abb. 48: Ergebnisse der Untersuchung der Webpräsenzen (Kategorie Bericht als Kommunikationsoutput)
(eigene Darstellung)

Die Grundlagen zur Identifikation und Auswahl bedeutender Stakeholder sind auf 8,7% der untersuchten Webseiten dargelegt. Weitere 9,7% präsentieren Ansätze für Stakeholderkonsultationen, während nur 6,8% ausweisen, wie sie die Informationen, die aus der Einbindung von Stakeholdern resultieren, verwendet haben. Außerdem weisen nur 4,8% auf die Art der durch Stakeholderkonsultationen generierten Informationen hin. Ein Beispiel einer Webpräsenz in Bezug auf die Kategorie Bericht als Kommunikationsoutput ist die Webseite von Canon (vgl. Abb. 49). Dort ist detailliert angegeben, wann bzw. wie die Stakeholderkonsultationen durchgeführt und welche Informationen generiert wurden usw. Dagegen sind bei meisten Unternehmen nur grobe Informationen dargestellt.

Summary of Opinions

After receiving the presentation, seminar participants indicated that they understood for the first time that Canon is taking substantial measures in support of the environment. The consumers had a low recognition of the activities Canon is taking with regard to the environment. They encouraged us to make more aggressive, effective, and specific public affairs efforts to raise recognition in the public realm, and to receive appropriate appraisal for the actual measures we are taking.

● **Specific Proposals**

- Canon should publicize the environmentally conscious aspects of products consumers purchase and use most often, including inkjet printers and cameras, while also highlighting cartridge collection and recycling and other environmental assurance activities that consumers can easily understand.

- Canon should leverage its strengths and special qualities, including the efforts to standardize the green procurement survey, toner cartridge collection and recycling, etc.

- In environmental advertisements, Canon should include specific information, statistics, and graphs to explain environmental consciousness in an easier way, instead of simply using the phrase "environmentally conscious."

- With regard to environmental initiatives, Canon should conduct public affairs activities in a way that is not only easy to understand for consumers, but explains the full extent to which the environment is being addressed, from the corporate principle to the specific measures undertaken.

Abb. 49: Webpräsenz von Canon als ein gutes Beispiel für die Kategorie Bericht als Kommunikationsoutput [401]

Obwohl 12 Unternehmen alle Kriterien dieser Kategorie erfüllt haben, offeriert die Masse der Unternehmen (272) keines der Kriterien auf seinen Webseiten (vgl. Tabelle 34).[402] Das heißt, dass die Einbeziehung der Stakeholder in die Berichterstattungsprozesse bei den GF 500 Unternehmen noch nicht etabliert ist.

Erfüllte Kriterien	4	3	2	1	0
Anzahl der Unternehmen	12	7	5	14	272
Prozentualer Anteil (%)	3,9	2,3	1,6	4,5	87,7

Tabelle 34: Erfüllungsgrade der Kategorie Bericht als Kommunikationsoutput (eigene Darstellung)

---

[401] http://www.canon.com/environment/eco2004e/p64.html
[402] Qualitätsunterschiede kann man aber nicht aus der Anzahl der erfüllten Kriterien ableiten.

Die Erfüllungsgrade der Kriterien nach Umsatz in der Kategorie Bericht als Kommunikationsoutput zeigt Abbildung 50.

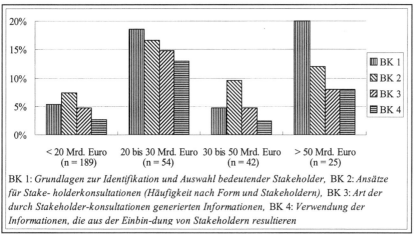

BK 1: *Grundlagen zur Identifikation und Auswahl bedeutender Stakeholder*, BK 2: *Ansätze für Stake- holderkonsultationen (Häufigkeit nach Form und Stakeholdern)*, BK 3: *Art der durch Stakeholder-konsultationen generierten Informationen*, BK 4: *Verwendung der Informationen, die aus der Einbin-dung von Stakeholdern resultieren*

Umsatz			< 20 Mrd. Euro	20 bis 30 Mrd. Euro	30 bis 50 Mrd. Euro	> 50 Mrd. Euro
Erfüllungs-grad der Kriterien (%)		BK 1	5,3	18,5	4,8	20,0
		BK 2	7,4	16,7	9,5	12,0
		BK 3	4,8	14,8	4,8	8,0
		BK 4	2,6	13,0	2,4	8,0

Abb. 50: Erfüllungsgrade der Kriterien nach Umsatz (Kategorie Bericht als Kommunikationsoutput)
(eigene Darstellung)

Relativ gesehen ist die Umsatzgruppe „20 bis 30 Mrd. Euro" am aktivsten für diese Kategorie. Interessanterweise schneidet die kleinste Umsatzgruppe nicht gut ab. Es stellt sich die Frage, aus welchen Branchen sowie Kontinenten diese Unternehmen der Umsatzgruppe „20 bis 30 Mrd. Euro' kommen. Tabelle 35 zeigt diese Unternehmen und die Branchenverteilung.

Branche	BK1	BK2	BK3	BK4	∑	% (aus 34)
Finanzielle Dienstleistung	1	0	0	0	1	2,9
Handel & Dienstleistung	1	1	0	0	2	5,9
Produktion	2	3	3	3	11	32,4
Energie	0	0	0	0	0	0,0
Transport	0	0	0	0	0	0,0
IKT	5	4	4	3	16	47,1
Andere	1	1	1	1	4	11,8
∑	10	9	8	7	34	100,0

BK1: Grundlagen zur Identifikation und Auswahl bedeutender Stakeholder, BK2 : Ansätze für Stakeholderkonsultationen, BK3: Art der durch Stakeholderkonsultationen generierten Informationen, BK4: Verwendung der Informationen, die aus der Einbindung von Stakeholdern resultieren

Tabelle 35: Branchenverteilung der Unternehmen der Umsatzgruppe „20 bis 30 Mrd. Euro", die Kriterien der Kategorie Bericht als Kommunikationsoutput erfüllt haben
(eigene Darstellung)

Von 34 Nennungen sind die meisten aus den IKT- (32,4%) und Produktionsbranchen (47,1%) vertreten. In Bezug auf die Kontinentesverteilung sind die europäischen Unternehmen (64,7%) Spitzenreiter in dieser Kategorie (vgl. Tabelle 36).

Kontinent	BK1	BK2	BK3	BK4	∑	% (aus 34)
Amerika	3	3	3	3	12	35,3
Europa	7	6	5	4	22	64,7
Asien	0	0	0	0	0	0,0
Übrige Welt	0	0	0	0	0	0,0
∑	10	9	8	7	34	100,0

K1: Grundlagen zur Identifikation und Auswahl bedeutender Stakeholder, K2: Ansätze für Stakeholderkonsultationen, K3: Art der durch Stakeholderkonsultationen generierten Informationen, K4: Verwendung der Informationen, die aus der Einbindung von Stakeholdern resultieren

Tabelle 36: Kontinentesverteilung der Unternehmen der Umsatzgruppe „20 bis 30 Mrd. €", die Kriterien der Kategorie Bericht als Kommunikationsoutput erfüllt haben
(eigene Darstellung)

In diesem Zusammenhang kann davon ausgegangen werden, dass europäische Unternehmen bzw. die Unternehmen der Produktions-, Energie- und IKT-Branche in dieser Kategorie generell gut abschneiden. Dies wird im Weiteren überprüft.

Die Erfüllungsgrade der Kriterien nach Kontinenten in der Kategorie Bericht als Kommunikationsoutput zeigt Abbildung 51.

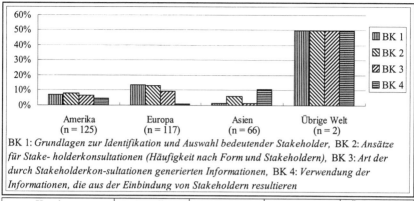

BK 1: *Grundlagen zur Identifikation und Auswahl bedeutender Stakeholder*, BK 2: *Ansätze für Stake- holderkonsultationen (Häufigkeit nach Form und Stakeholdern)*, BK 3: *Art der durch Stakeholderkon-sultationen generierten Informationen*, BK 4: *Verwendung der Informationen, die aus der Einbindung von Stakeholdern resultieren*

	Kontinent	Amerika	Europa	Asien	Übrige Welt
Erfüllungs-grad der Kriterien (%)	BK 1	7,2	13,7	1,5	50,0
	BK 2	8,0	12,8	6,1	50,0
	BK 3	6,4	9,4	1,5	50,0
	BK 4	4,8	0,9	10,6	50,0

Abb. 51: Erfüllungsgrade der Kriterien nach Kontinenten (Kategorie Bericht als Kommunikationsoutput)
(eigene Darstellung)

Obwohl die Erfüllungsgrade höchstens nur rund 10% liegen, schneiden europä-ische Unternehmen für die ersten drei Kriterien der Kategorie Bericht als Kom-munikationsoutput gut ab. Dagegen zeigen asiatische Unternehmen ein sch-lechtes Ergebnis. Ausnahmsweise beträgt der Prozentanteil der asiatischen Un-ternehmen beim Kriterium ‚Verwendung der Informationen, die aus der Ein-bindung von Stakeholdern resultieren' 10,6%, die als die höchste gilt. Es könnte darauf zurückführen sein, dass die europäischen Unternehmen nicht nur durch EMAS Erfahrungen in der Berichterstattung gesammelt haben, sondern auch gelernt haben, dass die Einbeziehung der Stakeholder in die Berichterstattung einen größeren Nutzen (wie Erhöhung der Transparenz) bringt als eine Kommu-nikation mit den Stakeholder nach Erscheinen der Berichterstattung. Ein anderer Grund wäre, dass diese Unternehmen sich von anderen differenzieren wollen, um die Wettbewerbsfähigkeit ihrer Berichterstattung sowie Kommunikation zu erhöhen. Im Vergleich dazu könnten asiatische Unternehmen weniger Erfah-rungen in der Berichterstattung sowie mit gesellschaftlichen Herausforderungen haben, um sich zu differenzieren.

Die Erfüllungsgrade der Kriterien nach Branchen in der Kategorie Bericht als Kommunikationsoutput zeigt Abbildung 52.

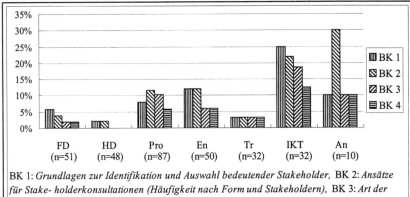

BK 1: *Grundlagen zur Identifikation und Auswahl bedeutender Stakeholder*, BK 2: *Ansätze für Stake- holderkonsultationen (Häufigkeit nach Form und Stakeholdern)*, BK 3: *Art der durch Stakeholder-konsultationen generierten Informationen*, BK 4: *Verwendung der Informationen, die aus der Einbin-dung von Stakeholdern resultieren*
FD: *Finanzielle Dienstleistung*, HD: *Handel & Dienstleistung*, Pro: *Produktion*, En: *Energie*, Tr: *Transport*, IKT: *Informations- und Kommunikationstechnololgie*, An: *Andere*

Branche		FD	HD	Pro	En	Tr	IKT	An
Erfüllungs- grad der Kriterien (%)	BK 1	5,9	2,1	8,0	12,0	3,1	25,0	10,0
	BK 2	3,9	2,1	11,5	12,0	3,1	21,9	30,0
	BK 3	2,0	0,0	10,3	6,0	3,1	18,8	10,0
	BK 4	2,0	0,0	5,7	6,0	3,1	12,5	10,0

Abb. 52: Erfüllungsgrade der Kriterien nach Branchen (Kategorie Bericht als Kommunikationsoutput)
(eigene Darstellung)

Von den sechs Branchengruppen liegt die IKT-Branche an der Spitze. Die Produktions- und Energiebranche zeigen ein mittelmäßiges Ergebnis, während die beiden Dienstleistungsbranchen sowie die Transportbranche weiter hinten liegen.

Exkurs: Auswertung der Ergebnisse der Kategorie Bericht als Kommunikation hinsichtlich der Nutzung des GRI Leitfadens

Hypothese 4 dieser Arbeit (vgl. Abschnitt 9.2.1) bezieht sich die Frage, ob der Grad der Einbeziehung von Stakeholdern in die Berichterstattungsprozesse von Unternehmen, die anhand des GRI Leitfadens ihre Berichte erstellen, deutlich höher ist als bei den übrigen Unternehmen. Für die Untersuchung der Hypothese werden daher die Ergebnisse der Kategorie Bericht als Kommunikationsoutput hinsichtlich der Nutzung des GRI Leitfadens ausgewertet.

Von den 310 Unternehmen, deren Webseiten in die Untersuchung aufgenommen wurden, erstellen 132 ihre Nachhaltigkeitsberichte anhand des GRI Leitfadens.[403] Um die Hypothese 4 zu prüfen, wurden diese Unternehmen in zwei Gruppen (Gruppe A: mit GRI-Bezug, Gruppe B: ohne GRI-Bezug) aufgeteilt. Abbildung 53 veranschaulicht, wie die vier Kriterien der Kategorie Bericht als Kommunikationsoutput von den Unternehmen der beiden Gruppen umgesetzt wurden.

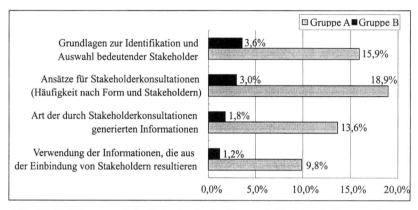

Abb. 53: Erfüllungsgrad der Kriterien in der Kategorie Bericht als Kommunikationsoutput bezüglich der Anwendung des GRI Leitfadens (eigene Darstellung)

Die Unternehmen, die den GRI Leitfaden verwendet haben, schneiden deutlich besser ab als die anderen Unternehmen, d.h. dass die Unternehmen, die anhand des GRI Leitfadens ihre Nachhaltigkeitsberichte erstellen, ihre Stakeholder wesentlich häufiger in die Berichterstattungsprozesse einbeziehen als die übrigen Unternehmen.

Wie in Abschnitt 7.1.1 und bei der Auseinandersetzung mit den für eine interaktive Unternehmenskommunikation relevanten Theorien sowie Modellen in Abschnitt 6.1 erwähnt, können die Einbeziehung der Stakeholder in die Berichterstattungsprozesse sowie die Erstellung der Berichte als Kommunikationsoutput die Glaubwürdigkeit der Berichte erhöhen. Die Ergebnisse der Untersuchung in dieser Kategorie dennoch zeigen, dass dieser Aspekt bei den untersuchten 310 Unternehmen noch nicht viel umgesetzt wurde.

---

[403] Die GRI veröffentlicht die Liste von Unternehmen auf ihrer Webseite, die anhand des GRI Leitfadens die Nachhaltigkeitsberichte erstellt haben. Der Liste der GF 500 Unternehmen wurde diese Liste der 132 Unternehmen gegenübergestellt.

Im nächsten Abschnitt werden die Ergebnisse der vierten Kategorie Zielgruppenorientierung erläutert.

10.2.4 Kategorie ‚Zielgruppenorientierung'

In der Kategorie Zielgruppenorientierung wurden die zwölf Kriterien ‚zielgruppendifferenzierte Zuordnung der Informationen', ‚Berichte in html', ‚Anwendung des GRI Index in html', ‚Index (alphabetisch)', ‚Adds on Favoriten', Erklärung mit Mouse-On', ‚Bereitstellung des Materials als PPT (Präsentationsdatei)', ‚druckfreundliche Seiten', ‚Tabelle als Excel-Dateien', ‚Video/-Audio', ‚Realread, sowie ‚Vergrößerung von Grafiken' untersucht. Abbildung 54 gibt einen Überblick, wie viele Webpräsenzen die Kriterien der Kategorie Zielgruppenorientierung erfüllt haben.

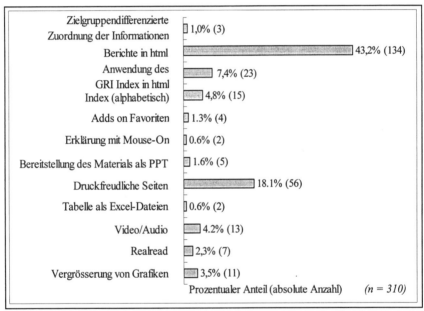

Abb. 54: Ergebnisse der Untersuchung der Webpräsenzen (Kategorie Zielgruppenorientierung)
(eigene Darstellung)

Das von den meisten Unternehmen erfüllte Kriterium in dieser Kategorie ist das der ‚Berichte in html' (43,2%). ‚Druckfreundliche Seiten' werden in etwa einem Fünftel der untersuchten Webpräsenzen angeboten. Jedoch werden die restlichen Kriterien nur von wenigen Unternehmen erfüllt. Das Kriterium der ‚zielgruppendifferenzierten Zuordnung der Informationen' wird gegenwärtig von drei Unternehmen erfüllt. Hierzu zählen NEC[404], J.Sainsbury[405] und Abbott Laboratories[406]. Von denen ist die Webpräsenz von J.Sainsbury vorbildlich. Dort sind sechs Hauptzielgruppen (wie z.b. Kunden, Mitarbeiter, Investoren, Lieferanten) benannt, denen dementsprechend weiterführende Informationen zugeordnet sind. Bezüglich der Anwendung eines ‚Index in html' verwenden 7,4% Unternehmen der untersuchten Webseiten den GRI Index, während sich 4,8% der Unternehmen an dem alphabetischen Index orientieren. Die Elemente ‚Adds on Favoriten', ‚Erklärung mit Mouse-On', ‚Bereitstellung des Materials als PPT', ‚Tabelle als Excel-Datein', ‚Video/Audio', ‚Realread', ‚Vergrößerung von Grafiken' werden auf wenigen Webpräsenzen angeboten.

Fast die Hälfte der untersuchten Webseiten erfüllen die Kriterien in dieser Kategorie nicht, während nur 2 Unternehmen alle fünf Kriterien nutzen (vgl. Tabelle 37).[407] Das heißt, dass eine Zielgruppenorientierung der Nachhaltigkeitsberichterstattung der GF 500 Unternehmen nicht ausreichend vorhanden ist.

Erfüllte Kriterien	5	4	3	2	1	0
Anzahl der Unternehmen	2	10	12	55	79	149
Prozentualer Anteil (%)	0,6	3,2	3,9	17,7	25,5	48,1

Tabelle 37: Erfüllungsgrade der Kategorie Zielgruppenorientierung (eigene Darstellung)

Die Erfüllungsgrade der Kriterien nach Umsatz zeigt Abbildung 55 für die Kategorie Zielgruppenorientierung. Die Kriterien, die von weniger als zehn Unternehmen erfüllt wurden (z.B. Realread und Tabelle in Excel-Dateien), werden wegen der geringeren Aussagekraft von nicht dargestellt.

---

[404] http://www.nec.co.jp/community/en
[405] http://www.j-sainsbury.co.uk/csr/index.asp?pageid=1
[406] http://www.abbott.com/citizenship/citizenship.shtml
[407] Qualitätsunterschiede können aber nicht aus der Anzahl der erfüllten Kriterien abgeleitet werden.

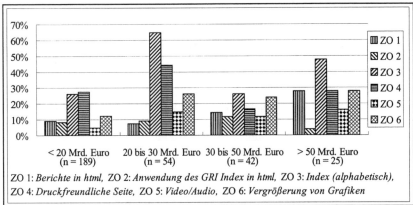

ZO 1: *Berichte in html*, ZO 2: *Anwendung des GRI Index in html*, ZO 3: *Index (alphabetisch)*, ZO 4: *Druckfreundliche Seite*, ZO 5: *Video/Audio*, ZO 6: *Vergrößerung von Grafiken*

Umsatz		< 20 Mrd. Euro	20 bis 30 Mrd. Euro	30 bis 50 Mrd. Euro	> 50 Mrd. Euro
Erfüllungsgrad der Kriterien (%)	ZO 1	9,0	7,4	14,3	28,0
	ZO 2	8,5	9,3	11,9	4,0
	ZO 3	25,9	64,8	26,2	48,0
	ZO 4	27,5	44,4	16,7	28,0
	ZO 5	4,8	14,8	11,9	16,0
	ZO 6	12,2	25,9	23,8	28,0

Abb. 55: Erfüllungsgrade der Kriterien nach Umsatz (Kategorie Zielgruppenorientierung)
(eigene Darstellung)

Etwa 30% der Umsatzstärksten Gruppe bietet ihre Nachhaltigkeitsberichte in html, während weniger als 10% der Unternehmen aus der Umsatzgruppe „< 20 Mrd. Euro" sowie der Umsatzgruppe „20 bis 30 Mrd. Euro" diesbezüglich aktiv sind. Der alphabetische Index wird von 64,8% der Umsatzgruppe „20 bis 30 Mrd. Euro" angeboten. Am zweithäufigsten hierfür kommt die Umsatzgrößte Gruppe (48,0%). Die Umsatzgruppe „20 bis 30 Mrd. Euro" ist auch für das Kriterium ‚druckfreundliche Seite' am aktivsten.

Die Erfüllungsgrade der Kriterien bezogen auf die Brancheverteilung in der Kategorie Zielgruppenorientierung zeigt Abbildung 56.

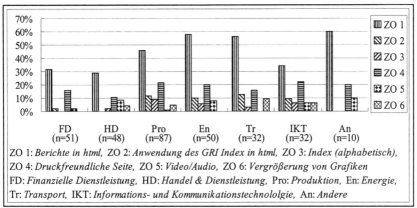

ZO 1: *Berichte in html*, ZO 2: *Anwendung des GRI Index in html*, ZO 3: *Index (alphabetisch)*,
ZO 4: *Druckfreundliche Seite*, ZO 5: *Video/Audio*, ZO 6: *Vergrößerung von Grafiken*
FD: *Finanzielle Dienstleistung*, HD: *Handel & Dienstleistung*, Pro: *Produktion*, En: *Energie*,
Tr: *Transport*, IKT: *Informations- und Kommunikationstechnololgie*, An: *Andere*

	Branche	FD	HD	Pro	En	Tr	IKT	An
	ZO 1	31,4	29,2	46,0	58,0	56,3	34,4	60,0
Erfüllungsgrad der Kriterien (%)	ZO 2	2,0	0,0	11,5	10,0	12,5	9,4	0,0
	ZO 3	0,0	2,1	9,2	6,0	3,1	6,3	0,0
	ZO 4	15,7	10,4	21,8	20,0	15,6	21,9	20,0
	ZO 5	2,0	8,3	1,1	8,0	0,0	6,3	10,0
	ZO 6	0,0	4,2	4,6	0,0	9,4	6,3	0,0

Abb. 56: Erfüllungsgrade der Kriterien nach Branchen (Kategorie Zielgruppen-orientierung)
(eigene Darstellung)

Es zeichnet sich ab, dass die Produktions- und Energie- und teilweise die Transportbranche in dieser Kategorie relativ aktiv sind. Auffällig ist dabei, dass die Energiebranche beim Kriterium ‚Berichte in html' sehr gut abschneidet (58,0). Im Vergleich dazu sind die beiden Dienstleistungsbranchen nicht so aktiv.

Die Erfüllungsgrade der Kriterien nach Kontinenten in der Kategorie Zielgruppenorientierung zeigt Abbildung 57.

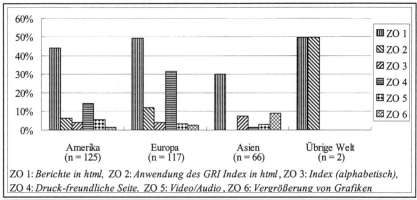

ZO 1: *Berichte in html,* ZO 2: *Anwendung des GRI Index in html,* ZO 3: *Index (alphabetisch),* ZO 4: *Druck-freundliche Seite,* ZO 5: *Video/Audio,* ZO 6: *Vergrößerung von Grafiken*

Kontinent		Amerika	Europa	Asien	Übrige Welt
Erfüllungsgrad der Kriterien (%)	ZO 1	44,0	49,6	30,3	50,0
	ZO 2	6,4	12,0	0,0	50,0
	ZO 3	4,0	4,3	7,6	0,0
	ZO 4	14,4	31,6	1,5	0,0
	ZO 5	5,6	3,4	3,0	0,0
	ZO 6	1,6	2,6	9,1	0,0

Abb. 57: Erfüllungsgrade der Kriterien nach Kontinenten (Kategorie Zielgruppen-orientierung)
(eigene Darstellung)

Europäische Unternehmen schneiden generell gut ab, besonders bei Kriterien ‚Berichte in html' (49,6%), ‚Anwendung des GRI Index' (12,0%) und ‚druck-freundliche Seite' (31,6%). Dies wäre damit zu erklären, dass der Hauptsitz der GRI in Europa liegt und die größte Anzahl der Unternehmen, die anhand des GRI Leitfadens ihre Berichte erstellen, aus Europa stammt. Asiatische Unter-nehmen sind nicht aktiv in dieser Kategorie, z.B. wendet keines von ihnen den GRI Index in html an. Eine Ausnahme stellt das Kriterium der Vergrößerungs-möglichkeit von Grafiken dar, welches asiatische Unternehmen deutlich mehr offerieren.

In diesem Abschnitt wurden die Ergebnisse der Untersuchung über die Nut-zung der Elemente einer interaktiven Nachhaltigkeitsberichterstattung im Inter-net von 310 Unternehmen in Bezug auf die Zielgruppenorientierung dargestellt. Wie in Abschnitt 6.1 diskutiert, hat die Zielgruppenorientierung des Anbietens der Informationen im Internet eine große Bedeutung für die interaktive Nach-haltigkeitsberichterstattung. Dies ist darauf zurückzuführen, dass die Darstellung zielgruppenspezifischer Informationen nach der Handlungstheorie, dem Kom-munikationsmodell im Marketing und dem AIDA-Modell ein wesentliches Element für eine interaktive Unternehmenskommunikation ist. [408] Dennoch die Erfüllungsgrade in dieser Kategorie Zielgruppenorientierung zeigen, dass dieser Aspekt von 310 Unternehmen derzeit enorm ignoriert wird. Nur ein paar Elemente der interaktiven Nachhaltigkeitsberichterstattung im Internet in Bezug auf die Zielgruppenorientierung wurden umgesetzt (wie z.B. ‚Darstellung der Berichte in html' und ‚Anbieten der druckfreundlichen Seiten').

Im nächsten Abschnitt werden die Ergebnisse in der Kategorie individuelle Behandlung dargestellt.

10.2.5 Kategorie ‚individuelle Behandlung'

In der Kategorie individuelle Behandlung wurden die zwei Kriterien ‚Mailinglisten' und ‚Personalisierung durch Log-In/Log-Out' untersucht. Abbildung 58 gibt einen Überblick, wie viele Webpräsenzen der untersuchten Unternehmen die zwei Kriterien der Kategorie individuelle Behandlung berücksichtigen.

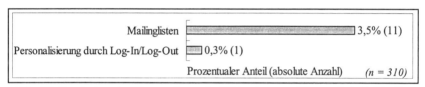

Abb. 58: Ergebnisse der Untersuchung der Webpräsenzen (Kategorie individuelle Behandlung)
(eigene Darstellung)

Es werden Mailinglisten auf 3,5% der untersuchten Webseiten angeboten. Auffällig ist dabei die Webpräsenz von RWE[409], da dort Themenfelder zu Informationen ausgewählt werden können, zu denen entsprechende Nachrichten zugesendet werden. Das einzige Unternehmen, das eine Personalisierung der Webseiten mit einem Log-In/Log-Out durchführt, ist das europäische Unternehmen StoraEnso (vgl. Abb. 59). Im eingeloggten Modus können die angeklickten Seiten in den Bookmarks für die nächsten Besuche gespeichert werden. Zudem können auch Druckversionen von Berichten an die Adresse geliefert werden, die bei der Registrierung angeben wurde.

---

[408] Vgl. Abschnitt 6.1.5, 6.1.6 und 6.1.7.
[409] http://www.rwe.com/generator.aspx/rwe-group/press/newsmail/id=2438/newsmail-home.html

Abb. 59: Webpräsenz von StoraEnso als ein Beispiel für eine Personalisierung durch ein Log-In/Log-Out[410]
(eigene Darstellung)

Den Erfüllungsgrad des Kriteriums Mailinglisten bezüglich der Umsatzgröße zeigt Abbildung 60.

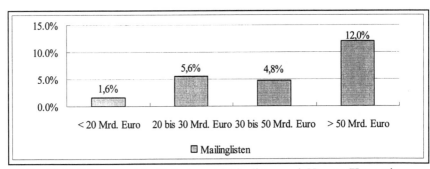

Abb. 60: Erfüllungsgrad des Kriteriums Mailinglisten nach Umsatz (Kategorie individuelle Behandlung)
(eigene Darstellung)

---

[410] http://www.storaenso.com/CDAvgn/maindyn/0,,1_-1000-3626-,00.html

Mailinglisten werden am häufigsten von der umsatzstärksten Gruppe offeriert (12,0%), während der Prozentanteil der umsatzschwächste Gruppe nur 1,6% beträgt.

Abbildung 61 veranschaulicht den Erfüllungsgrad des Kriteriums Mailinglisten bezogen auf Kontinenten.

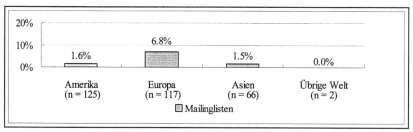

Abb. 61: Erfüllungsgrad des Kriteriums Mailinglisten nach Kontinenten (Kategorie individuelle Behandlung)
(eigene Darstellung)

Europäische Unternehmen biete am häufigsten Mailinglisten im Internet an (6,8%). Aber wegen der geringeren Anzahl der Unternehmen ist dies nicht aussagekräftig. Im Vergleich hierzu ist der Erfüllungsgrad des Kriteriums auf die Branchen (außer IKT-Branche) etwa gleichmäßig verteilt (vgl. Abb. 62).

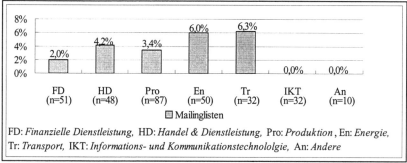

Abb. 62: Erfüllungsgrad des Kriteriums Mailinglisten nach Branchen (Kategorie individuelle Behandlung)
(eigene Darstellung)

Individuelle Behandlung ist aus der Perspektiven der Theorien und Modellen, die für eine interaktive Unternehmenskommunikation relevant sind, eine wesentliche Herausforderung für eine interaktive Nachhaltigkeitsberichterstattung im Internet.[411] Aber die Ergebnisse der Untersuchung in dieser Kategorie zeigen, dass diese Herausforderung bei den untersuchten Unternehmen noch nicht wahrgenommen wurde.

Im nächsten Abschnitt werden die Ergebnisse in der Kategorie Pull-Möglichkeit dargestellt.

10.2.6 Kategorie ‚Pull-Möglichkeit'

In der Kategorie Pull-Möglichkeit wurden die fünf Kriterien ‚Herunterladen eines ganzen Berichts', ‚Herunterladen einzelner Kapitel', ‚Herunterladen älterer Berichte', ‚Bestellmöglichkeit einer Druckversion (z.B. per E-Mail oder Faxabruf)' sowie ‚Shopping-Cart für die Zusammenstellung von Informationen bzw. Berichten' untersucht. Abbildung 63 gibt einen Überblick, wie viele Webpräsenzen der untersuchten Unternehmen die Kriterien der Kategorie Pull-Möglichkeit berücksichtigen.

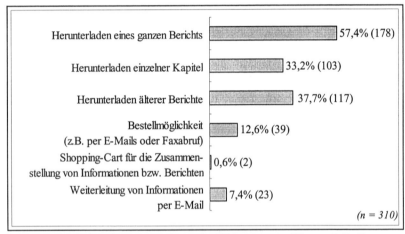

Abb. 63: Ergebnisse der Untersuchung der Webpräsenzen (Kategorie Pull-Möglichkeit)
(eigene Darstellung)

Auf den Webpräsenzen von mehr als der Hälfte der untersuchten Unternehmen sind die Nachhaltigkeitsberichte als Ganzes herunterzuladen. Etwa ein Drittel der Unternehmen bietet auch die Möglichkeit, spezifische Abschnitte herunterzuladen. Ältere Berichte sind zudem auf den Webpräsenzen von 37,7% der Unternehmen bereitgestellt. Insgesamt 12,6% der Webseiten bieten die Möglichkeit

---

[411] Vgl. Abschnitt 6.1.8.

an, eine Druckversion von Nachhaltigkeitsberichten entweder per E-Mail oder Faxabruf zu bestellen. 7,4% der untersuchten Webseiten bieten eine Funktion zur Weiterleitung von Informationen per E-Mail. Ein Shopping-Cart für die Zusammenstellung von Informationen bzw. Berichten wird auf den Webseiten von BP[412] und Metro[413] angeboten.

Insgesamt 6 Unternehmen nutzen alle 5 Kriterien, während 100 Unternehmen kein Element dieser Kategorie anbieten. Aber ca. 70% der Unternehmen sind in dieser Kategorie mehr oder weniger aktiv, was bei den anderen Kategorien nicht der Fall gewesen ist (vgl. Tabelle 38).[414]

Erfüllte Kriterien	6	5	4	3	2	1	0
Anzahl der Unternehmen	0	6	14	54	78	58	100
Protentualer Anteil [%]	0	1,9	4,5	17,4	25,2	18,7	32,3

Tabelle 38: Erfüllungsgrade der Kategorie Pull-Möglichkeit
(eigene Darstellung)

Relativ gesehen sind die Unternehmen der umsatzstärksten Gruppe am aktivsten in dieser Kategorie (vgl. Abb. 64).

Abbildung 65 zeigt den starken Auftritt asiatischer Unternehmen in dieser Kategorie (außer Weiterleitung von Informationen per E-Mail). Besonderes bei den drei Kriterien bezüglich der Herunterladen der Informationen schneiden sie sehr gut ab. Im Vergleich zu den Ergebnissen bei anderen Kategorien sind asiatische Unternehmen bei der Kategorie Pull-Möglichkeit sehr aktiv. Es ist darauf zurückzuführen, dass asiatische Unternehmen das Herunterladen der Informationen als die wesentliche Bedeutung des Internets für ihre Nachhaltigkeitsberichterstattung betrachten.

---

[412] http://www.bp.com

[413] http://www.metrogroup.de

[414] Qualitätsunterschiede kann man aber nicht aus der Anzahl der erfüllten Kriterien ableiten.

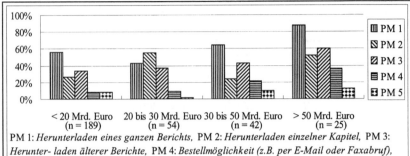

PM 1: *Herunterladen eines ganzen Berichts*, PM 2: *Herunterladen einzelner Kapitel*, PM 3: *Herunter- laden älterer Berichte*, PM 4: *Bestellmöglichkeit (z.B. per E-Mail oder Faxabruf)*, PM 5: *Weiterleitung von Informationen per E-Mail*

Umsatz		< 20 Mrd. Euro	20 bis 30 Mrd. Euro	30 bis 50 Mrd. Euro	> 50 Mrd. Euro
Erfüllungs- grad der Kriterien (%)	PM 1	56,1	42,6	64,3	88,0
	PM 2	26,5	55,6	23,8	52,0
	PM 3	33,9	37,0	42,9	60,0
	PM 4	8,5	9,3	21,4	36,0
	PM 5	7,9	1,9	9,5	12,0

Abb. 64: Erfüllungsgrade der Kriterien nach Umsatz (Kategorie Pull-Möglichkeit) (eigene Darstellung)

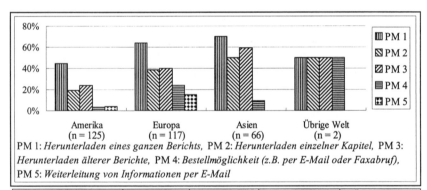

PM 1: *Herunterladen eines ganzen Berichts*, PM 2: *Herunterladen einzelner Kapitel*, PM 3: *Herunterladen älterer Berichte*, PM 4: *Bestellmöglichkeit (z.B. per E-Mail oder Faxabruf)*, PM 5: *Weiterleitung von Informationen per E-Mail*

Kontinent		Amerika	Europa	Asien	Übrige Welt
Erfüllungs- grad der Kriterien (%)	PM 1	44,8	64,1	69,7	50,0
	PM 2	19,2	38,5	50,0	50,0
	PM 3	24,0	40,2	59,1	50,0
	PM 4	3,2	23,9	9,1	50,0
	PM 5	4,0	15,4	0,0	0,0

Abb. 65: Erfüllungsgrade der Kriterien nach Kontinenten (Kategorie Pull-Möglichkeit) (eigene Darstellung)

Aus Abbildung 66 wird deutlich, dass die Transportbranche die meisten Elemente dieser Kategorie anbietet.

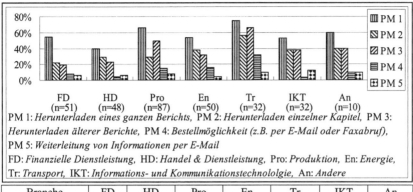

PM 1: *Herunterladen eines ganzen Berichts*, PM 2: *Herunterladen einzelner Kapitel*, PM 3: *Herunterladen älterer Berichte*, PM 4: *Bestellmöglichkeit (z.B. per E-Mail oder Faxabruf)*, PM 5: *Weiterleitung von Informationen per E-Mail*

FD: *Finanzielle Dienstleistung*, HD: *Handel & Dienstleistung*, Pro: *Produktion*, En: *Energie*, Tr: *Transport*, IKT: *Informations- und Kommunikationstechnololgie*, An: *Andere*

Branche		FD	HD	Pro	En	Tr	IKT	An
Erfüllungs-grad der Kriterien (%)	PM 1	54,9	39,6	65,5	54,0	75,0	53,1	60,0
	PM 2	21,6	29,2	28,7	38,0	56,3	37,5	40,0
	PM 3	19,6	22,9	49,4	32,0	65,6	37,5	40,0
	PM 4	7,8	4,2	14,9	16,0	31,3	3,1	10,0
	PM 5	5,9	6,3	8,0	4,0	9,4	12,5	10,0

Abb. 66: Erfüllungsgrade der Kriterien nach Branchen (Kategorie Pull-Möglichkeit)
(eigene Darstellung)

In diesem Abschnitt wurden die Ergebnisse der Untersuchung über die Nutzung der Elemente einer interaktiven Nachhaltigkeitsberichterstattung im Internet von 310 Unternehmen in Bezug auf die Pull-Möglichkeit dargestellt. Die Pull-Möglichkeit der Informationen im Internet bietet den Zielgruppen der Nachhaltigkeitsberichterstattung mehr Spielräume, an ein Unternehmen heranzutreten und nach ausgewählten Informationen zu fragen. Anhand dem Ergebnis der Untersuchung in dieser Kategorie kann man davon ausgehen, dass dieser Aspekt im Vergleich zu anderen relativ besser umgesetzt wurden.

Im nächsten Abschnitt werden die Ergebnisse der Untersuchung der Hypothesen dargestellt.

10.3 Untersuchung der Hypothesen

Zur Untersuchung wie die GF 500 Unternehmen Elemente einer interaktiven Nachhaltigkeitsberichterstattung im Internet nutzen, wurden sechs Hypothesen aufgestellt. Im Folgenden werden diese Hypothesen anhand der Auswertung (vgl. Abschnitt 10.2) untersucht.

Hypothese 1. Unternehmen der IKT-Branche nutzen mehr Elemente der interaktiven Berichterstattung im Internet als andere Branchen.

Relativ gesehen, nutzen im Schnitt die Branchen des Handels und der Dienstleistungen, der Produktion, der Energie und des Transports die Elemente einer interaktiven Berichterstattung im Internet mehr als die Unternehmen der IKT-Branche (vgl. Abb. 41, 47, 52, 56, 62). Von den 11 Unternehmen, die das Kriterium Mailinglisten der Kategorie ‚individuelle Behandlung' nutzen, gehört keines zur IKT-Branche (vgl. Abb. 62). Für eine absolute Vergleichbarkeit werden die durchschnittlichen Erfüllungsgrade der einzelnen Branchen aufgelistet (vgl. Tabelle 39). Errechnet werden diese mit folgender Formel:

$$\text{Durchschnittlicher Erfüllungsgrad} = \frac{\text{Summe der erfüllten Kriterien}}{\text{Anzahl der Unternehmen} \times 35 \text{ Kriterien}} \times 100\%$$

Branche	Summe der erfüllten Kriterien	Anzahl der Unternehmen	Durchschnittlicher Erfüllungsgrad (%)
Finanzielle Dienstleistung	156	51	8,7
Handel & Dienstleistung	117	36	9,3
Produktion	456	99	13,2
Energie	243	50	13,9
Transport	175	32	15,6
IKT	174	32	15,5
Andere	50	10	14,3

Tabelle 39: Durchschnittlicher Erfüllungsgrad der Kriterien bezogen auf die Branchenverteilung
(eigene Darstellung)

Den größten durchschnittlichen Erfüllungsgrad zeigt die Transportbranche (15,6), gefolgt von der IKT-Branche (15,5), wobei der Unterschied nicht groß ist. Daher kann davon ausgegangen werden, dass Unternehmen der IKT-Branche, die Umweltinformationen oder soziale Informationen auf ihren Webseiten präsentieren, mehr Elemente der interaktiven Berichterstattung im Internet nutzen als andere Branchen. Hiermit wurde die Hypothese 1 bestätigt.

Hypothese 2. Je umsatzstärker ein Unternehmen ist, desto mehr werden Umweltinformationen sowie soziale Informationen im Internet zur Verfügung gestellt.

Wie in Abbildung 34 veranschaulicht, präsentieren die Unternehmen aus der umsatzstärksten Gruppe am häufigsten Umweltinformationen im Internet (69,1%). Diese Abbildung zeigt auch eine deutliche Tendenz, dass je umsatzstärker ein Unternehmen ist, desto mehr stellt es seine Umweltinformationen im

Internet zur Verfügung. In diesem Sinne wurde die erste Teilhypothese 2 bestätigt. Auf der anderen Seite stellen die umsatzstärkeren Unternehmen ihre sozialen Informationen weniger häufig zur Verfügung als die umsatzschwächeren (49,1%). Wie in Abschnitt 10.1.2 diskutiert, ist dies darauf geringes Interesse an der Bereitstellung sozialer Informationen von asiatischen und amerikanischen Unternehmen zurückzuführen. Hiermit wurde die zweite Teilhypothese 2 falsifiziert.

> Hypothese 3. Unternehmen der Produktions-, Energie- und Transportbranche streben nach einer verstärkten Vermittlung der Umweltinformation im Internet als andere Branchen.

Zwischen 68% und 78% der Unternehmen der oben genannten Branchen präsentieren ihre Umweltinformationen im Internet (vgl. Abb. 41). Hiermit wurde Hypothese 3 bestätigt.

> Hypothese 4. Der Grad der Einbeziehung der Stakeholder in die Berichterstattungsprozesse der Unternehmen, die anhand des GRI Leitfadens ihre Berichte erstellen, ist deutlich höher als bei den übrigen Unternehmen.

Wie Abbildung 55 veranschaulicht, ist die Einbeziehung von Stakeholdern in die Berichterstattungsprozesse der Unternehmen, die anhand des GRI Leitfadens ihre Nachhaltigkeitsberichte erstellen, deutlich größer als bei den übrigen Unternehmen. Hiermit wurde Hypothese 4 bestätigt.

> Hypothese 5. Die Möglichkeit des Herunterladens von Informationen bzw. Berichten wird von mehr als der Hälfte der GF 500 Unternehmen, die im Internet ihre nachhaltigkeitsrelevanten Informationen präsentieren, angeboten.

Tabelle 31 hat bereits den Erfüllungsgrad der einzelnen Kriterien von 310 untersuchten Webseiten aufgezeigt. Im Vergleich zur Personalisierung durch Log-In/Log-Out, dem Forum oder der Darstellung der Ergebnisse von Befragungen wird das Herunterladen eines ganzen Berichts, einzelner Kapitel oder älterer Berichte auf den meisten Webpräsenzen angeboten. Insbesondere die Möglichkeit des Downloads eines ganzen Berichts wird von 57,4% der untersuchten Unternehmen angeboten. Hiermit wurde Hypothese 5 gestützt.

> Hypothese 6. Es gibt einen positiven Zusammenhang zwischen der Umsatzgröße eines Unternehmens und der Nutzung der Elemente der interaktiven Nachhaltigkeitsberichterstattung im Internet.

Der Zusammenhang zwischen der Umsatzgröße eines Unternehmens und der Nutzung der Elemente der interaktiven Nachhaltigkeitsberichterstattung im Internet kann durch eine Korrelationsanalyse untersucht werden. Abbildung 67 zeigt die Ergebnisse der Korrelationsanalyse anhand der 310 untersuchten Webseiten.

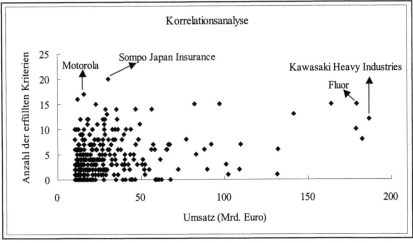

Abb. 67: Korrelationsanalyse zwischen Umsatzgröße und Nutzung der Elemente der interaktiven Nachhaltigkeitsberichterstattung (eigene Darstellung)

Die Nutzung der Elemente der interaktiven Nachhaltigkeitsberichterstattung im Internet ergibt sich aus der Anzahl der erfüllten Kriterien. Es ist deutlich, dass zwischen den beiden Variablen überhaupt kein Zusammenhang existiert. Hiermit konnte Hypothese 6 nicht statistisch-empirisch gestützt werden.

10.4 Fazit

Das Hauptziel der Analyse lag darin, ein Gesamtsbild über der Nutzung der Elemente einer interaktiven Nachhaltigkeitsberichterstattung der GF 500 Unternehmen im Internet zu erhalten. Dafür wurden 35 Kriterien entwickelt und sechs Hypothesen aufgestellt.

Der Grad der Bereitstellung der Umweltinformationen und der sozialen Informationen im Internet der GF 500 Unternehmen kann als mittelmäßig angesehen werden, da nur 43,2% bzw. 53,1% der untersuchten Unternehmen ihre sozialen Informationen sowie Umweltinformationen auf ihren eigenen Webseiten präsentieren. Wie in Abschnitt 9.2.1 beschrieben, enthält der Untersuchungsgegenstand nur die englischen Webseiten der GF 500. Es besteht jedoch die Möglichkeit, dass die 16 Unternehmen, die von der Analyse ausgeschlossen wurden, ihre Umweltinformationen und sozialen Informationen in ihrer einheimischen, nicht-englischen Sprache veröffentlichen und nur eine begrenzte Auswahl an englischsprachigen Seiten zur Verfügung stellen, so dass mit der Analyse der englischsprachigen Seiten das tatsächliche Informationsangebot nicht erkennbar ist. In diesem Fall könnte sich der prozentuale Anteil der beiden Informationsarten erhöhen.

Aus den verschiedenen Klassifizierungen zu Umsatz, Kontinent und Branche ist die Umsatzgrößengruppe „> 50 Mrd. Euro" am aktivsten, Umweltinformationen bereitzustellen. 69,1% Unternehmen dieser Gruppe stellen Umweltinformationen im Internet zur Verfügung. Dagegen ist die Gruppe ‚Handel & Dienstleistung' diesbezüglich mit 29,9% der Unternehmen am inaktivsten. In Bezug auf die Bereitstellung sozialer Informationen ist die Gruppe europäischer Unternehmen (62,0%) am aktivsten und die Kontinentengruppe Asien (19,3%) am inaktivsten, ohne Berücksichtigung der Gruppe der ‚übrigen Welt'. Beide Informationsarten werden am häufigsten von europäischen Unternehmen (55,5%) und am wenigsten von asiatischen Unternehmen (15,6%) angeboten.

Tabelle 40 fasst die Erfüllungsgrade der ganzen Kriterien nach Umsatz zusammen.

Umsatz	< 20 Mrd. Euro	20 bis 30 Mrd. Euro	30 bis 50 Mrd. Euro	> 50 Mrd. Euro
GV 1	9,0	7,4	14,3	28,0
GV 2	8,5	9,3	11,9	4,0
GV 3	25,9	64,8	26,2	48,0
GV 4	27,5	44,4	16,7	28,0
GV 5	4,8	14,8	11,9	16,0
GV 6	12,2	25,9	23,8	28,0
DK 1	29,1	37,0	23,8	40,0
DK 2	18,5	29,6	19,0	16,0
DK 3	5,8	11,1	14,3	32,0
BK 1	5,3	18,5	4,8	20,0
BK 2	7,4	16,7	9,5	12,0
BK 3	4,8	14,8	4,8	8,0
BK 4	2,6	13,0	2,4	8,0
ZO 1	9,0	7,4	14,3	28,0
ZO 2	8,5	9,3	11,9	4,0
ZO 3	25,9	64,8	26,2	48,0
ZO 4	27,5	44,4	16,7	28,0
ZO 5	4,8	14,8	11,9	16,0
ZO 6	12,2	25,9	23,8	28,0

IB 1	1,6	5,6	4,8	12,0
PM 1	56,1	42,6	64,3	88,0
PM 2	26,5	55,6	23,8	52,0
PM 3	33,9	37,0	42,9	60,0
PM 4	8,5	9,3	21,4	36,0
PM 5	7,9	1,9	9,5	12,0

GV: Gegenseitige Verständigung, DK: Dialogorientierte Kommunikation, BK: Bericht als Kommunikationsoutput, ZO: Zielgruppenorientierung, IB: Individuelle Behandlung, PM: Pull-Möglichkeit

Tabelle 40: Erfüllungsgrade der ganzen Kriterien nach Umsatz
(eigene Darstellung)

Dies zeigt deutlich, dass die Umsatzstärkste Gruppe in Bezug auf die meisten Kriterien relativ gut abschneiden. Zum Beispiel beträgt der Prozentanteil dieser Gruppe für das Kriterium PM 1 (Herunterladen eines ganzen Berichts) sogar 88,0%. Dennoch zeigt diese Gruppe bei einigen Kriterien schlechtes Ergebnis. Hierzu zählen z.b. GV 2 (FAQ), BK 3 (Art der durch Stakeholderkonsultationen generierten Informationen), BK 4 (Verwendung der Informationen, die aus der Einbindung von Stakeholdern resultieren), ZO 2 (Anwendung des GRI Index in html).

Tabelle 41 fasst die Erfüllungsgrade der ganzen Kriterien nach Branchen zusammen.

Branche	FD	HD	Pro	En	Tr	IKT	An
GV 1	2,0	6,3	11,5	14,0	25,0	12,5	10,0
GV 2	3,9	14,6	12,6	4,0	0,0	12,5	10,0
GV 3	33,3	39,6	27,6	38,0	21,9	50,0	50,0
GV 4	19,6	35,4	25,3	34,0	21,9	43,8	30,0
GV 5	7,8	8,3	9,2	6,0	6,3	6,3	30,0
GV 6	11,8	12,5	16,1	12,0	21,9	40,6	20,0
DK 1	23,5	27,1	31,0	34,0	37,5	37,5	20,0
DK 2	15,7	14,6	17,2	26,0	31,3	37,5	20,0
DK 3	5,9	6,3	10,3	16,0	18,8	37,5	0,0
BK 1	5,9	2,1	8,0	12,0	3,1	25,0	10,0
BK 2	3,9	2,1	11,5	12,0	3,1	21,9	30,0
BK 3	2,0	0,0	10,3	6,0	3,1	18,8	10,0
BK 4	2,0	0,0	5,7	6,0	3,1	12,5	10,0
ZO 1	31,4	29,2	46,0	58,0	56,3	34,4	60,0
ZO 2	2,0	0,0	11,5	10,0	12,5	9,4	0,0
ZO 3	0,0	2,1	9,2	6,0	3,1	6,3	0,0
ZO 4	15,7	10,4	21,8	20,0	15,6	21,9	20,0
ZO 5	2,0	8,3	1,1	8,0	0,0	6,3	10,0
ZO 6	0,0	4,2	4,6	0,0	9,4	6,3	0,0
IB 1	2,0	4,2	3,4	6,0	6,3	0,0	0,0
PM 1	54,9	39,6	65,5	54,0	75,0	53,1	60,0

PM 2	21,6	29,2	28,7	38,0	56,3	37,5	40,0
PM 3	19,6	22,9	49,4	32,0	65,6	37,5	40,0
PM 4	7,8	4,2	14,9	16,0	31,3	3,1	10,0
PM 5	5,9	6,3	8,0	4,0	9,4	12,5	10,0

GV: Gegenseitige Verständigung, DK: Dialogorientierte Kommunikation, BK: Bericht als Kommuni-
kationsoutput, ZO: Zielgruppenorientierung, IB: Individuelle Behandlung, PM: Pull-Möglichkeit
FD: Finanzielle Dienstleistung, HD: Handel & Dienstleistung, Pro: Produktion, En: Energie, Tr:
Transport, IKT: Informations- und Kommunikationstechnologie, An: Andere

Tabelle 41: Erfüllungsgrade der ganzen Kriterien nach Branchen
(eigene Darstellung)

Die Erfüllungsgrade der Kriterien PM 1 (Herunterladen eines ganzen Berichts) und PM 2 (Herunterladen einzelner Kapitel) sind über die verschiedenen Umsatzgruppen gut ausgewogen. Dagegen wurden insgesamt neun Kriterien (z.B. GV 2 (FAQ), ZO 2 (Anwendung des GRI Index in html)) nur von weniger als 20% der Unternehmen aus ganzen Branchen erfüllt.

Tabelle 42 fasst die Erfüllungsgrade der ganzen Kriterien nach Kontinenten zusammen.

Ohne Berücksichtigung der übrigen Welt kann man davon ausgehen, dass europäische und amerikanische Unternehmen bei der Nutzung der Elemente der interaktiven Nachhaltigkeitsberichterstattung im Internet relativ aktiver sind als asiatische Unternehmen.

Von den 35 Kriterien wurden das ,Herunterladen eines ganzen Berichts' am häufigsten erfüllt (178 Unternehmen, 57,4% aus 310). Auf den zweiten Platz kommt das Kriterium ,Berichte in html' (134 Unternehmen, 43,2% aus 310). 23 Kriterien (z.B. Forum, Darstellung der Ergebnisse von Befragungen) werden jedoch von weniger als 10% der untersuchten Unternehmen angeboten. Dieser prozentuale Anteil würde noch tiefer sinken, wenn alle 500 GF Unternehmen als Referenz genommen würden. Dies verdeutlicht, dass die Elemente der interaktiven Nachhaltigkeitsberichterstattung im Internet von GF 500 Unternehmen derzeit sehr wenig genutzt werden.

Es ist anzumerken, dass die Unternehmen, die ihre Nachhaltigkeitsberichte anhand des GRI Leitfadens erstellen, sich von den anderen in Bezug auf die Kategorie Bericht als Kommunikationsoutput mit einem höheren Erfüllungsgrad differenzieren, obwohl die Kriterien hierfür auch von weniger als 10% der untersuchten Unternehmen genutzt werden. Dies impliziert, dass die Anwendung des GRI Leitfadens in Durchschnitt eine positive Auswirkung auf das Stakeholder-Engagement hat.

Kontinent	Amerika	Europa	Asien	Übrige Welt
GV 1	10,4	15,4	4,5	0,0
GV 2	11,2	8,5	4,5	0,0
GV 3	48,0	34,2	9,1	50,0
GV 4	40,8	31,6	1,5	50,0
GV 5	6,4	12,8	3,0	50,0
GV 6	19,2	19,7	9,1	50,0
DK 1	29,6	40,2	15,2	50,0
DK 2	20,0	24,8	12,1	50,0
DK 3	11,2	8,5	9,1	50,0
ZO 1	44,0	49,6	30,3	50,0
ZO 2	6,4	12,0	0,0	50,0
ZO 3	4,0	4,3	7,6	0,0
ZO 4	14,4	31,6	1,5	0,0
ZO 5	5,6	3,4	3,0	0,0
ZO 6	1,6	2,6	9,1	0,0
BK 1	7,2	13,7	1,5	50,0
BK 2	8,0	12,8	6,1	50,0
BK 3	6,4	9,4	1,5	50,0
BK 4	4,8	0,9	10,6	50,0
IB 1	1,6	6,8	1,5	0,0
PM 1	44,8	64,1	69,7	50,0
PM 2	19,2	38,5	50,0	50,0
PM 3	24,0	40,2	59,1	50,0
PM 4	3,2	23,9	9,1	50,0
PM 5	4,0	15,4	0,0	0,0

GV: Gegenseitige Verständigung, DK: Dialogorientierte Kommunikation, BK: Bericht als Kommunikationsoutput, ZO: Zielgruppenorientierung, IB: Individuelle Behandlung, PM: Pull-Möglichkeit

Tabelle 42: Erfüllungsgrade der ganzen Kriterien nach Kontinenten
(eigene Darstellung)

Von den sechs Hypothesen wurden 1 ½ Hypothesen falsifiziert und 4 ½ verifiziert. Tabelle 43 fasst die Ergebnisse als empirisch und statistisch abgesicherte Aussagen für die GF 500 Unternehmen zusammen.

In einer weiterführenden Studie müsste geklärt werden,

- warum so wenig asiatische Unternehmen soziale Informationen im Internet anbieten,

- warum das Angebot sozialer Informationen mit steigendem Umsatz nicht zunimmt und

- warum kein Zusammenhang zwischen der Umsatzgröße der Unternehmen und der Nutzung der Elemente der interaktiven Nachhaltigkeitsberichterstattung im Internet besteht.

Abgesicherte Aussagen
1. Unternehmen der IKT-Branche nutzen mehr Elemente der interaktiven Berichterstattung im Internet als andere Branchen.
2. Je umsatzstärker ein Unternehmen ist, desto mehr Umweltinformationen und desto weniger soziale Informationen werden im Internet zur Verfügung gestellt.
3. Unternehmen der Produktions-, Energie- und Transportbranche streben nach einer verstärkten Vermittlung der Umweltinformation im Internet als andere Branchen.
4. Der Grad der Einbeziehung der Stakeholder in die Berichterstattungsprozesse bei den Unternehmen, die anhand des GRI Leitfadens ihre Berichte erstellen, ist deutlich höher als bei den übrigen Unternehmen.
5. Die Möglichkeit des Herunterladens von Informationen bzw. Berichten wird von mehr als der Hälfte der GF 500 Unternehmen, die im Internet ihre nachhaltigkeitsrelevanten Informationen präsentieren, angeboten.
6. Es gibt keinen Zusammenhang zwischen der Umsatzgröße der Unternehmen und der Nutzung der Elemente der interaktiven Nachhaltigkeitsberichterstattung im Internet.

Tabelle 43: Abgesicherte Aussagen als Ergebnis der Prüfung der Hypothesen
(in Anlehnung an GRI 2002)

Teil IV: Zusammenfassung und Ausblick

11 Zusammenfassung

Ziel dieser Arbeit ist es, aufzuzeigen, mit welchen Kriterien einer interaktiven Nachhaltigkeitsberichterstattung Unternehmen die Glaubwürdigkeit ihrer Nachhaltigkeitsberichte und somit ihre Unternehmensreputation erhöhen können. Zur Erreichung dieses Ziels wurden drei Fragenstellungen bearbeitet. Die Ergebnisse zur Beantwortung dieser Fragen werden im Folgenden zusammengefasst. Dabei werden auf die Vorgehensweise und Schlussfolgerungen eingegangen.

Frage 1: Trägt ein interaktiver Ansatz zur Verbesserung der Glaubwürdigkeit von Nachhaltigkeitsberichten bei?

Aus der Untersuchung der Kernaspekte der Ansätze zur Verbesserung der Glaubwürdigkeit von Nachhaltigkeitsberichten wird in Abschnitt 4.3 gefolgert, dass ein interaktiver Ansatz das Potenzial dazu hat, die Glaubwürdigkeit eines Nachhaltigkeitsberichts zu erhöhen. Um dieses Potenzial detaillierter zu erfassen, wird in Abschnitt 8.3 eine empirische Untersuchung durchgeführt. Die Untersuchung verdeutlicht, dass zwischen einer interaktiven Nachhaltigkeitsberichterstattung und der Qualität der Nachhaltigkeitsberichte ein positiver Zusammenhang besteht. Dies bedeutet, dass Unternehmen zur Verbesserung der Glaubwürdigkeit ihrer Berichte einen interaktiven Ansatz wählen sollten.

Frage 2: Welches sind die entscheidenden Kriterien für eine erfolgreiche interaktive Nachhaltigkeitsberichterstattung im Internet?

Es wurden 35 Kriterien für das Konzept einer interaktiven Nachhaltigkeitsberichterstattung erarbeitet, die in 6 Kategorien zusammengefasst sind:

- *Gegenseitige Kommunikation:* Glossar, FAQs, interne links zu Nachhaltigkeitsthemen, externe Links zu Nachhaltigkeitsthemen, kontextsensitive Suchmaschinen, aktuelle Nachrichten im Web

- *Dialogorientierte Kommunikation:* E-Mail Adresse, Kontakt-Nr., Online-Befragungen, Darstellung der Ergebnisse von Befragung, Forum

- *Bericht als Kommunikationsoutput:* Grundlagen zur Identifikation und Auswahl bedeutender Stakeholder, Ansätze für Stakeholderkonsultationen (Häufigkeit nach Form und Stakeholdern), Art der durch Stakeholderkonsultationen generierten Informationen, Verwendung der Informationen, die aus der Einbindung von Stakeholdern resultieren

- *Zielgruppenorientierung:* Zielgruppendifferenzierte Zuordnung der Informationen, Berichte in html, Anwendung des GRI Index in html, Index (alphabetisch), Adds on Favoriten, Erklärung mit Mouse-On, Bereitstellung des Materials als PPT (Präsentationsdatei), Druckfreundliche Seiten, Tabelle als Excel-Dateien, Video/Audio, Realread, Vergrößerung von Grafiken

- *Individuelle Behandlung:* Mailinglisten, Personalisierung durch Log-In/Log-Out

- *Pull-Möglichkeit:* Herunterladen eines ganzen Berichts, Herunterladen einzelner Kapitel, Herunterladen älterer Berichte, Bestellmöglichkeit einer Druckversion (z.B. per E-Mail oder Faxabruf), Shopping-Cart für die Zusammenstellung von Informationen und Berichten

Frage 3: Welche dieser Kriterien werden von den großen Unternehmen erfüllt?

In Kapitel 10 werden die Ergebnisse der Analyse dargelegt und diskutiert. Der Grad der Bereitstellung der Umweltinformationen und sozialen Informationen im Internet der GF 500 Unternehmen ist etwa mittelmäßig. 43,2% bzw. 53,1% der untersuchten 484 Unternehmen stellen ihre sozialen Informationen sowie Umweltinformationen auf ihren eigenen Webseiten zur Verfügung. Da 23 Kriterien (z.B. Forum, Darstellung der Ergebnisse von Befragungen) von weniger als 10% der untersuchten Unternehmen angeboten werden, kann davon ausgegangen werden, dass die Elemente der interaktiven Nachhaltigkeitsberichterstattung im Internet von GF 500 derzeit sehr wenig genutzt werden. Mit geeigneten Maßnahmen sollte der Grad der Nutzung der Elemente einer interaktiven Nachhaltigkeitsberichterstattung erhöht werden.

In Kapitel 9 wurden sechs Hypothesen aufgestellt, deren abgesicherte Aussagen lauten:

- Unternehmen der IKT-Branche nutzen mehr Elemente der interaktiven Berichterstattung im Internet als andere Branchen.

- Je umsatzstärker ein Unternehmen ist, desto mehr Umweltinformationen und desto weniger soziale Informationen werden im Internet zur Verfügung gestellt.

- Unternehmen der Produktions-, Energie- und Transportbranche streben nach einer verstärkten Vermittlung der Umweltinformation im Internet als andere Branchen.

- Der Grad der Einbeziehung der Stakeholder in die Berichterstattungsprozesse bei den Unternehmen, die anhand des GRI Leitfadens ihre Berichte erstellen, ist deutlich höher als bei den übrigen Unternehmen.

- Die Möglichkeit des Herunterladens von Informationen bzw. Berichten wird von mehr als der Hälfte der GF 500 Unternehmen, die im Internet ihre nachhaltigkeitsrelevanten Informationen präsentieren, angeboten.

- Es gibt keinen Zusammenhang zwischen der Umsatzgröße der Unternehmen und der Nutzung der Elemente der interaktiven Nachhaltigkeitsberichterstattung im Internet.

12 Ausblick

Diese Arbeit hat gezeigt, dass eine interaktive Nachhaltigkeitsberichterstattung im Internet trotz seiner Grenzen[415] das Potenzial zur Erhöhung der Qualität bzw. Glaubwürdigkeit der Berichte besitzt. Da dies ein grundlegendes Ziel jedes Leitfadens zur Nachhaltigkeitsberichterstattung ist, sollte ein Leitfaden zur internetgestützten interaktiven Nachhaltigkeitsberichterstattung erarbeitet werden.

Mit diesem Leitfaden kann dann nicht nur die Vergleichbarkeit der Informationen der Berichte als Printversion, sondern auch die Vergleichbarkeit der im Internet präsentierten Informationen gesichert werden. Der Leitfaden kann z.B. die Aktualität der Informationen im Internet für einen bestimmten Zeitraum vorschlagen. Zudem kann der Anteil der umgesetzten Kriterien, wie z.B. die Darstellung der Ergebnisse von Befragungen oder die Bereitstellung von Tabellen als Excel-Dateien, die Weiterverwendung der Informationen durch die Zielgruppen erhöht werden.

In Abschnitt 8.3.1.2 wurden vier methodische Möglichkeiten vorgestellt, um den Zusammenhang zwischen einer interaktiven Nachhaltigkeitsberichterstattung und der Qualität der Nachhaltigkeitsberichte zu überprüfen. Die Analyse der Nachhaltigkeitsberichte, in der die Nachhaltigkeitsberichte direkt analysiert werden, um den Zusammenhang zwischen dem Konzept einer interaktiven Nachhaltigkeitsberichterstattung und der Qualität der Nachhaltigkeitsberichte zu ermitteln, wurde aus dem Grund verworfen, da der Rahmen dieser Arbeit gesprengt worden wäre. Diese Analyse könnte in einer weiterführenden Studie aufgenommen werden.

Wie in Abschnitt 10.4 dargelegt, bleiben Punkte offen, die ebenfalls in einer weiterführenden Studie aufgegriffen werden könnten. Es sollte geklärt werden,

> ➢ warum asiatische Unternehmen so wenig soziale Informationen im Internet anbieten,

> ➢ warum das Angebot sozialer Informationen mit steigendem Umsatz nicht zunimmt und

> ➢ warum kein Zusammenhang zwischen der Umsatzgröße der Unternehmen und der Nutzung der Elemente der interaktiven Nachhaltigkeitsberichterstattung im Internet besteht.

---

[415] Vgl. Abschnitt 8.4.

Literaturverzeichnis

ACCA (2001): Environmental, Social and Sustainability Reporting on the World Wide Web: A Guide to Best Practice. London: The Association of Chartered Certified Accountants (ACCA) and Next Step Consulting Ltd.

ACCA (2004): Towards Transparency: Progress on Global Sustainability Reporting 2004. London: The Association of Chartered Certified Accountants (ACCA) & CorporateRegister.com.

AccountAbility (2003a): Assurance Standard - AA1000. London: AccountAbility.

AccountAbility (2003b): The State of Sustainability Assurance. London: AccountAbility.

Achleitner, P. (1985): Sozio-politische Strategien Multinationaler Unternehmungen. Bern; Stuttgart: Haupt.

Akerlof, G. A. (1970): "The Market for Lemons: Quality Uncertainty and the Market Mechanism", Quarterly Journal of Economics, 84(3), 488-500.

Ansoff, H. I. (1965): Corporate Strategy: an Analytic Approach to Business Policy for Growth and Expansion. New York: MacGraw-Hill.

Arrow, K. J. (1986): ""Agency and the Market"", in: Arrow, K. J. & Intriligator, M. (Hrsg.): Handbook of Mathematical Economics. Amsterdam: North-Holland, 1183-1195.

Barnard, Chester I. (1938): The Functions of the Executive. Cambridge (Massachusetts): Harvard University Press.

Becker, B. (1997): Sustainability Assessment: A review of Values, Concepts, and Methodological Approaches. Washington: Consultative Group on International Agricultural Research.

Becker, E. (zugegriffen am 15.07.2002): Sustainability Reporting, http://www.-nachhaltigkeit.at/reportagen.php3?id=14.

Beger, R.; Gärtner, H.-D. & Mathes, R. (1989): Unternehmenskommunikation: Grundlagen, Strategien, Instrumente. Wiesbaden; Frankfurt am Main: Gabler.

Behrens, A. (2001): Betriebliches Informationsmanagement: Informieren, überzeugen oder beeinflussen? Unternehmensdarstellung und ihre Wirkung. Fachbereich Politik- und Sozialwissenschaften. Berlin; Freie Universität Berlin.

Bentele, G.; Steinmann, H. & Zerfaß, A. (1996): Dialogorientierte Unternehmenskommunikation. Grundlagen - Praxiserfahrungen - Perspektiven. Berlin: Vistas Verlag.

Besterfield, D. H.; Besterfield-Michna, C.; Besterfield, G. H. & Besterfield-Sacre, M. (1994): Total Quality Management. Englewood Cliffs, New Jersey; Columbus, Ohio: Prentice Hall.

Brettreich-Teichmann, W. & Wiedmann, G. (1999): "Global Networking: Kommunikationsstrategien für kleine und mittlere Unternehmen im globalen Wettbewerb", in: Bullinger, H.-J. & Berres, A. (Hrsg.): Innovative Unternehmenskommunikation: Vorsprung im Wettbewerb durch neue Technologien. Band 2. Berlin: Springer, Kapitel 10-03-01.

Binswanger, H. C. (1997): "Sustainability - realistisches Ziel oder gefährliche Illusion?" in: Binswanger, H. C. (Hrsg.): Sustainability - eine Illusion? Sinzheim: Pro Universitate Verlag, 16-27.

Blanke, M.; Godemann, J.; Herzig, c.; Nierling, L. & Rauer, F. (2004): Wie nutzen große Unternehmen das Internet, um über Nachhaltigkeit zu kommunizieren? Studie zur internetgestützten Nachhaltigkeitsberichterstattung von DAX 30-Unternehmen. Lüneburg: INFU (Institut für Umweltkommunikation).

BMU/BDI & Schaltegger, S.; Herzig, C; Kleiber, O. & Müller, J. (2002): Nachhaltigkeitsmanagement in Unternehmen: Konzepte und Instrumente zur nachhaltigen Unternehmensentwicklung. Bonn; Berlin.

Braun, B.; Geibel, J. & Glasze, G. (2001): "Umweltkommunikation im Öko-Audit-System - von der Umwelterklärung zum Umweltforum", Zeitschrift für Umweltpolitik und Umweltrecht (ZfU), (2/2001), 299-318.

Brown, B. & Perry, S. (1994): "Removing the Financial Performance Halo from Fortune's Most Admired Companies", Academy of Management Journal, 37, 1347-1359.

Bruhn, M. (1995a): Integrierte Unternehmenskommunikation: Ansatzpunkte für eine strategische und operative Umsetzung integrierter Kommunikationsarbeit. Stuttgart: Schäffer-Poeschel Verlag.

Bruhn, M. (1995b): Marketing. Grundlagen für Studium und Praxis. Wiesbaden: Gabler.

Bruhn, M. (1997): Kommunikationspolitik. Bedeutung - Strategien – Instrumente. München: Vahlen.

Bruhn, M. (2002): "Konsequenzen des Relationship Marketings für die integrierte Kommunikation", in: Merten, K.; Zimmermann, R. & Hartwig, H. A. (Hrsg.): Das Handbuch der Unternehmenskommunikation 2002/2003. München; Köln; Neuwied; Kriftel: Dt. Wirtschaftsdienst, 171-185.

Bruhn, M. (2003): Integrierte Unternehmens- und Markenkommunikation. Strategische Planung und operative Umsetzung. 3., überarb. und erweiterte Auflage. Stuttgart: Schäffer-Poeschel.

Bruhn, M. (2003a): Systematischer Einsatz der Kommunikation für Unternehmen. München: Vahlen.

Brüne, K. (2002): „Das Internet im Rahmen der integrierten Kommunikation", in: Manschwetus, U. & Rumler, A. (Hrsg.): Strategisches Internetmarketing: Entwicklungen in der Net-Economy. Wiesbaden: Gabler, 417-436.

Burkart, R. (2002): Kommunikationswissenschaft - Grundlagen und Problemfelder. Umrisse einer interdisziplinären Sozialwissenschaft. Wien; Köln; Weimar: Böhlau.

Busch, R., Dögl, R. & Unger, F. (2001). Integriertes Marketing. 3. Aufl.. Wiesbaden: Gabler.

Bühl, A. & Zöfel, P. (2000): SPSS Version 10. Einführung in die moderne Datenanalyse unter Windows. München; Bosten; San Francisco; Harlow; England; Sydney: Addision-Wesley.

Büschken, J. (1999): Wirkung von Reputation zur Reduzierung von Qualitätsunsicherheit. Diskussionsbeiträge der Wirtschaftswissenschaftlichen Fakultät Ingolstadt der Katholischen Universität Eichstätt. Ingolstadt: Universität Eichstätt.

Christian Aid (2004): Behind the Mask - The Real Face of Corporate Social Responsibility. London: Christian Aid.

Clausen, J., Loew, T., Klaffke, K., Raupach, M. & Schönheit, I. (2002): Nachhaltigkeitsberichterstattung: Praxis glaubwürdiger Kommunikation für zukunftsfähige Unternehmen. Berlin: Institut für Ökologische Wirtschaftsforschung (IÖW) und Institut für Markt-Umwelt-Gesellschaft (IMUG).

CSR Europe (2000): Communicating Corporate Social Responsibility. Brussels: CSR Europe.

CSR Europe (2000a): Corporate Social Responsibility (CSR) kommunizieren. Transparenz, Berichterstattung, Rechenschaft. Empfehlungen zur CSR-Berichterstattung. Brussels: CSR Europe.

CSR Europe & AccountAbility (2002): Impacts of Reporting. The Role of Social and Sustainability Reporting in Oorganisational Transformation. London: CSR Europe.

Daub, C.-H. (2003): "Auf dem Weg zur integrierten Berichterstattung", in: Umwelt Focus, August 2003, 23-27.

Deloitte & Touche (2002): Socially Responsible Investment Survey 2002. London: Deloitte & Touche.

Dozier, D. M. (1993): "Image, Reputation and Mass Communication Effects", in: Armbrecht, W.; Avenarius, H. & Zabel, U. (Hrsg.): Image und PR - Kann

214

Image Gegenstand einer Public Relations Wissenschaft sein? Opladen: Westdt. Verl., 227-250.

Dukerich, J. M. & Carter, S. M. (2000): "Distorted Images and Reputation Repair", in: Schultz, M. v. & Hatch, M. j. (Hrsg.): The Expressive Organization - Linking Identity, Reputation and the Corporate Brand. Oxford; New York: Oxford University Press.

Dunbar, R. L. M. & Schwalbach, J. (2000): Corporate Reputation and Performance in Germany. Berlin: Institut für Management an der Humboldt-Universität zu Berlin.

Dyllick, T. (1989): Management der Umweltbeziehungen: öffentliche Auseinandersetzungen als Herausforderung. Wiesbaden: Gabler.

Dyllick, T. (2001): "Unternehmerische Nachhaltigkeit - Anleitung für ein Leitbild", in: Bieker, T.; Gminder, C.-U. & Hamschmidt, J. (Hrsg.): Unternehmerische Nachhaltigkeit - auf dem Weg zu einem Sustainability Controlling. St. Gallen: Institut für Wirtschaft und Ökologie (IWÖ), 5-9.

Dyllick, T. & Hockerts, K. (2002): "Beyond the Business Case for Corporate Sustainability", Business Strategy and the Environment, (11), 130-141.

EC (2001): Promoting a European framework for Corporate Social Responsibility - Green Paper. Luxemburg: European Commission.

ECC Kohtes Klewes GmbH (2002a): "Nachhaltigkeitsberichte im Anforderungsdilemma: Transparenz für wen, warum und wie?", in: SAMS Kommunikation 15, 1-6.

ECC Kohtes Klewes GmbH (2002b): Sustainability Reporting Research 2002. "Was Ihr Wollt". Nachhaltigkeitsberichte im Spannungsfeld zwischen gesellschaftlichen Ansprüchen und kommunikativen Möglichkeiten. Bonn: ECC Kohtes Klewes GmbH.

ECC Kohtes Klewes GmbH & Fishburn Hedges Ltd. (2003): Global Stakeholder Report 2003. Geteilte Werte? Die erste weltweite Stakeholder-Befragung zum Non-financial Reporting. Bonn; London: ECC Kohtes Klewes GmbH.

Ernst & Young; KPMG; PricewaterhouseCoopers & House of Mandag Morgen (1999): The Copenhagen Charter: A Management Guide to Stakeholder Reporting. Copenhagen: House of Mandag Morgen.

Fantapié Altobelli, C. & Sander, M. (2001): Internet-Branding: Marketing und Markenführung im Internet. Stuttgart: Lucius & Lucius.

FEE (The Fédération des Experts Comptables Européens) (2002): FEE Discussion Paper - Providing Assurance on Sustainability Reports. Brussels: The Fédération des Experts Comptables Européens.

Fetterman, R. (1997): The Interactive Cooperation: Using Interactive Media and Intranets to Enhance Business Performance. New York: Random House.

Fichter, K. (1998): Umweltkommunikation und Wettbewerbsfähigkeit: Wettbewerbstheorien im Lichte empirischer Ergebnisse zur Umweltberichterstattung von Unternehmen. Marburg: Metropolis-Verlag.

Fichter, K. (2000): "Umweltkommunikation und Wettbewerbsfähigkeit", in: Fichter, K. & Schneidewind, U. (Hrsg.): Umweltschutz im globalen Wettbewerb: Neue Spielregeln für das grenzenlose Unternehmen. Berlin; Heidelberg; New York; Barcelona; Hongkong; London; Mailand; Paris; Singapur; Tokio: Springer, 263-276.

Figge, F. & Schaltegger, S. (2000): Was ist „Stakeholder Value"? - Vom Schlagwort zur Messung. Lüneburg: Centre for Sustainability Management und Bank Pictet in Zusammenarbeit mit UNEP.

Fischer, A. & Hahn, G. (2001): "Editorische Notizen - Einblicke in die Kommunikation über Nachhaltigkeit", in: Fischer, A. & Hahn, G. (Hrsg.): Vom schwierigen Vergnügen eine Kommunikation über die Idee der Nachhaltigkeit. Frankfurt am Main: VAS, 7-11.

Fombrun, C. J. (1996): Reputation: Realizing Value from the Corporate Image. Boston; Mass: Harvard Business School Press.

Fombrun, C. J. & Shanley, M. (1990): "What's in a Name? Reputation Building and Corporate Strategy", Academy of Management Journal, 33, 233-258.

Fombrun, C. J. & Wiedmann, K.-P. (2001): Reputation Quotient - Analyse und Gestaltung der Unternehmensreputation auf der Basis fundierter Erkenntnisse. Hannover: Universität Hannover.

Fombrun, C. J. & Wiedmann, K.-P. (2001a): "Unternehmensreputation auf dem Prüfstand: welche Unternehmen haben die beste Reputation in Deutschland?" Planung & Analyse, 28(4), 60-64.

Fombrun, C. J. & Van Riel, C. (1998): "The Reputational Landscape", Corporate Reputation Review, 1, 5-14.

Franz, W. (2003): IKT-Report (Juni 2003). Mannheim: Zentrum für Europäische Wirtschaftsforschung.

Freeman, R. E. (1984): Strategic Management: A Stakeholder Approach. Boston; London; Melbourne; Toronto: Pitman.

Friedländer, F. (1999): Online-Medien als neues Instrument der Öffentlichkeit: eine empirische Untersuchung zur Beurteilung der Integration von Online-Medien in das Instrumentarium der externen Öffentlichkeitsarbeit. Universität Münster,

Fritsch, M.; Wein, T. & Ewers, H. J. (2001): Marktversagen und Wirtschaftspolitik: Mikroökonomische Grundlagen staatlichen Handelns. München: Verlag Franz Vahlen.

Fritz, W. (2001): Internet-Marketing und Electronic Commerce: Grundlagen, Rahmenbedingungen, Instrumente. Wiesbaden: Gabler.

Frosch-Wilke, D. & Raith, C. (2002): Marketing-Kommunikation im Internet: Theorie, Methoden und Praxisbeispiele von One-to-One bis zum Viral-Marketing. Braunschweig; Wiesbaden: Vieweg.

Global Reporting Initiative (GRI) (2002): Sustainability Reporting Guidelines 2002. Amsterdam: GRI, Deutsche Übersetzung durch das Centre for Sustainability Management (CSM).

Gluschke, G. (1999): "Sicherheitskonzepte", in: Bullinger, H.-J. & Berres, A. (Hrsg.): Innovative Unternehmenskommunikation : Vorsprung im Wettbewerb durch neue Technologien. Band 2. Berlin: Springer, Kapitel 11-12-01.

Goldberg, M. E. & Hartwick, J. (1990): "The Effects of Advertiser Reputation and Extremity of Advertising Claim on Advertising Effectiveness", Journal of consumer Research, 17, 172-179.

Gray, E. R. & Balmer, J. M. T. (1998): "Managing Corporate Image and Corporate Reputation", Long Range Planning, 31(5), 695-702.

Green Business Letter (zugegriffen am 10.28.2001): Six Keys to Creating a Winning Environmental Report, http:// www.greenbiz.com/tollbox.howto.cfm

Gribben, C. & Olsen, L. (2003): An Anchor - Not the Answer. Trends in Social and Sustainable Development Reporting. London: Ashridge Centre for Business and Society.

Guggenberger, B. (1997): "Fragen zur Sustainability - Was leistet dieses Konzept und wohin führt es uns?" in: Binswanger, H. C. (Hrsg.): Sustainability - eine Illusion? Sinzheim: Pro Universitate Verlag, 28-37.

Haasis, H.-D. (2001): "Unternehmensführung und Nachhaltiges Wirtschaften", in: Fischer, H. (Hrsg.): Unternehmensführung im Spannungsfeld zwischen Finanz- und Kulturtechnik: Handlungsspielräume und Gestaltungszwänge. Hamburg: Kovac, 21-36.

Haber, W. (1995): "Das Nachhaltigkeitsprinzip als ökologisches Konzept", in: Fritz, P.; Huber, J. & Levi, H. W. (Hrsg.): Nachhaltigkeit in naturwissenschaftlicher und sozialwissenschaftlicher Perspektive. Stuttgart: S. Hirzel-Wissenschaftliche Verlansgesellschaft Stuttgart, 17-30.

Haberer, A. F. (1996): Umweltbezogene Informationsasymmetrien und transparenzschaffende Institutionen. Marburg: Metropolis-Verl.

Habermas, J. (1987): Theorie des kommunikativen Handelns. Frankfurt am Main: Suhrkamp Verlag.

Hansen, H. R. (1996): Wirtschaftsinformatik: Grundlagen betrieblicher Informationsverarbeitung. Stuttgart: Fischer.

Hardtke, A. & Prehn, M. (2001): Perspektiven der Nachhaltigkeit - vom Leitbild zur Erfolgsstrategie. Wiesbaden: Gabler.

Hauth, P. & Raupach, M. (2001): "Nachhaltigkeitsberichte schaffen Vertrauen", Harvard Business Manager, (5), 24-33.

Henning, I. (1997): Die Reputation einer Zentralbank: eine theoretische Untersuchung unter besonderer Berücksichtigung der Europäischen Zentralbank. Frankfurt a. M.: Lang.

Herzig, C. & Schaltegger, S. (2003): Nachhaltigkeit in der Unternehmensberichterstattung. Diskussionspapier für den Fachdialog des Bundesumweltministeriums (BMU). Lüneburg: Centre for Sustainability Management (CSM).

Holler, M. J. & Illing, G. (1991): Einführung in die Spieltheorie. Berlin: Springer.

Hopfenbeck, W. & Roth, P. (1994): Öko Kommunikation - Wege zu einer neuen Kommunikationskultur. Landsberg; Lech: Moderne Industrie.

Hoppe, J. & Ferdinand, N. (2003): "Nachhaltigkeit im Unternehmen. Den Begriff mit Leben füllen", in: Ökologisches Wirtschaften 1/2003, 28-29.

Hroch, N. & Schaltegger, S. (2001): Wie gut berücksichtigen Umwelterklärungen und -berichte zentrale umweltpolitische Themen? Vergleichende Untersuchung am Beispiel von Angaben über CO_2-Emissionen und Energieverbrauch für 1995/96 und 1998/99. Lüneburg: Centre for Sustainability Management.

Hunt, T. & Grunig, J. E. (1994): Public relations techniques. Fort Worth: Harcourt Brace College Publishers.

Hutton, J. G.; Goodman, M. B.; Alexander, J. B. & C.M., G. (2001): "Reputation Management: The New Face of Corporate Public Relations?" Public Relations Review, (27), 247-261.

Iburg, H. & Oplesch, A. (2001): Online PR - exakte Zielgruppenansprache, interaktive Kundenkontakte, innovative Kommunikationskonzepte. Lansberg-/Lech: Verlag Moderne Industrie.

Imug (2003): Informationsoffenheit von Unternehmen. Imug Arbeitspapier 12/2003. München: Imug.

IFEU (Institut für Energie und Umweltforschung) (2002): Zukunftsfähiges Wirtschaften. Ein Leitfaden zur Nachhaltigkeitsberichterstattung von Unternehmen. Stuttgart: Institut für Energie und Umweltforschung.

IÖW & Imug (2001): Der Nachhaltigkeitsbericht - ein Leitfaden zur Praxis glaubwürdiger Kommunikation für zukunftsfähige Unternehmen. Berlin: Institut für Ökologische Wirtschaftsforschung (IÖW) und Institut für Markt-Umwelt-Gesellschaft (IMUG).

IÖW & Imug (2002): Nachhaltigkeitsberichterstattung - Praxis glaubwürdiger Kommunikation für zukunftsfähige Unternehmen. Berlin: Erich Schmidt.

Isenmann, R. (zugegriffen am 30.09.2003): Internetbasierte Nachhaltigkeitsberichterstattung - Mehr Nutzen und weniger Aufwand für die Unternehmen, Mehrwert für die Zielgruppen, http://www.nachhaltigkeit.at/monthly/2002-07/pdf/-isenmann.pdf.

Isenmann, R. & Lenz, C. (2002): "Internet Use for Corporate Environmental Reporting: Current Challenges - Technical Benefits - Practical Guidance", Business Strategy and the Environment, 11, 181-202.

Isenmann, R. & Lenz, C. (2001): "Customized Corporate Environmental Reporting by Internet-based Push and Pull Technologies", Eco-Management and Auditing, 8 (2), 100-110.

Itter, R. (1999): Internet-basierte Informationssysteme in betrieblichen Prozessen. Lohmar; Köln: Josef Eul Verlag.

Jeuthe, K. (2003): Nachhaltigkeit als Unternehmensstrategie? Von der Nachhaltigkeit der Produktion zur Kommunikation der Nachhaltigkeit. Universität Passau, Diplomarbeit, Lehrstuhl für Romanische Literaturen und Kulturen.

Jones, K. & Walton, J. (1999): "Internet-based Environmental Reporting", in: Bennett, M. & James, P. (Hrsg.): Sustainable Measures - Evaluation and Reporting of Environmental and Social Performance. Sheffield, UK: Greenleaf, 412-425.

Jørgensen, H. B. (zugegriffen am 07.07.2003): Sustainability Reporting, http://www.pwcglobal.com.

Karger, C. R. (1997): "Umweltkommunikationsprozesse und Interaktion", in: Michelsen, G. (Hrsg.): Umweltberatung. Grundlagen und Praxis. Bonn: Economica, 85-95.

Kellenberger, R. (1981): Die bedürfnisorientierte externe Berichterstattung. Zürich: Schulthess.

Kiener, S. (1990): Die Principal-Agent-Theorie aus informationsökonomischer Sicht. Heidelberg: Physica-Verlag.

Kim, K.-C. (2003): Kriterien der interaktiven Unternehmenskommunikation im Internet. Lüneburg: Centre for Sustainability Management.

Kim, K.-C. (2002): Methoden zur Evaluation der Nachhaltigkeit von Unternehmen: Kategorisierung & Analyse ihrer Stakeholderorientierung. Lüneburg: Centre for Sustainability Management.

Kolk, A. (2004): "A Decade of Sustainability Reporting: Developments and Significance International", Journal of Environment and Sustainable Development, 3(1), 51-64.

KPMG (2002): "Nachhaltigkeitsberichterstattung. Eine Frage der Glaubwürdigkeit", in: editVALUE. Das Kundenmagazin von KPMG 3/2002, 12-13.

Kreibich, R. (1996): Nachhaltige Entwicklung. Leitbild für die Zukunft von Wirtschaft und Gesellschaft. Weinheim: Beltz.

Lafferty, B. A. & Goldsmith, R. E. (1999): "Corporate Credibility's Roll in Consumers' Attitudes and Purchase Intentions When a High Versus a Low Credibility Endorser is Used in the Ad", Journal of Business Research, 44, 109-116.

Lahno, B. (1995): "Trust, Reputation, and Exit in Exchange Relationships", Journal of Conflict Resolution, 39(3), 495-510.

Lehni, M. (2001): "Unternehmerische Nachhaltigkeit kommunizieren – Sustainability Reporting", in: Bieker, T.; Gminder, C.-U. & Hamschmidt, J. (Hrsg.): Unternehmerische Nachhaltigkeit - auf dem Weg zu einem Sustainability Controlling. St. Gallen: Institut für Wirtschaft und Ökologie (IWÖ), 41-47.

Leisinger, K. M. (2003): Whistleblowing und Corporate Reputation Management. München; Mering: Rainer Hampp Verlag.

Lenz, C. (2003): Empfängerorientierte Unternehmenskommunikation. Einsatz der Internet-Technologie am Beispiel der Umweltberichterstattung. Köln: Josef Eul Verlag.

Lenz, C.; Isenmann, R.; Marx-Gomez, J.; Krüger, M. & Arndt, H.-K. (2002): "Standardisation of XML-based DTDs for corporate environmental reporting: Towards an EML", in: Pillmann, W. & Tochtermann, K. (Hrsg.): Environmental communication in the information society. Proceedings of the 16th international conference. Informatics for environmental protection. September 25-27, 2002. University of Technology, Vienna, Austria. Vienna: International Society for Environmental Protection,

Lichtl, M. (1999): Ecotainment: Der neue Weg im Umweltmarketing. Wien: Ueberreuter.

Line, M.; Hawley, H. & Krut, R. (2002): "The Development of Global Environmental and Social Reporting", Corporate environmental strategy, 9(1), 69-78.

Macho-Stadler, I. & Perez-Castrillo, D. (1997): An Introduction to the Economics of Information. New York: Oxford University Press Inc.

March, J. G. & Simon, H. A. (1958): Organisations. New York: Wiley.

Mead, G. H. (1968): Geist, Identität und Gesellschaft aus der Sicht des Sozialbehaviorismus. Frankfurt am Main: Suhrkamp.

Mesterharm, M. (2001): Integrierte Umweltkommunikation von Unternehmen – Theoretische Grundlagen und empirische Analyse der Umweltkommunikation am Beispiel der Automobilindustrie. Marburg: Metropolis Verlag.

Meyer, K. (1997): Internet und strategisches Umweltmanagement: Krisenabwehr durch Stakeholder-orientierte Kommunikation. Wiesbaden: DeutscherUniversitätVerlag.

Michelsen, G. & Herzig, C. (2000): Umweltkennzahlen in Umwelterklärungen von B.A.U.M. e.V. - Mitgliedsunternehmen aus der Perspektive der Umweltkommunikation. Ergebnisse einer empirischen Untersuchung von 62 Umwelterklärungen. Lüneburg: INFU-Diskussionsbeiträge.

Michelsen, G. (2004): Grundlagen nachhaltiger Entwicklung. Kurseinheit des MBA-Studiengangs Sustainament. Lüneburg: Center for Sustainability Management.

Morhardt, J. E.; Baird, S. & Freeman, K. (2002): "Scoring corporate environmental and sustainability reports using GRI 2000, ISO 14031 and other criteria", Corporate social responsibility and environmental management, 9215-233.

Müller, E. (zugegriffen am 20.10.2004): Kann das hehre Ziel der Nachhaltigkeit im Wettbewerb funktionieren?, http://www.vzbv.de/mediapics/herbsttagung_-bwl.pdf.

Müller, J. (1996): Diversifikation und Reputation. Wiesbaden: Dt. Univ.-Verl.

Münzing, T. (2001): "Unternehmen im Zeitalter der Nachhaltigkeit - Werte und Wertschöfung verbinden", Zeitschrift für Wirtschafts- und Unternehmensethik, 2(3), 410-419.

Nagos, P. (1991): Externe Berichterstattung : Information für Stakeholders. Zürich: Polygraph.

Nerb, M. (2002): Reputation - Begriffsbestimmung und Möglichkeiten der Operationalisierung. München: FGM-Verlag.

Nutzinger, H.-G. & Radke, V. (1995): "Das Konzept der nachhaltigen Wirtschaftsweise: Historische theoretische und politische Aspekte", in: Nutzinger,

H.-G. (Hrsg.): Nachhaltige Wirtschaftsweise und Energieversorgung: Konzepte, Bedingungen, Ansatzpunkte. Marburg: Metropolis-Verl., 13-25.

Olins, W. (2000): "How Brands are Talking Over the Corporation", in: Schultz, M.; Hatch, M. j. & Larsen, M. H. (Hrsg.): The Expressive Organisation: Linking Identity, Reputation, and the Corporate Brand. Oxford: Oxford: Oxford University Press, 51-65.

Pflaum, D. & Linxweiler, R. (1998): Public Relations der Unternehmung. Landsberg: Lech.

Pleon Kohtes Klewes (2004): Geheime Mission? Deutsche Unternehmen im Dialog mit kritischen Stakeholdern. Eine Umfrage unter den 150 größten Unternehmen. Bonn; Berlin: Pleon KohtesKlewes.

Prakke, H. (1968): Kommunikation der Gesellschaft: Einführung in die funktionale Publizistik. Münster: Verlag Regensberg.

Pratt, J. W. & Zeckhauser, R. J. (1985): "Principals and Agents: An Overview", in: Pratt, J. W. & Zeckhauser, R. J. (Hrsg.): Principals and Agents: The Structure of Business. Boston, Massachusetts: Harvard business school press, 1-36.

Rappaport, A. (1986): Creating Shareholder Value: The New Standard for Business Performance. New York: Free Press.

Raupach, M. & Clausen, J. (2001): "Kreativität oder Norm? Nachhaltigkeitsberichterstattung ist auf dem Weg", in: Ökologisches Wirtschaften, 26-27.

Rauschenberger, R. (2002): Nachhaltiger Shareholder Value: Integration ökologischer und sozialer Kriterien in die Unternehmensanalyse und in das Portfoliomanagement. Bern [u.a.]: Haupt.

Reichertz, J. (2002): "Vertrauen in der internetgestützten Unternehmenskommunikation", in: Thimm, C. (Hrsg.): Unternehmenskommunikation offline/online: Wandelprozesse interner und externer Kommunikation durch neue Medien. Frankfurt am Main; Berlin; Bern; Bruxelles; New York; Oxford; Wien: Lang, 11-35.

Reim, F. (1999): "Internetdienste", in: Bullinger, H.-J. & Berres, A. (Hrsg.): Innovative Unternehmenskommunikation: Vorsprung im Wettbewerb durch neue Technologien. Band 2. Berlin: Springer, Kapitel 11-30-01.

Renn, O. (1995): Ökologisch denken - sozial handeln: die Realisierbarkeit einer nachhaltigen Entwicklung und die Rolle der Kultur- und Sozialwissenschaften; Vorlesungsmanuskript Südwestfunk Teleakademie: Sendung vom 05.03. 1995. Stuttgart: Akademie für Technikfolgenabschätzung.

Riley, J. W. & Riley, M. W. (1959): "Mass Communication and the Social System", in: Merton, R. K.; Broom, L. & Cottrell, L. S. (Hrsg.): Sociology Today: Problem and Prospects. New York: Basic books, 537-578.

Rössler, P. (1998): "Wirkungsmodelle: die digitale Herausforderung. Überlegungen zu einer Inventur bestehender Erklärungsansätze der Medienwirkungsforschung", in: Rössler, P. (Hrsg.): Online-Kommunikation. Beiträge zu Nutzung und Wirkung. Opladen: Westdeutscher Verlag, 17-46.

Schaltegger, S. (2004): "Was ist unternehmerisches Nachhaltigkeitsmanagement?" in: CSM Newsletter 01-2004, Lüneburg: Centre for Sustainability Management, 3.

Schaltegger, S. (2003): "Stakeholder-Beziehungen und Reputation", in: Basler Zeitung, 3. März 2003, 15.

Schaltegger, S. (2000): "Einführung und normatives Umweltmanagement", in: Schaltegger, S. (Hrsg.): Studium der Umweltwissenschaften. Berlin: Springer, 113-133.

Schaltegger, S. (1999): "Bildung und Durchsetzung von Interessen in und im Umfeld von Unternehmen: Eine politisch-ökonomische Perspektive", Die Unternehmung, 53(1/99), 3-20.

Schaltegger, S. (1997): "Information Costs, Quality of Information and Stakeholder Involvement - The Necessity of International Standards of Ecological Accounting", Eco-Management and Auditing, 4, 87-97.

Schaltegger, S. & Burritt, R. (2000): Contemporary Environmental Accounting: Issues, Concept and Practice. Sheffield: Greenleaf.

Schaltegger, S.; Burritt, R. L. & Petersen, H. (2003): An Introduction to Corporate Environmental Management: Striving for Sustainability. Sheffield: Greenleaf Publishing.

Schaltegger, S. & Figge, F. (2000): Environmental Shareholder Value. Economic Success with Corporate Environmental Management. Discussionpaper No. 8, Oslo: Norwegian School of Management, Oslo.

Schaltegger, S. & Figge, F. (1997): Umwelt und Shareholder Value. WWZ/ Sarasin & Cie-Studie Nr. 54, 12. Auflage. Basel: WWZ/ Sarasin & Cie.

Schaltegger, S.; Muller, K. & Hinrichsen, H. (1996): Corporate Environmental Accounting. Chichester: John Wiley & Sons.

Schaltegger, S. & Sturm, A. (1998): Eco-Efficiency By Eco-Controlling. Theory and Cases. Zurich: vdf.

Schaltegger, S. & Sturm, A. (1995): Öko-Effizienz durch Öko-Controlling. Zur praktischen Umsetzung von EMAS und ISO 14`001. Stuttgart; Zurich: Schaffer-Poeschel/ vdf.

Schaltegger, S. & Sturm, A. (1990): "Ökologische Rationalität: Ansatzpunkte zur Ausgestaltung von ökologieorientierten Managementsinstrumenten", Die Unternehmung, 44(4), 273-290.

Schaltegger, S. & Sturm, A. (1994): Ökologieorientierte Entscheidungen in Unternehmen, 2. Auflage. Bern: Paul Haupt.

Schneidewind, U. (2002): "Zukunftsfähige Unternehmen – ein Bezugsrahmen", in: Bund Umwelt und Naturschutz Deutschland & UnternehmensGrün (Hrsg.): Zukunftsfähige Unternehmen: Wege zur nachhaltigen Wirtschaftsweise von Unternehmen. München: 22-37.

Schönborn, G. & Steinert, A. (2001): Sustainability Agenda – Nachhaltigkeitskommunikation für Unternehmen und Institutionen. Neuwied; Kriftel: Luchterhand.

Schulz, W. (1989): "Betriebliche Umweltinformationssysteme", Umwelt und Energie, Nr. 6, 33-98.

Schulz, W. F.; Burschel, C. & Losen, D. (2001): Corporate Sustainability Reporting. Witten: Deutsches Kompetenzzentrum für Nachhaltiges Wirtschaften (DKNW).

Schwaiger, M. (2004): "Components and Parameters of Corporate Reputation - an Empirical Study", Schmalenbach Business Review, 5, 646-71.

Schwalbach, J. (2001): Unternehmensreputation als Erfolgsfaktor. Berlin: Humboldt-Univ., Wirtschaftswissenschaftl. Fak., Inst. für Management.

Scott, P. (2002): "Reporting from Beyond the Pale?" Environmental Finance, September 2002, 15.

Scott, P. (2000): "Reporting - Where Next?" in: Elements, October 2000, 17-19.

Scott, P. & R., J. (2002): "Environmental, Social and Sustainability Reporting on the Web: Best Practices", Corporate Environmental Strategy, 9(2), 193-202.

Shepherd, K.; Abkowitz, M. & Cohen, M. A. (2001): "Online Corporate Environmental Reporting: Improvements and Innovation to Enhance Stakeholder Value", Corporate Environmental Strategy, 8 (4), 307-315.

Smythe, J.; Dorward, C. & Reback, J. (1992): Corporate Reputation - Managing the New Strategic Asset. London: Random House Business Books.

Steinert, A. & Klein, A. (2002): "Corporate Social Responsibility (CSR) - eine neue Herausforderung für die Unternehmenskommunikation", in: Bentele, G.; Piwinger, M. & Schönborn, G. (Hrsg.): Kommunikationsmanagement – Strategien, Wissen, Lösungen. Kriftel; Neuwied: Luchterhand, Kapitel 1.17.

Stockmann, R. (2000): "Evaluation in Deutschland", in: Stockmann, R. (Hrsg.): Evaluationsforschung - Grundlagen und ausgewählte Forschungsfelder. Opladen: Verlag Leske + Budrich, 11-40.

SustainAbility/UNEP (2002): Trust Us. The Global Reporters 2002 Survey of Corporate Sustainability Reporting. London: SustainAbility.

SustainAbility (2003): The Global Reporters. Sustainability Reporting Assessment Methodology. London: SustainAbility.

The Nordic Partnership (2004): A New Era of Nordic Partnerships for Sustainability? – Assessing the Partnership Mindset of Nordic NGOs and Businesses. Copenhagen: The Nordic Partnership.

Thielemann, U. (2004): Akzeptanz oder Legitimität? Die Idee verdienter Reputation. Zürich: Center for Corporate Responsibility and Sustainability (CCRS).

Thomas, G. (1997): Werbung im Internet. Grundlagen, Einsatz und Perspektiven. Kassel: Universität Kassel.

Thommen, J.-P. (2003): Glaubwürdigkeit und Corporate Governance. Zürich: Versus.

Thurm, R. A. (2001): "Forum Nachhaltige Entwicklung (ECONSENSE)", UmweltWirtschaftsForum, 9(4), 90-94.

Ulrich, H. (1970): Die Unternehmung als produktives soyiales Szstem: Grundlagen der allgemeinen Unternehmungslehre, 2. Auflage. Bern; Stuttgart: Haupt.

Ulrich, P. & Kaiser, M. (2001): "Das Unternehmen, ein guter Burger - Corporate Citizenship im Zeichen gesamtgesellschaftlicher Mitverantwortung", New Management, 70(12), 25-31.

Von Werder, A.; Grundei, J. & Talaulicar, T. (2002): "Organisation der Unternehmenskommunikation im Internet-Zeitalter", in: Frese, E. (Hrsg.): E-Organisation: strategische und organisatorische Herausforderungen des Internets. Wiesbaden: Gabler, 395-423.

Wallage, P. (2000): "Assurance on Sustainability Reporting: An Auditor's View", Auditing: A Journal of Practice & Theory, 19, 53-66.

WBCSD (2002): Sustainable Development Reporting: Striking the Balance. Conches: World Business Council for Sustainable Development.

Weil, W. B. & Winter-Watson, B. (2002): "The Internet and Sustainability Reporting. Improving Communication with Stakeholders", in: Park, J. & Rome, N. (Hrsg.): The Ecology of the New Economy. Sustainable Transformation of Global Information, Communication and Electronic Industries. Sheffield: Greenleaf, 85-97.

Weinberg, J. (2002): "One-to-One Marketing", in: Manschwetus, U. & Rumler, A. (Hrsg.): Strategisches Internetmarketing. Wiesbaden: Gabler, 245258.

Wessels, C. (2003): "Reputation defined", CSR magazine, 2(3), 28-29.

Wheeler, D. & Elkington, J. (2001): "The End of the Corporate Environmental Report? Or the Advent of Cybernetic Sustainability Reporting and Communication", Business Strategy and the Environment, 10 (1), 1-14.

Wiedmann, K.-P. (2001): "Corporate Identity und Corporate Branding - Skizzen zu einem integrierten Managementkonzept", Thexis, 17(4), 17-22.

Wiedmann, K.-P. (1996): "Unternehmensführung und gesellschaftsorientiertes Management", in: Bruch, H.; Eickhoff, M. & Thiem, H. (Hrsg.): Zukunftsorientiertes Management – Handlungsweisen für die Praxis. Frankfurt am Main: Verl.-Bereich Wirtschaftsbucher, 234-262.

Wiedmann, K.-P.; Meissner, S. & Wegner, A.-S. (2003): Reputationsmanagement als strategische Chance für die pharmazeutische Industrie. Hannover: Lehrstuhl Marketing II, Universität Hannover.

Wild, W. (2002): "Nachhaltigkeitsberichterstattung als Instrument des Dialogs zwischen Unternehmen und Gesellschaft", in: Barens, I. (Hrsg.): Die Rolle des Staates in der Ökonomie - finanzwissenschaftliche Perspektiven: Festschrift für Otto Roloff zum 65. Geburtstag. Marburg: Metropolis-Verlag, 321-341.

Wild, W. (zugegriffen am 15.06.2002): Die Bedeutung der Nachhaltigkeitsberichterstattung für eine nachhaltige Entwicklung. Tagungsbeitrag zur Perspektiven der Nachhaltigkeitsberichterstattung, 04.12.2001 in Düsseldorf, http-://www.Nachhaltigkeitsberichterstat-tung.net

WCED (World Commission on Environment and Development) (1987): Our common future. Oxford: Univ. Press.

WEF (Word Economic Forum) (zugegriffen am 01.10.2004): Corporate Brand Reputation Outranks Financial Performance as Most Important Measure of Success, http://www.n http://www.weforum.org.

Zadek, S. (2001): The Civil Corporation, the New Economy of Corporate Citizenship. London; Sterling, VA: Earthscan.

Zadek, S. & Merme, M. (2003): Redefining Materiality. Practice and Public Policy for Effective Corporate Reporting. London: AccountAbility.

Zadek, S. & Raynard, P. (2002): "Stakeholder Engagement: Measuring and Communicating Quality", in: AccountAbility Quarterly, December 2002, 8-17.

Zerfaß, A. (2004): Unternehmensführung und Öffentlichkeitsarbeit: Grundlegung einer Theorie der Unternehmenskommunikation und Public Relations. 2., ergänzte Aufl. Wiesbaden: Westdeutscher Verlag.

Zerfaß, A. & Krzeminski, M. (1998): "Zukunftsperspektiven der interaktiven Unternehmenskommunikation", in: krzeminski, M. & Zerfaß, A. (Hrsg.): Interaktive Unternehmenskommunikation. Internet, Intranet, Datenbanken, Online-Dienste und Business-TV als Bausteine erfolgreicher Öffentlichkeitsarbeit. Frankfurt am Main: Institut für Medienentwicklung und Kommunikation GmbH, 359-364.

Zorn, D. (1991): "Integrierte Kommunikation - Grundlagen und zukünftige Entwicklung", in: Dallmer, H. (Hrsg.): Handbuch Direct Marketing. Wiesbaden: Gabler, 51-64.

Anhang

Bereich	Kriterien
Kontext und Einsatz	Organisationsprofil
	Stellungnahme des Hauptgeschäftsführers
	Identifikation ökonomischer Leistungsindikatoren
	Identifikation sozialer Leistungsindikatoren
	Identifikation ökologischer Leistungsindikatoren
	Einbindung von Stakeholdern in die Identifikation der Leistungsindikatoren
	Nachhaltigkeitsvision , -strategie und -prinzipien
	Herausforderung der Umsetzung von Nachhaltigkeitsstrategie
	Geschäftsrelevanz
	Gesamtvision der Organisation für ihre Zukunft
Qualität des Managements	Governance und Transparenz der Organisation
	Management der ökonomischen Dimension
	Management der sozialen Dimension
	Umweltmanagementsystem (bzw. EHS)
	Bemessen der Nachhaltigkeitsleistung
	Nachhaltigkeitsmanagement über die Wertschöpfungskette
	Öffentlichkeitspolitik
	Einfluss von Industrie
	Einfluss von Kunden
Nachhaltigkeitsleistungen	Finanziell: Überblick über finanzielle Leistungen
	Finanziell: Materielle und immaterielle Investition
	Finanzielle Wirkung: Investoren
	Finanzielle Wirkung: Mitarbeiter
	Finanzielle Wirkung: Regierung
	Finanzielle Wirkung: Anwohner/Gemeinden
	Soziales und ethisches: Arbeitsplatz: Qualität des Arbeitsplatzes
	Soziales und ethisches: Arbeitsplatz: Gesundheit und Sicherheit
	Soziales und ethisches: Arbeitsplatz: Vielfalt (Nicht-Diskriminierung)
	Soziales und ethisches: Arbeitsplatz: Ethische Arbeitspraxis
	Soziales und ethisches: Menschenrechte
	Soziales und ethisches: Integration
	Umwelt: Input: Energieverbrauch
	Umwelt: Input: Materialverbrauch
	Umwelt: Input: Wasserverbrauch
	Umwelt: Output: Abfälle
	Umwelt: Output: Luftemissionen
	Umwelt: Output: Emissionen klimarelevanter Gase
	Umwelt: Output: Abwässer
	Umwelt: Landverbrauch und Biodiversität
	Umwelt: Transport und Logistik
	Umweltrechnungslegung und soziale Rechnungslegung
	Umweltbelastungen von Produkte und Dienstleistungen

	Gesetzeskonformität
	Leitbild der Berichterstattung
Zugänglichkeit und	Umfang der geographischen Abdeckung
Verifizierung	Verifizierungsmechanismus
	Wahrnehmung der Stakeholder von Nachhaltigkeitsleistungen
	Zugänglichkeit der Information
	Zugänglichkeit des Designs

Tabelle 44: Kriterien der Rankinganalyse von SustainAbility & UNEP 2002 (übersetzt aus SustainAbility 2003, 2)

Rank	Unternehmen	Rank	Unternehmen
1	The Co-operative Bank	26	British Airway
2	Novo Nordisk		SAS Group
3	BAA	28	Alcan
4	BT Group	29	General Motors
5	Rio Tinto	30	Henkel
6	Royal Dutch/Shell Group		Kesko
7	BP	32	Novartis Int.
8	Bristol-Myers Squibb	33	Unilever
9	ITT Flygt	34	RWE
	South African Breweries	35	Bayer
	BASF	36	Deutsche Telekom
12	Volkswagen Group		Procter & Gamble
	WMC		Swiss Re
14	CIS Co-operative Insurance	39	Toyota Motor Corporation
15	Baxter International	40	BMW Group
16	Cable & Wireless	41	Tesco
17	Ricoh Japan	42	AWG
18	Kirin Brewery		Danone Group
	Chiquita Brands International	44	Siemens
20	United Utilities	45	Aracruz Celulose
21	Suncor Energy		Sony Corporation
22	BC Hydro	47	TEPCO
	Eskom	48	Suez
	Matsushita Electric Group	49	Credit Suisse Group
	Manaaki	50	Adidas-Salomon

Tabelle 45: Das Ranking 50 der SustainAbility & UNEP-Studie 2002 (in Anlehnung an SustainAbility & UNEP 2002, 4)

Rank	Gesamtpunkte	Kriterien der Interaktivität								Teilpunkte der Interaktivität
		A	B	C	D	E	F	G	H	
1	120	4	3	3	4	4	3	4	4	29
2	118	3	3	3	4	3	4	3	3	26
3	116	4	0	1	3	4	2	3	1	18
4	114	4	2	3	3	4	3	3	2	24
5	107	3	1	0	3	4	2	3	3	19
6	104	3	3	2	1	3	3	3	3	21
7	103	3	1	1	3	3	2	2	3	18
8	96	3	2	2	3	2	2	3	3	20
9	95	0	1	1	2	1	2	3	3	13
10	95	2	1	3	3	3	2	2	4	20
11	95	3	2	2	4	3	3	2	3	22
12	94	2	1	3	3	3	3	3	2	20
13	94	2	1	0	3	3	2	2	2	15
14	91	4	3	2	3	3	3	2	2	22
15	89	2	1	0	3	2	0	3	2	13
16	88	2	2	1	3	0	1	2	2	13
17	87	1	2	2	2	2	2	3	3	17
18	86	0	2	3	3	2	2	2	4	18
19	85	1	1	0	2	4	1	2	3	14
20	83	2	3	1	2	2	1	2	2	15
21	82	2	2	0	1	3	1	2	2	13
22	81	2	3	4	1	0	2	1	2	15
23	81	2	3	0	1	1	1	0	1	9
24	81	2	2	1	2	4	3	3	3	20
25	81	2	2	1	3	2	1	2	2	15
26	80	1	1	1	2	3	1	2	3	14
27	80	0	2	0	3	2	0	2	3	12
28	79	2	1	1	2	1	1	2	3	13
29	78	2	2	1	2	0	1	1	2	11
30	77	2	1	4	2	1	2	2	3	17
31	77	2	2	1	3	0	1	2	1	12
32	76	2	2	1	3	2	0	2	2	14
33	75	2	2	1	2	1	1	2	1	12
34	73	2	1	2	1	0	1	2	2	11
35	72	2	1	1	1	2	2	2	2	13
36	72	2	2	0	2	0	2	2	2	12
37	72	1	1	1	2	0	1	3	2	11
38	72	3	3	3	2	0	1	3	2	17
39	71	1	2	2	2	2	2	3	2	16
40	70	1	1	0	1	0	1	3	3	10
41	69	1	3	2	2	2	0	2	2	14
42	68	2	3	0	2	2	2	2	2	15
43	68	2	1	1	0	1	2	2	2	11
44	67	3	0	0	2	0	0	1	2	8

Rank	Gesamtpunkte	Kriterien der Interaktivität								Teilpunkte der Interaktivität
		A	B	C	D	E	F	G	H	
45	66	2	1	0	1	0	0	3	2	9
46	66	2	0	0	1	3	0	2	2	10
47	64	2	2	1	2	0	2	2	2	13
48	62	1	2	0	2	1	0	2	1	9
49	61	2	3	2	1	1	2	2	2	15
50	57	2	0	0	3	1	3	1	2	12

A: Einbindung der Zielgruppen in die Identifikation der Leistungsindikatoren, B: Bemessen der Nachhaltigkeitsleistung, C: Einfluss von Kunden, D: Leitbild der Berichterstattung, E: Verifizierungs-mechanismus, F: Verarbeiten der Prioritäten von Zielgruppen, G: Zugänglichkeit der Information, H: Zugänglichkeit des Designs

Tabelle 46: Teilpunkte der ‚Interaktivität' aus der Rankinganalyse von Sustain-Ability & UNEP 2002[416]

Rank	Unternehmen	Kontinentesklassifikation	Branchenklassifikation
1	Wal-Mart Stores	Amerika	Handel & Dienstleistung
2	General Motors	Amerika	Produktion
3	Exxon Mobil	Amerika	Energie
4	Royal Dutch/Shell Group	Europa	Energie
5	BP	Europa	Energie
6	Ford Motor	Amerika	Produktion
7	DaimlerChrysler	Europa	Produktion
8	Toyota Motor	Asien	Produktion
9	General Electric	Amerika	Finanzielle Dienstleistung
10	Mitsubishi	Asien	Handel & Dienstleistung
11	Mitsui	Asien	Handel & Dienstleistung
12	Allianz	Europa	Finanzielle Dienstleistung
13	Citigroup	Amerika	Finanzielle Dienstleistung
14	Total	Europa	Energie
15	ChevronTexaco	Amerika	Energie
16	Nippon Telegraph & Telephone	Asien	Informations- und Kommunikationstechnolog ie (IKT)
17	ING Group	Europa	Finanzielle Dienstleistung
18	Itochu	Asien	Handel & Dienstleistung
19	Intl. Business Machines	Amerika	IKT
20	Volkswagen	Europa	Produktion
21	Siemens	Europa	Produktion
22	Sumitomo	Asien	Handel & Dienstleistung
23	Marubeni	Asien	Handel & Dienstleistung
24	Verizon Communications	Amerika	IKT
25	American Intl. Group	Amerika	Finanzielle Dienstleistung

[416] Für diese Analyse wurden von SustainAbility Ltd. die relevanten Daten erlangt.

Rank	Unternehmen	Kontinentesklassifikation	Branchenklassifikation
26	Hitachi	Asien	Produktion
27	U.S. Postal Service	Amerika	Handel & Dienstleistung
28	Honda Motor	Asien	Produktion
29	Carrefour	Europa	Handel & Dienstleistung
30	Altria Group	Amerika	Produktion
31	AXA	Europa	Finanzielle Dienstleistung
32	Sony	Asien	Produktion
33	Nippon Life Insurance	Asien	Finanzielle Dienstleistung
34	Matsushita Electric Industrial	Asien	Produktion
35	Royal Ahold	Europa	Handel & Dienstleistung
36	ConocoPhillips	Amerika	Energie
37	Home Depot	Amerika	Handel & Dienstleistung
38	Nestlé	Europa	Produktion
39	McKesson	Amerika	Handel & Dienstleistung
40	Hewlett-Packard	Amerika	IKT
41	Nissan Motor	Asien	Produktion
42	Vivendi Universal	Europa	Handel & Dienstleistung
43	Boeing	Amerika	Produktion
44	Assicurazioni Generali	Europa	Finanzielle Dienstleistung
45	Fannie Mae	Amerika	Finanzielle Dienstleistung
46	Fiat	Europa	Produktion
47	Deutsche Bank	Europa	Finanzielle Dienstleistung
48	Credit Suisse	Europa	Finanzielle Dienstleistung
49	Munich Re Group	Europa	Finanzielle Dienstleistung
50	Merck	Amerika	Produktion
51	Kroger	Amerika	Handel & Dienstleistung
52	Peugeot	Europa	Produktion
53	Cardinal Health	Amerika	Handel & Dienstleistung
54	BNP Paribas	Europa	Finanzielle Dienstleistung
55	Deutsche Telekom	Europa	IKT
56	State Farm Insurance Co.	Amerika	Finanzielle Dienstleistung
57	Aviva	Europa	Finanzielle Dienstleistung
58	Metro	Europa	Handel & Dienstleistung
59	Samsung Electronics	Asien	Produktion
60	Vodafone	Europa	IKT
61	AT&T	Amerika	IKT
62	Toshiba	Asien	Produktion
63	ENI	Europa	Energie
64	Bank of America Corp.	Amerika	Finanzielle Dienstleistung
65	Électricité De France	Europa	Energie
66	Unilever	Europa	Produktion
67	AmerisourceBergen	Amerika	Handel & Dienstleistung
68	E.ON	Europa	Handel & Dienstleistung
69	China National Petroleum	Asien	Energie

Rank	Unternehmen	Kontinentesklassifikation	Branchenklassifikation
70	Sinopec	Asien	Energie
71	France Télécom	Europa	IKT
72	Target	Amerika	Handel & Dienstleistung
73	Fortis	Europa	Finanzielle Dienstleistung
74	Suez	Europa	Energie
75	J.P. Morgan Chase & Co.	Amerika	Finanzielle Dienstleistung
76	SBC Communications	Amerika	IKT
77	Dai-ichi Mutual Life Insurance	Asien	Finanzielle Dienstleistung
78	Berkshire Hathaway	Amerika	Finanzielle Dienstleistung
79	UBS	Europa	Finanzielle Dienstleistung
80	Time Warner	Amerika	Handel & Dienstleistung
81	Sears Roebuck	Amerika	Handel & Dienstleistung
82	RWE	Europa	Energie
83	Zurich Financial Services	Europa	Finanzielle Dienstleistung
84	Tesco	Europa	Handel & Dienstleistung
85	Tokyo Electric Power	Asien	Energie
86	Procter & Gamble	Amerika	Produktion
87	BMW	Europa	Produktion
88	Deutsche Post	Europa	Handel & Dienstleistung
89	HSBC Holdings	Europa	Finanzielle Dienstleistung
90	Freddie Mac	Amerika	Finanzielle Dienstleistung
91	Tyco International	Amerika	Produktion
92	Costco Wholesale	Amerika	Handel & Dienstleistung
93	NEC	Asien	Produktion
94	Hyundai Motor	Asien	Produktion
95	Pemex	Amerika	Energie
96	Nissho Iwai	Asien	Handel & Dienstleistung
97	Fujitsu	Asien	IKT
98	Crédit Agricole	Europa	Finanzielle Dienstleistung
99	HypoVereinsbank	Europa	Finanzielle Dienstleistung
100	Sumitomo Life Insurance	Asien	Finanzielle Dienstleistung
101	Johnson & Johnson	Amerika	Produktion
102	Royal Bank of Scotland	Europa	Finanzielle Dienstleistung
103	Albertson's	Amerika	Handel & Dienstleistung
104	Prudential	Europa	Finanzielle Dienstleistung
105	Dell	Amerika	IKT
106	Pfizer	Amerika	Produktion
107	Safeway	Amerika	Handel & Dienstleistung
108	SK	Asien	Energie
109	ABN AMRO Holding	Europa	Finanzielle Dienstleistung
110	Repsol YPF	Europa	Energie
111	Renault	Europa	Produktion
112	MetLife	Amerika	Finanzielle Dienstleistung
113	Thyssen Krupp	Europa	Produktion
114	Robert Bosch	Europa	Produktion

Rank	Unternehmen	Kontinentesklassifikation	Branchenklassifikation
115	Samsung	Asien	Handel & Dienstleistung
116	Morgan Stanley	Amerika	Handel & Dienstleistung
117	J.C. Penney	Amerika	Handel & Dienstleistung
118	Mitsubishi Motors	Asien	Produktion
119	GlaxoSmithKline	Europa	Produktion
120	United Parcel Service	Amerika	Handel & Dienstleistung
121	Kmart Holding	Amerika	Handel & Dienstleistung
122	Statoil	Europa	Energie
123	BASF	Europa	Produktion
124	Royal Philips Electronics	Europa	Produktion
125	HBOS	Europa	Finanzielle Dienstleistung
126	Mitsubishi Electric	Asien	Produktion
127	Olivetti	Europa	IKT
128	Allstate	Amerika	Finanzielle Dienstleistung
129	Aegon	Europa	Finanzielle Dienstleistung
130	BT	Europa	IKT
131	Sumitomo Mitsui Financial Group	Asien	Finanzielle Dienstleistung
132	Walgreen	Amerika	Handel & Dienstleistung
133	Saint-Gobain	Europa	Produktion
134	Wells Fargo	Amerika	Finanzielle Dienstleistung
135	Veolia Environnement	Europa	Andere
136	Nokia	Europa	IKT
137	Microsoft	Amerika	IKT
138	Enel	Europa	Energie
139	EADS	Europa	Produktion
140	Merrill Lynch	Amerika	Handel & Dienstleistung
141	United Technologies	Amerika	Produktion
142	Mizuho Financial Group	Asien	Finanzielle Dienstleistung
143	Bayer	Europa	Produktion
144	ConAgra Foods	Amerika	Produktion
145	Dow Chemical	Amerika	Produktion
146	Marathon Oil	Amerika	Energie
147	Delphi	Amerika	Produktion
148	Ito-Yokado	Asien	Handel & Dienstleistung
149	Sprint	Amerika	IKT
150	Valero Energy	Amerika	Energie
151	J. Sainsbury	Europa	Handel & Dienstleistung
152	Telefónica	Europa	IKT
153	Lockheed Martin	Amerika	Produktion
154	Prudential Financial	Amerika	Finanzielle Dienstleistung
155	Intel	Amerika	Produktion
156	Motorola	Amerika	IKT
157	Barclays	Europa	Finanzielle Dienstleistung
158	Nippon Oil	Asien	Energie
159	Lowe's	Amerika	Handel & Dienstleistung

Rank	Unternehmen	Kontinentesklassifikation	Branchenklassifikation
160	Santander Central Hispano Group	Europa	Finanzielle Dienstleistung
161	Meiji Life Insurance	Asien	Finanzielle Dienstleistung
162	Groupe Auchan	Europa	Handel & Dienstleistung
163	Groupe Pinault-Printemps	Europa	Handel & Dienstleistung
164	DZ Bank	Europa	Finanzielle Dienstleistung
165	Walt Disney	Amerika	Handel & Dienstleistung
166	PepsiCo	Amerika	Produktion
167	UnitedHealth Group	Amerika	Handel & Dienstleistung
168	International Paper	Amerika	Handel & Dienstleistung
169	AEON	Asien	Handel & Dienstleistung
170	New York Life Insurance	Amerika	Finanzielle Dienstleistung
171	Viacom	Amerika	Handel & Dienstleistung
172	DuPont	Amerika	Produktion
173	Société Générale	Europa	Finanzielle Dienstleistung
174	CVS	Amerika	Handel & Dienstleistung
175	Millea Holdings	Asien	Finanzielle Dienstleistung
176	American Express	Amerika	Finanzielle Dienstleistung
177	Wachovia Corp.	Amerika	Finanzielle Dienstleistung
178	Canon	Asien	IKT
179	Archer Daniels Midland	Amerika	Handel & Dienstleistung
180	Tyson Foods	Amerika	Handel & Dienstleistung
181	Sysco	Amerika	Handel & Dienstleistung
182	Georgia-Pacific	Amerika	Produktion
183	Arcelor	Europa	Produktion
184	KDDI	Asien	IKT
185	ABB	Europa	Produktion
186	Goldman Sachs Group	Amerika	Handel & Dienstleistung
187	Mitsubishi Tokyo Financial Group	Asien	Finanzielle Dienstleistung
188	Best Buy	Amerika	Handel & Dienstleistung
189	Petrobrás	Amerika	Energie
190	Nippon Steel	Asien	Produktion
191	Indian Oil	Europa	Energie
192	Ingram Micro	Amerika	Handel & Dienstleistung
193	BellSouth	Amerika	IKT
194	Foncière Euris	Europa	Handel & Dienstleistung
195	Lloyds TSB Group	Europa	Finanzielle Dienstleistung
196	Standard Life Assurance	Europa	Finanzielle Dienstleistung
197	Honeywell Intl.	Amerika	Produktion
198	Bank One Corp.	Amerika	Finanzielle Dienstleistung
199	Swiss Reinsurance	Europa	Finanzielle Dienstleistung
200	Electronic Data Systems	Amerika	IKT
201	Centrica	Europa	Energie
202	Kansai Electric Power	Asien	Energie

Rank	Unternehmen	Kontinentesklassifikation	Branchenklassifikation
203	CNP Assurances	Europa	Finanzielle Dienstleistung
204	Petronas	Asien	Energie
205	LG International	Asien	Handel & Dienstleistung
206	Mitsubishi Heavy Industries	Asien	Produktion
207	Alstom	Europa	Produktion
208	Franz Haniel	Europa	Handel & Dienstleistung
209	Toyota Tsusho	Asien	Handel & Dienstleistung
210	East Japan Railway	Asien	Transport
211	Bouygues	Europa	Produktion
212	SNCF	Europa	Transport
213	Banco Bilbao Vizcaya Argentaria	Europa	Finanzielle Dienstleistung
214	Novartis	Europa	Produktion
215	UFJ Holdings	Asien	Finanzielle Dienstleistung
216	Alcoa	Amerika	Produktion
217	FedEx	Amerika	Handel & Dienstleistung
218	20,607.0	Asien	Produktion
219	Rabobank	Europa	Finanzielle Dienstleistung
220	TUI	Europa	Andere
221	Norsk Hydro	Europa	Produktion
222	Mass. Mutual Life Ins.	Amerika	Finanzielle Dienstleistung
223	Caterpillar	Amerika	Produktion
224	Johnson Controls	Amerika	Produktion
225	Delhaize Group	Europa	Handel & Dienstleistung
226	JFE Holdings	Asien	Produktion
227	Cigna	Amerika	Handel & Dienstleistung
228	Aetna	Amerika	Handel & Dienstleistung
229	TIAA-CREF	Amerika	Finanzielle Dienstleistung
230	China Mobile Communications	Asien	IKT
231	Commerzbank	Europa	Finanzielle Dienstleistung
232	HCA	Amerika	Handel & Dienstleistung
233	Royal & Sun Alliance	Europa	Finanzielle Dienstleistung
234	Coca-Cola	Amerika	Produktion
235	Gazprom	Europa	Energie
236	Samsung Life Insurance	Asien	Finanzielle Dienstleistung
237	Industrial & Commercial Bank of China	Asien	Finanzielle Dienstleistung
238	Aventis	Europa	Produktion
239	AutoNation	Amerika	Handel & Dienstleistung
240	Mazda Motor	Asien	Produktion
241	Groupe Caisse d'Épargne	Europa	Finanzielle Dienstleistung
242	Supervalu	Amerika	Handel & Dienstleistung
243	Volvo	Europa	Produktion
244	Denso	Asien	Produktion

Rank	Unternehmen	Kontinentesklassifikation	Branchenklassifikation
245	Roche Group	Europa	Produktion
246	Washington Mutual	Amerika	Finanzielle Dienstleistung
247	Cisco Systems	Amerika	IKT
248	Sinochem	Asien	Handel & Dienstleistung
249	Weyerhaeuser	Amerika	Produktion
250	Visteon	Amerika	Produktion
251	Crédit Lyonnais	Europa	Finanzielle Dienstleistung
252	Bristol-Myers Squibb	Amerika	Produktion
253	AstraZeneca	Europa	Produktion
254	China Telecommunications	Asien	IKT
255	British American Tobacco	Europa	Produktion
256	Bridgestone	Asien	Produktion
257	Sanyo Electric	Asien	Produktion
258	Daiei	Asien	Handel & Dienstleistung
259	Chubu Electric Power	Asien	Energie
260	Northrop Grumman	Amerika	Produktion
261	LG Electronics	Asien	Produktion
262	Nippon Mining Holdings	Asien	Energie
263	Abbott Laboratories	Amerika	Produktion
264	Deutsche Bahn	Europa	Transport
265	Dexia Group	Europa	Finanzielle Dienstleistung
266	Sara Lee	Amerika	Produktion
267	Fleming	Amerika	Handel & Dienstleistung
268	Banca Intesa	Europa	Finanzielle Dienstleistung
269	George Weston	Amerika	Handel & Dienstleistung
270	Vinci	Europa	Produktion
271	Almanij	Europa	Finanzielle Dienstleistung
272	WellPoint Health Networks	Amerika	Handel & Dienstleistung
273	Bertelsmann	Europa	Handel & Dienstleistung
274	AMR	Amerika	Transport
275	SK Global	Asien	Handel & Dienstleistung
276	Landesbank Baden-Wurttemberg	Europa	Finanzielle Dienstleistung
277	Japan Airlines System	Asien	Transport
278	Tomen	Asien	Handel & Dienstleistung
279	Korea Electric Power	Asien	Energie
280	Raytheon	Amerika	Produktion
281	Pharmacia	Amerika	Produktion
282	Coca-Cola Enterprises	Amerika	Produktion
283	Loews	Amerika	Finanzielle Dienstleistung
284	Lehman Brothers Hldgs.	Amerika	Handel & Dienstleistung
285	Idemitsu Kosan	Asien	Energie
286	Suzuki Motor	Asien	Produktion

Rank	Unternehmen	Kontinentesklassifikation	Branchenklassifikation
287	Japan Tobacco	Asien	Produktion
288	Sharp	Asien	Produktion
289	La Poste	Europa	Handel & Dienstleistung
290	China Life Insurance	Asien	Finanzielle Dienstleistung
291	3M	Amerika	Andere
292	Kingfisher	Europa	Handel & Dienstleistung
293	Banco Bradesco	Amerika	Finanzielle Dienstleistung
294	Adecco	Europa	Andere
295	Yasuda Mutual Life Insurance	Asien	Finanzielle Dienstleistung
296	Lufthansa Group	Europa	Transport
297	Nationwide	Amerika	Finanzielle Dienstleistung
298	Asahi Mutual Life Insurance	Asien	Finanzielle Dienstleistung
299	Publix Super Markets	Amerika	Handel & Dienstleistung
300	Northwestern Mutual	Amerika	Finanzielle Dienstleistung
301	Hartford Financial Services	Amerika	Finanzielle Dienstleistung
302	BHP Billiton	Übrige Welt	Energie
303	FleetBoston	Amerika	Finanzielle Dienstleistung
304	Xerox	Amerika	IKT
305	Endesa	Europa	Energie
306	Rite Aid	Amerika	Handel & Dienstleistung
307	Mitsui Sumitomo Insurance	Asien	Finanzielle Dienstleistung
308	Abbey National	Europa	Finanzielle Dienstleistung
309	Tech Data	Amerika	Handel & Dienstleistung
310	Duke Energy	Amerika	Energie
311	Alcatel	Europa	IKT
312	AT&T Wireless Services	Amerika	IKT
313	Compass Group	Europa	Handel & Dienstleistung
314	American Electric Power	Amerika	Energie
315	AdvancePCS	Amerika	Handel & Dienstleistung
316	Nichimen	Asien	Handel & Dienstleistung
317	Mitsubishi Chemical	Asien	Produktion
318	Qwest Communications	Amerika	IKT
319	Federated Dept. Stores	Amerika	Handel & Dienstleistung
320	U.S. Bancorp	Amerika	Finanzielle Dienstleistung
321	McDonald's	Amerika	Handel & Dienstleistung
322	Kajima	Asien	Produktion
323	Sun Life Financial Services	Amerika	Finanzielle Dienstleistung
324	Bayerische Landesbank	Europa	Finanzielle Dienstleistung
325	Michelin	Europa	Produktion
326	News Corp.	Übrige Welt	Handel & Dienstleistung
327	Man Group	Europa	Produktion

Rank	Unternehmen	Kontinentesklassifikation	Branchenklassifikation
328	Anglo American	Europa	Energie
329	Bombardier	Amerika	Produktion
330	Kookmin Bank	Asien	Finanzielle Dienstleistung
331	UniCredito Italiano	Europa	Finanzielle Dienstleistung
332	Bank Of China	Asien	Finanzielle Dienstleistung
333	L.M. Ericsson	Europa	IKT
334	Skanska	Europa	Produktion
335	Exelon	Amerika	Energie
336	KarstadtQuelle	Europa	Handel & Dienstleistung
337	Royal Bank of Canada	Amerika	Finanzielle Dienstleistung
338	Banco Do Brasil	Amerika	Finanzielle Dienstleistung
339	Household International	Amerika	Finanzielle Dienstleistung
340	Wyeth	Amerika	Produktion
341	Liberty Mutual Ins. Group	Amerika	Finanzielle Dienstleistung
342	Gap	Amerika	Handel & Dienstleistung
343	Lear	Amerika	Produktion
344	Onex	Amerika	Produktion
345	Hyundai	Asien	Handel & Dienstleistung
346	UAL	Amerika	Transport
347	Ricoh	Asien	IKT
348	Sompo Japan Insurance	Asien	Finanzielle Dienstleistung
349	Cendant	Amerika	Andere
350	Swiss Life Ins. & Pension	Europa	Finanzielle Dienstleistung
351	National Australia Bank	Übrige Welt	Finanzielle Dienstleistung
352	TXU	Amerika	Energie
353	Bunge	Amerika	Handel & Dienstleistung
354	Deere	Amerika	Produktion
355	Tenet Healthcare	Amerika	Handel & Dienstleistung
356	Dentsu	Asien	Andere
357	General Dynamics	Amerika	Produktion
358	Goodyear Tire & Rubber	Amerika	Produktion
359	Schlumberger	Amerika	Energie
360	Emerson Electric	Amerika	Produktion
361	Lafarge	Europa	Produktion
362	PG&E Corp.	Amerika	Energie
363	Nippon Express	Asien	Handel & Dienstleistung
364	Gaz de France	Europa	Energie
365	Electrolux	Europa	Produktion
366	Old Mutual	Europa	Finanzielle Dienstleistung
367	Groupama	Europa	Finanzielle Dienstleistung
368	Lucent Technologies	Amerika	IKT
369	Anheuser-Busch	Amerika	Produktion
370	Kimberly-Clark	Amerika	Produktion
371	China Construction Bank	Asien	Finanzielle Dienstleistung
372	Coles Myer	Übrige Welt	Handel & Dienstleistung

Rank	Unternehmen	Kontinentesklassifikation	Branchenklassifikation
373	L'Oréal	Europa	Produktion
374	Mitsui Mutual Life Insurance	Asien	Finanzielle Dienstleistung
375	Taisei	Asien	Produktion
376	May Dept. Stores	Amerika	Handel & Dienstleistung
377	Lukoil	Europa	Energie
378	Flextronics International	Asien	Produktion
379	Safeway	Europa	Handel & Dienstleistung
380	Delta Air Lines	Amerika	Transport
381	Anthem	Amerika	Handel & Dienstleistung
382	Legal & General Group	Europa	Finanzielle Dienstleistung
383	Akzo Nobel	Europa	Produktion
384	COFCO	Asien	Handel & Dienstleistung
385	Diageo	Europa	Produktion
386	KT	Asien	IKT
387	Tohoku Electric Power	Asien	Energie
388	Woolworths	Übrige Welt	Handel & Dienstleistung
389	Cathay Life	Asien	Finanzielle Dienstleistung
390	BCE	Amerika	IKT
391	Magna International	Amerika	Produktion
392	Migros	Europa	Handel & Dienstleistung
393	Winn-Dixie Stores	Amerika	Handel & Dienstleistung
394	Eastman Kodak	Amerika	Produktion
395	Royal Mail Group	Europa	Handel & Dienstleistung
396	Groupe Danone	Europa	Produktion
397	Otto Versand	Europa	Handel & Dienstleistung
398	Shimizu	Asien	Produktion
399	Air France Group	Europa	Transport
400	Halliburton	Amerika	Energie
401	Sunoco	Amerika	Energie
402	Alcan	Amerika	Produktion
403	El Paso	Amerika	Energie
404	Sun Microsystems	Amerika	IKT
405	Lagardère Groupe	Europa	Andere
406	Marks & Spencer	Europa	Handel & Dienstleistung
407	Union Pacific	Amerika	Transport
408	Comcast	Amerika	IKT
409	Dior (Christian)	Europa	Produktion
410	San Paolo IMI	Europa	Finanzielle Dienstleistung
411	RAG	Europa	Energie
412	Solectron	Amerika	Produktion
413	Itaúsa-Investimentos Itaú	Amerika	Finanzielle Dienstleistung
414	Express Scripts	Amerika	Handel & Dienstleistung
415	FirstEnergy	Amerika	Energie
416	Sumitomo Electric Industries	Asien	Produktion

Rank	Unternehmen	Kontinentesklassifikation	Branchenklassifikation
417	BAE Systems	Europa	Produktion
418	Power Corp. of Canada	Amerika	Finanzielle Dienstleistung
419	Stora Enso	Europa	Produktion
420	Nordea	Europa	Finanzielle Dienstleistung
421	Alliance Unichem	Europa	Handel & Dienstleistung
422	LVMH	Europa	Produktion
423	Norinchukin Bank	Asien	Finanzielle Dienstleistung
424	Cinergy	Amerika	Energie
425	TJX	Amerika	Handel & Dienstleistung
426	Edison	Europa	Energie
427	Amerada Hess	Amerika	Energie
428	Royal KPN	Europa	IKT
429	British Airways	Europa	Transport
430	Carso Global Telecom	Amerika	IKT
431	Kyushu Electric Power	Asien	Energie
432	Bank of Nova Scotia	Amerika	Finanzielle Dienstleistung
433	Cosmo Oil	Asien	Energie
434	Staples	Amerika	Handel & Dienstleistung
435	Wolseley	Europa	Andere
436	Accenture	Amerika	IKT
437	WestLB	Europa	Finanzielle Dienstleistung
438	Edison International	Amerika	Energie
439	Reliant Resources	Amerika	Energie
440	Aisin Seiki	Asien	Produktion
441	Sodexho Alliance	Europa	Handel & Dienstleistung
442	Taiyo Mutual Life Insurance	Asien	Finanzielle Dienstleistung
443	POSCO	Asien	Produktion
444	Office Depot	Amerika	Handel & Dienstleistung
445	Pechiney	Europa	Andere
446	Eurohypo	Europa	Finanzielle Dienstleistung
447	Tokyu	Asien	Produktion
448	Computer Sciences	Amerika	IKT
449	Toys 'R' Us	Amerika	Handel & Dienstleistung
450	Fuji Heavy Industries	Asien	Produktion
451	Humana	Amerika	Handel & Dienstleistung
452	Central Japan Railway	Asien	Transport
453	PacifiCare Health Sys.	Amerika	Handel & Dienstleistung
454	Waste Management	Amerika	Andere
455	TPG	Europa	Handel & Dienstleistung
456	Eli Lilly	Amerika	Produktion
457	Isuzu Motors	Asien	Produktion
458	GUS	Europa	Handel & Dienstleistung
459	Whirlpool	Amerika	Produktion
460	Obayashi	Asien	Produktion
461	Yukos	Europa	Energie

Rank	Unternehmen	Kontinentesklassifikation	Branchenklassifikation
462	Telstra	Übrige Welt	IKT
463	Seiko Epson	Asien	IKT
464	Canadian Imperial Bank of Commerce	Amerika	Finanzielle Dienstleistung
465	Edeka Zentrale	Europa	Handel & Dienstleistung
466	Corus Group	Europa	Produktion
467	Great Atl. & Pacific Tea	Amerika	Handel & Dienstleistung
468	Continental AG	Europa	Produktion
469	Dai Nippon Printing	Asien	Andere
470	Nortel Networks	Amerika	IKT
471	Kinki Nippon Railway	Asien	Transport
472	Textron	Amerika	Produktion
473	Asahi Glass	Asien	Produktion
474	Marriott International	Amerika	Andere
475	Manpower	Amerika	Andere
476	Toronto-Dominion Bank	Amerika	Finanzielle Dienstleistung
477	Southern	Amerika	Energie
478	Fortum	Europa	Energie
479	Manulife Financial	Amerika	Finanzielle Dienstleistung
480	Thales Group	Europa	Produktion
481	Kreditanstalt für Wiederaufbau	Europa	Finanzielle Dienstleistung
482	Sekisui House	Asien	Produktion
483	Kuraya Sanseido	Asien	Handel & Dienstleistung
484	Marsh & McLennan	Amerika	Finanzielle Dienstleistung
485	MBNA	Amerika	Finanzielle Dienstleistung
486	Vattenfall	Europa	Energie
487	AES	Amerika	Energie
488	Agricultural Bank of China	Asien	Finanzielle Dienstleistung
489	Resona Holdings	Asien	Finanzielle Dienstleistung
490	Dana	Amerika	Produktion
491	Gasunie	Europa	Energie
492	Toppan Printing	Asien	Andere
493	AFLAC	Amerika	Finanzielle Dienstleistung
494	Xcel Energy	Amerika	Energie
495	Nippon Yusen	Asien	Andere
496	Dominion Resources	Amerika	Energie
497	Health Net	Amerika	Handel & Dienstleistung
498	Fluor	Amerika	Produktion
499	Schering-Plough	Amerika	Produktion
500	Kawasaki Heavy Industries	Asien	Produktion

Tabelle 47: Kontinenten- und Branchenverteilung von GF 500 Unternehmen (eigene Darstellung)

Branchenklassifikation	Branche	Anzahl	Prozentualer Anteil (%)
Energie	Bergbau, Rohölförderung	4	6,3
	Energie	10	15,9
	Energieversorgung: Gas & Elektrik	21	33,3
	Öl und Gasanlagen, Dienstleistungen	2	3,2
	Ölverarbeitung	26	41,3
	Teilsumme	63	100,0
Informations- und Kommunikationstechnologie	Computerunterstützung und Software	4	9,3
	Computer, Büroausstattung	9	20,9
	Netzwerk und weitere Kommunikationsausstattung	6	14,0
	Telekommunikation	24	55,8
	Teilsumme	43	100,0
Finanzielle Dienstleistung	Banken: Handel und Anlage	62	53,0
	Anlageberatung	19	16,2
	Versicherung: Leben und Gesundheit (auf Gegenseitigkeit)	15	12,8
	Versicherung: Leben und Gesundheit (auf Aktienbasis)	13	11,1
	Versicherung: P & C (auf Gegenseitigkeit)	6	5,1
	Versicherung: P & C (auf Aktienbasis)	2	1,7
	Teilsumme	117	100,0
Handel & Dienstleistung	Unterhaltung	6	5,5
	Bewirtung	3	2,8
	Einzelhandel	12	11,0
	Gesundheitswesen	12	11,0
	Versand: Brief, Paket, Fracht	8	7,3
	Sicherheit	4	3,7
	Spezialhändler	13	11,9
	Handel	16	14,7
	Großhandel: Elektronik und Büroausstattung	2	1,8
	Großhandel: Lebensmittel	4	3,7
	Großhandel: Gesundheitsprodukte	6	5,5
	Lebensmittel und Drogerie	23	21,1
	Teilsumme	109	100,0
Produktion	Baustoffe, Glas	3	2,8
	Bekleidungsindustrie	2	1,9
	Chemikalien	6	5,6
	Elektronik	18	16,8
	Getränke	4	3,7
	Halbleiter und andere elektronische Bauteile	4	3,7
	Haushalt- und Körperpflegeprodukte	3	2,8

Branchenklassifikation	Branche	Anzahl	Prozentualer Anteil (%)
	Holzverarbeitung und Papierprodukte	3	2,8
	Industrie- und Agrarausstattung	6	5,6
	Lebensmittelherstellung	3	2,8
	Luftfahrt und Verteidigung	12	11,2
	Maschinenbau, Konstruktion	10	9,3
	Metall	8	7,5
	Nahrungsmittel	6	5,6
	Pharma	14	13,1
	Tabak	3	2,8
	wissenschaftliche, Foto und Kontroll-ausstattung	2	1,9
	Teilsumme	107	100
Transport	Eisenbahn	6	13,3
	Luftlinien	7	15,6
	PKW und Zulieferer	32	71,1
	Teilsumme	45	100,0
Andere	Diversifizierte Auslagerung	2	12,5
	Verlag, Druck	4	25,0
	Verschiedenes	10	62,5
	Teilsumme	16	100,0

Tabelle 48: Branchenverteilung von GF 500 Unternehmen
(eigene Darstellung)

Kontinentesklassifikation	Land	Anzahl	Prozentualer Anteil
Amerika	USA	192	90,6
	Kanada	14	6,6
	Brazilien	4	1,9
	Mexico	2	0,9
	Teilsumme	212	100,0
Europa	Frankreich	40	24,1
	UK	36	21,7
	Deutschland	35	21,1
	Niederlande	11	6,6
	Schweiz	11	6,6
	Italien	9	5,4
	Schweden	6	3,6
	Spanien	5	3,0
	Belgium	4	2,4
	Finland	3	1,8
	Russland	3	1,8
	Norwegen	2	1,2
	Luxemburg	1	0,6
	Teilsumme	166	100,0
Asien	Japan	88	75,9
	Südkorea	13	11,2
	China	11	9,5
	Indien	1	0,9
	Malaysien	1	0,9
	Singapur	1	0,9
	Taiwan	1	0,9
	Teilsumme	116	100,0
Übrige Welt	Austrailien	6	100,0
	Teilsumme	6	100,0

Tabelle 49: Kontinentesverteilung von GF 500 Unternehmen
(eigene Darstellung)